浙江中医临床名家 沈景允

总主编 方剑乔

杜红根 主编

科学出版社

北京

内 容 简 介

本书是"浙江中医临床名家"丛书之一,介绍了浙江名医沈景允。沈景允教授是浙江省第一批省级名中医,第二批全国老中医药专家学术经验继承工作指导老师。本书共分六章:中医萌芽、名师指引、声名鹊起、高超医术、学术成就、桃李天下。重点介绍了沈景允所创沈氏推拿流派的主要思想、诊疗技术、传承情况,并对沈氏推拿流派的基本原理、基本手法、诊治方式做了详尽而系统的描述。本书为沈景允数十年临床经验与学术思想之总结,具有较高的临床价值和学术价值。

本书可供中医临床、科研工作者及在校学生阅读使用,也可供中医爱好者参考。

图书在版编目(CIP)数据

浙江中医临床名家. 沈景允 / 方剑乔总主编;杜红根主编 .—北京:科学出版社,2019.8

ISBN 978-7-03-061899-3

Ⅰ. ①浙… Ⅱ. ①方… ②杜… Ⅲ. ①沈景允 – 生平事迹 ②推拿 – 中医临床 – 经验 – 中国 – 现代 Ⅳ. ① K826.2 ② R244.1

中国版本图书馆 CIP 数据核字(2019)第 147813 号

责任编辑:陈深圣 刘 亚 凌 玮 / 责任校对:王晓茜
责任印制:徐晓晨 / 封面设计:黄华斌

科 学 出 版 社 出版
北京东黄城根北街 16 号
邮政编码:100717
http://www.sciencep.com

北京捷迅佳彩印刷有限公司 印刷
科学出版社发行 各地新华书店经销

*

2019 年 8 月第 一 版 开本:720×1000 B5
2019 年 8 月第一次印刷 印张:13 1/4 插页:2
字数:224 000

定价:68.00 元
(如有印装质量问题,我社负责调换)

浙江中医临床名家
丛书编委会

总　序

　　中华医药，博大精深，源远流长。灵兰秘典，阴阳应象，穷万物造化之妙；《金匮》真言，药石施用，极疴疾辨治之方。诚夷夏百姓之瑰宝，中华文明之荣光。

　　浙派中医，守正出新，名家纷扬。丹溪景岳，《格致》《类经》，释阴阳虚实之论；桐山葛岭，《采药》《肘后》，载吴越岐黄之央。固钟灵毓秀之胜地，至道徽音之华章。

　　浙中医大，创业惟艰，持志以亢。忆保俶山下，庠序进修，克艰启幄；贴沙河干，省立学府，历难扬帆；钱塘江畔，名更大学，梦圆字响。望滨文南北，富春秋冬，三区鼎足，一校华光；惟天惟时，其命维新，一德以持，六艺互襄；部省共建，重校启航，黾勉奋发，踵武增华。

　　甲子校庆，名医辈出，几代芳华。值此浙江中医药大学建校六十周年之际，特辑撰"浙江中医临床名家"丛书，以五十二位浙江中医药大学及直属附属医院名医为体，以中医萌芽、名师指引、声名鹊起、高超医术、学术成就、桃李天下为纲，叙名家成长成才之历程，探名家学术经验之幽微，期有益于同仁之鉴法、德艺之精进。

时己亥初夏

目　录

浙江中医临床名家·沈景允

第一章

中医萌芽

第一节　故里人文荟萃地

　　10年前，我还是个在浙江中医药大学学习的大学生，期间按要求去浙江省中医院实习时，就听说有一位老专家叫沈景允，有70多岁了，还一直在推拿科坚持门诊，当时心里就有些好奇，推拿是一个对医生的经验和体力都有要求的科类，而门诊的患者又非常多，这是一位怎样的老专家呢？每每路过其诊室门口都想一探究竟，却一直怯怯未能一睹其风采。今日，浙江中医药大学为筹备60周年校庆，收集和整理各名老中医的资料，我终于有了一个与心目中觉得神奇的老专家面对面畅谈的机会。

　　杭州市城东庆春门外，有一片秀水，小巧玲珑、风景独好，有言称"北有未名湖，南有华家池"。华家池畔，秋末冬初的一个下午，阳光和煦，已是83岁高龄的沈老依然面色红润、耳聪目明，热情地邀请我们入座。听闻我们的来意，他和蔼地笑了，一张嘴便是一口浓重的绍兴腔："从何说起呢？想到什么就说什么吧，从医几十年啦。"

　　整整一个下午，我们在他浓重的乡音里，追寻着一位老人传奇而又奋斗的一生，而沈老始终精神矍铄，丝毫未见疲态。一千多年以前他的老乡贺知章曾吟道："少小离家老大回，乡音无改鬓毛衰"。乡音，是一种地域标志，不论人漂流在何方，不管生活境遇怎样，沧海桑田、日月星辰，纵然昔日的青葱少年变成了白发老者，也难改这一独具地方特色且早已融入灵魂的腔调。已然离家一甲子的沈老，亦如是。

　　沈老的故乡——绍兴，其历史可追溯到新石器时代的小黄山文化。大禹

治水、勾践复国的故事代代相传、家喻户晓。秦谪吏民，汉徙强宗，晋移豪族，宋迁士人，绍兴逐渐成了经济繁荣、名士云集之地。明代文学家袁宏道曾说过："（绍兴）士比鲫鱼多。"绍兴的名人，或为一代宗师，或为群伦表率，如勾践、王羲之、贺知章、陆游、徐渭、蔡元培、秋瑾、鲁迅、周恩来、竺可桢等。统计资料表明：从全国范围看，不论从哪一方面选录人物，绍兴人都占有一定比重。清代以前的历史人物，仅《中国人名大辞典》（商务印书馆，1921 年版）就收录绍籍名人 500 人以上。《中国近现代人名大辞典》（中国国际广播出版社，1989 年版）收录绍籍名人 163 人。

然而，人杰地灵、物华天宝的绍兴，古时却被称为"南蛮之地"，并不是像现在这样人人向往秀美而醇厚的宜居之地。《史记·货殖列传》曰："江南卑湿，丈夫早夭。"江南水乡，日照水蒸，潮湿温热，疫病丛生。但令人称奇的是，绍兴自春秋吴越建都城以来，历经 2500 多年而城址未变，其中一个重要原因，就是有深厚、发达的医疗一路护佑。绍兴人在恶劣的自然环境中屡败屡战、愈挫愈勇，历经数千年发展，自成一脉。

"不为良相，则为良医"，这是自古以来很多读书人的普遍思想，且很多良臣名士，不仅工于笔墨丹青，也颇谙岐黄之道。

南宋著名诗人陆游不仅是一名伟大的爱国诗人，同时也是一名医术高明的医生。南宋淳熙二年，四川盆地疾病流行，尸陈遍野，时任成都府路安抚司参议官的陆游拿出自己微薄的俸禄，购买药材，亲手调制汤药，布施于民，还随身携带药材，到处施治，很多百姓因此得以存活下来。百姓们感戴于心，生了儿子起名时多冠以"陆"字以示纪念。他懂医道，擅养生，重视培固元气、畅心宽怀、清淡饮食、躬耕劳动，及至晚年虽穷困潦倒，但仍以八十多岁高龄辞世，这与他对中医学的熟练掌握和灵活运用是密不可分的。

明代书法家、画家、诗人徐渭一生坎坷，屡试不第，但他却十分注重养生，更是著有《素问注》（已佚），可见其对中医也有一定的研究。而另一位被国人普遍视为"反中医先锋"的大文豪鲁迅先生，其实批判的只是中医落后愚昧的糟粕，而非一概而论地主张摒弃中医。据《坟·从胡须说到牙齿》《父亲的病》等相关文章的描述，鲁迅的父亲周伯宜得了臌胀病，当时的名医陈莲河（即绍兴籍名医何廉臣，鲁迅为讽刺故而称其为陈莲河）用打破的旧鼓皮做成"破鼓皮丸"等近乎迷信的奇怪药方来医治鲁迅的父亲，最后其父亲病情一步步恶化，37 岁便英年早逝。这一家庭变故使得鲁迅先生对庸医误人、故弄玄虚有了深切痛恨，甚至于说"中医不过是一种有意或无意的骗子"（《呐喊·自序》）。但其实，根据鲁迅先生的描述和现代医学的分析，其父亲是死于肝硬化腹水，何廉臣所用蟋蟀、平地木、芦根等药材本是利水消肿的良药，对延缓其父亲病情进展、改善症状是有益处的。随着时间的推移和阅历的丰富，鲁迅先生渐渐发现了中医的一些实实在在的好处，他常翻看中医药巨著——《本草纲目》，认为其是"古人宝贵的经验积累"。他在上海的时候常和弟弟周建人讨论《本草纲目》，还谈到中医草药治病见效的故事。鲁迅对《验方新编》中的一些药方也颇为赞赏，曾推荐给朋友用于治疗孩子的"疝气"。这些事都记载于《南腔北调集》和《许广平文集》中，只不过《呐喊》的名气远胜过这两本书。

在绍兴数千年的历史长河中，不仅有陆游、徐渭等隐士名流爱好中医、学习中医、应用中医、传播中医，更是涌现出了一批又一批、一代又一代医德高尚、造诣精深的中医学家。南宋时期，随着都城南迁，大批御医南渡，原本深藏宫中的秘籍、验方便有机会流传于民间，成为后人学习中医的绝佳教材。至此，"越医"也逐渐自立门户、自成一派，先后涌现出戴思恭、傅懋光、张景岳、俞根初、何廉臣等"越医"大家，且有《景岳全书》《中国医学大成》《珍本医书集成》等巨著流传后世，在近代中医药存亡兴废的斗争中，为捍卫中医、发展中医做出了不可磨灭的历史性贡献。

第二节　命运多舛少年时

唐代以前，绍兴（会稽）一直是浙江的经济、政治、文化中心，越国的青铜剑，汉代的铜镜，唐朝及以后的陶瓷、茶叶、丝绸、黄酒都曾名扬四海。历史文化的沉淀，使现代人对绍兴的粉墙黛瓦、小桥流水心驰神往。

1935 年，山河破碎、国弊民穷、列强四起、内忧外患。一次次天灾人祸，造成生产停滞、百业萧条、民生凋敝，曾经富甲一方的绍兴，自然也不能苟安于乱世。

那一年，沈老出生于绍兴皋埠的一个普通农村家庭，上面还有 2 个哥哥和 3 个姐姐，沈老排行最小。一家八口仅靠两亩薄田和父亲在商户做账房先生赚的微薄收入生活。父亲是远近闻名的算账好手，"算盘打得好，心算做得快"，基本上客户报完货物清单，商品总价也随即算好，从未出过差错。沈老的哥哥亦继承了父亲的"绝学"，这是后话，此不赘述。日子虽然清苦些，倒也其乐融融。

然而，天有不测风云，1937年7月30日，沈老的父亲突然撒手人寰。那一年，沈老才3岁。父亲得的是疟疾，一种烈性传染病，俗称"打摆子"，是由蚊虫叮咬传播疟原虫引起的寄生虫病。简单而言，疟原虫先侵入肝细胞发育繁殖，再侵入红细胞内繁殖，引起红细胞成批破裂而发病。感染人类的疟原虫共有4种，分别为间日疟原虫、卵形疟原虫、三日疟原虫和恶性疟原虫。典型的临床表现为间歇性寒战、高热发作、热退时大汗淋漓，继之症状明显缓解。发热2日1次或3日1次，疟疾初发时，发热可不规则，一般发作数次以后，才呈周期性发作。反复发作可造成大量红细胞破坏而出现不同程度的贫血，脾轻度肿大。其中脑型疟为恶性疟疾严重的临床类型，主要表现为急起高热、头痛、寒战、昏迷与抽搐症状。脑型疟病情险恶，病死率高。

疟疾是一种死亡率极高的烈性传染病，当年红军长征过草地，环境恶劣、资源匮乏、生活艰辛，很多指战员没有倒在国民党的前追后堵、枪林弹雨中，却倒在了来自恶疾的死亡威胁面前。

直到现在，疟疾仍然是严重危害人类健康的疾病之一。在非洲，每30秒就有一名儿童死于疟疾，有些儿童即便是感染后幸免于难，还是会有听力损害和脑组织损伤等严重后遗症。

在人类漫长的"抗疟"过程中，曾先后有3人于1902年、1907年、2015年因发现疟疾的致病因素、传播途径和获得其治疗药物有关的科研成果而荣获诺贝尔生理学或医学奖。值得一提的是，2015年诺贝尔生理学或医学奖获得者是中国药学家屠呦呦，她发现了青蒿素这一可以有效降低疟疾患者死亡率的药物，为解决全球重大公共卫生问题做出了革命性贡献。

尽管屠呦呦最初的灵感来自晋代葛洪的《肘后备急方》，尽管青蒿作为一种具有清透虚热、凉血除蒸、解暑、截疟的中药出现在中医药典籍中已数百年，但在1937年，那个缺医少药又缺乏预防知识和措施的年代，一旦染上这种恶疾，很多家庭不得不面对残酷的现实。

随着父亲的离去，家里断了基本的经济来源，哥哥姐姐们尚未成年，一家人的生计顿时比以往更加艰难。好在沈老的母亲表现出了坚强、勇敢，她和沈老的大姐一起糊起了"纸元宝"，然后拿到市面上去换取一点钱粮，供一家人糊口。所谓"糊口"，不过是中午吃一些还能看见些米粒的"薄粥薄饭"，到了晚上则只能靠南瓜藤之类的东西充饥了。

糊纸元宝，销路是不愁的。现如今，穿梭在绍兴仓桥直街这样的古街旧巷中，在台门前，还不时能见到一些老太太佝偻着背、穿着老式的右衽开襟夹袄，在阳光下搬一条方凳，摆一碗糨糊和一叠金银纸箔，一边口中念念有词，一边慢悠悠地糊着"元宝"。绍兴人十分重视传统，每逢冬至、清明、除夕、先人忌日乃至儿女嫁娶，都要摆筵席、烧纸元宝，或寄托哀思，或告慰先灵，或祈福纳新。鲁迅先生的《祝福》里便描绘了类似的祭祀场景。即便是再穷困的家庭，每年孝敬给祖先的心意是断不会少的。因而，这一个个纸元宝穿成串后马上就可以脱手，只是利润极低，即便是现在，一个纸元宝的利润也只能用分甚至厘来计算。一个人裁、折、糊、串一天，腰酸背痛、头晕眼花不说，也挣不了几个"铜板"。对于不愁吃喝的老妪来说只是消磨时光，而对于沈老一家老小来说则是生计所系。

然而，命运弄人，灾难再次降临在这个苦难的家庭中。父亲去世的翌年，沈老的四哥身体不适，母亲不停地摸孩子的额头，神情越来越凝重，怀中的孩子高热不退，紧接着，更让人担心的情况逐渐出现，孩子先是腹痛不止，后又狂泻，一天之内，腹泻多达一二十次。一家人焦急万分，他们知道，这可能是一种称之为痢疾的传染性疾病。

细菌性痢疾是小儿较常见的一种肠道传染病，由痢疾杆菌所致。临床上以发热、腹痛、腹泻、里急后重及排含黏液、脓血的稀便为主要症状。中毒型痢疾是细菌性痢疾的危重临床类型，起病急骤，发展迅速，病情凶险，在腹痛、腹泻尚未出现时，即可有高热（39℃以上）、精神萎靡、面色青灰、四肢厥冷、呼吸微弱而浅、惊厥、神志不清等表现，最终可导致呼吸系统衰竭。本病常发生惊厥及休克，易引起死亡，必须早期诊断、及时治疗。潜伏期一般为 1～2 天。患儿通常在短期内有不洁饮食史、接触史。急性细菌性痢疾患者和带菌者是主要传染源，经消化道（粪—口途径）传播。痢疾杆菌随着粪便排出体外，可在蔬菜、水果、米面上生存和繁殖。另外，苍蝇生活在粪便污物中，常携带有痢疾杆菌等致病菌，因此，苍蝇也可能是传播媒介之一。

是什么原因让一个孩童突然患病？是因为节约粮食而吃了被污染的不洁食物？还是季节交替孩子感冒而并发的症状？……沈老家里乱作一团，母亲竟也没了主意，不知该如何是好。在当时有限的医疗水平条件下，即便是忙着看病抓药，求神祈福，终究也没能挽救沈老四哥年仅 8 岁的生命。

第三节　舅舅妙手解急症

短短 2 年时间，接连失去了 2 位至亲，这对沈老一家的打击可想而知。

可屋漏偏逢连夜雨，船迟又遇打头风，没过多久，年幼的沈老突然患病，高热、神昏、谵语、两手握固、牙关紧闭。

稍有经验的人都能看出来，这是一种小儿常见的急重病症，高热、抽搐、昏迷是其常见症状，又称"惊厥"，俗称"抽风""急惊风"。病来凶险，变化迅速，瞬间可危及生命，古代医家认为这是一种危重病症。《东医宝鉴·小儿》云："小儿疾之最危者，无越惊风之证。"《幼科释谜·惊风》云："小儿之病，最重惟惊。"其多见于现代医学中的感染性疾病，颅内感染常见有脑膜炎、脑脓肿、脑炎、脑寄生虫病等；颅外感染性疾病常见有高热惊厥、各种严重感染（如中毒性菌痢、中毒性肺炎、败血症等）。

或许是还没从之前的悲痛中缓过神来，或许是见到这样的急重病后缺乏应对经验，一家人一时间竟都六神无主、束手无策。最着急的当属沈老的母亲，可接二连三的打击使得她只是以泪洗面，竟然忘了家兄（即张尧卿先生）在平水一带行医，颇受赞誉。沈老的三哥沈奎林自幼聪慧过人、处事冷静，幸好年长几岁的他及时回过神来，雇了一艘小船，连夜去永乐村把舅舅接到了小皋埠。

说到沈老的舅舅张尧卿，在当地也算是小有名气之人，不仅文化水平高，社会地位也相当可以。旧时的中国，医疗资源匮乏，民间出现了很多或来自医学世家，或通过拜师学艺而掌握了诊疗技能的非正式医务人员，类似于20世纪六七十年代的"赤脚医生"。他们中大多都缺少正规的医学教育，却不乏怀揣真功夫之人。他们看病的手段简单却灵活多样，能用针灸或中药处理一些常见的疾病，甚至能接生。据《一代良医叶熙春》（2011年由浙江中医药学会编著，浙江科学技术出版社出版）记载，我国近现代中医名家叶熙春老先生早年在余杭学习，开业期间就曾于田间地头向赤脚医生请教民间单方、验方，并常应用于自己的临床实践中。他们是中国医疗史上一个特殊的群体，沈老的舅舅张尧卿先生也属其中之一。在绍兴平水乡下，他亦医亦农，日出抄起锄头卷起裤脚是个庄稼汉，日落撸起袖子摆开针具则是名医生。他既会针灸，又会小儿推拿，运用针灸、推拿结合中药治好了不少疾病，他还略懂阴阳学说，在当地小有名气，旧时这样的人往往颇受乡邻敬重，平水周边的人都称其为"张半仙"。看病之余，他勤于记录，积累了不少医案，后留有《张尧卿笔记》等资料。只可惜在1958年浙江医学院"向党献礼"活动中与一本传自沈老外婆家的《竹林氏女科撷菁》一起散佚，其医术也无人继承，只留下《本草纲目》等几本医书，成为日后沈老经常翻阅的工

具书。

舅舅赶到小皋埠时，沈老已是奄奄一息。舅舅掏出金针，直刺沈老头部的百会穴（百会穴为督脉要穴，位于头顶正中线与两耳尖连线的交叉处，有醒脑开窍、通督定痫、升阳举陷的功用，主治头痛、眩晕、癫狂、痫证、休克、脱肛等），再挑舌下金津、玉液两穴（两穴均属奇穴，在口腔内，当舌系带两侧静脉上，左为金津，右为玉液。两者常相配伍使用，具有清泻热邪、生津止渴的作用，主治舌强、失语、喉痹、消渴等症）。再接着，推三关退六腑、打马过天河、拿合谷（为小儿推拿常用退热手法）。只一炷香的功夫，沈老转危为安。接着舅舅又给他进行了相应的调治，沈老没几日便恢复了健康，且没有留下任何后遗症。

舅舅只凭一根针、一双手就把自己从鬼门关前拉回来，这在年幼的沈老心里埋下了一颗中医的种子。直到20年后，浙江医学院人事科找沈老谈话，问他是否愿意去上海学习中医推拿时，沈老毫不犹豫一口应承下来。从此，这颗种子破土而出，在上海萌芽，在浙江省中医院扎根、蓬勃成长，最终长成一棵枝繁叶茂的参天大树。

第四节　耳濡目染结医缘

一、越医薪传，名医辈出

古老而又有文化底蕴的江南水乡绍兴，除了有享誉世界的绍兴黄酒，还是一个名医辈出的宝地。生于斯长于斯，自小就听家人邻里说起许多有关绍兴名医的趣事，幼时的沈老总是会陶醉在那些故事里，幻想自己有一天能和那些名医一样行走天下，悬壶济世。如果说舅舅的医术在他的心里埋下了中医的种子，那么这一则则耳熟能详的医学名家故事，则是肥沃的土壤，保护和滋养着这粒小小的种子。

众多的医学名家中，最有名的当属温补派的代表人物张景岳。张景岳（1563～1640年），本名介宾，字会卿，号景岳，别号通一子，浙江会稽（今浙江绍兴）人，明代杰出医学家。在整个中医理论发展史中，他的以温补为主的医学思想体系，对中医基础理论的进步和完善起到了巨大的推动作用，在整个中医理论体系中居于重要地位。他进一步完善了气一元论，补充并发展了阳不足论，并形成了独具特色的水火命门说。这些学说的形成，代表着

中医理论进入了新的发展阶段。如《丹溪心法·六郁》中说："一有怫郁，诸病生焉。"历代医家对瘀血理论及治疗原则进行了多学科的实验研究，积累了丰富的理论知识。而推拿手法对治疗瘀血之证，也有"按摩可使筋节舒畅，血脉流通；盖按其经络，则郁之气可通，摩其壅聚，则瘀结之肿可散也"的记载。沈老受朱丹溪影响，采用推拿手法治疗伤科疾病时，常采用以经络为纲，取穴定位，手法施术皆有先后缓急之分。在临证时，结合人体解剖结构，对骨骼、关节、软组织，结合 X 线、CT 等现代医学诊测设备进行诊治。手法采取局部施术和远道取穴相结合，主张对伤科疾病应以行气活血、正骨、理筋、疏通经络为要，以促进人体经脉内的气血流通，筋顺骨正，使溢于脉外之血尽早吸收和消散。又《景岳全书·胁痛》中说："凡人之气血犹源泉也，盛则流畅，少则壅滞，故气血不虚不滞，虚则无有不滞者。"说明了气血多少与瘀血的关系，因此调理人体阴阳和气血的平衡是防病之所在，行气理瘀也就显得自然而重要了。因此，沈老常在患者治疗后嘱其进行功能锻炼。如腰痛患者，嘱其进行腰背肌锻炼，如"燕子式"，或蹬腿、踢腿锻炼；对肩关节周围炎患者嘱其高举，后伸展肩部关节功能锻炼；对颈项强患者，嘱其做"哪吒探海""金狮摇头"等一系列动作。其目的为使患者保持气血通畅，血脉调动。张景岳的医学思想深深植根于理学思想之上，运用理学家的观念对《黄帝内经》作了全新的诠释，著有《类经》等书，并成为后世医家学习和研究《黄帝内经》的范本。《景岳全书》内容丰富，囊括理论、本草、成方、临床各科疾病，是一部全面而系统的临床参考书。景岳才学博洽，文采好，善雄辩，文章气势宏阔，议论纵横，多方引证，演绎推理，逻辑性强，故《景岳全书》得以广为流传。沈老在其中也是受益颇多。张景岳的学说对沈老以后创立大推拿思想具有积极的影响。

第二位是绍兴当地传说最多的名医胡宝书。胡宝书（1868～1933 年），字治安，绍兴人，清代名医。至今胡氏中医在绍兴乃至整个浙江也还是小有名气的。绍兴胡氏，是医学世家，胡宝书从小被誉为神童。他 7 岁起就跟随家人学医，十五六岁就已能"代祖应诊"。成年以后，胡宝书更是声名远扬，每天慕名而来的患者不计其数，日诊百余人，高时多达三百人。当时绍兴流传甚广的一句民间俚语："生病不看胡宝书，不吃震元堂的药，死了口眼不闭"，足以说明胡宝书医术在当时地位之高。在医学造诣上，胡宝书精研经典及诸家之说，结合自身实践，提出了"竖读伤寒，横看温病"的理论，辨证重湿，施治主化，用药轻清，制方透灵，治病以朴实、稳健见长。胡宝书认为："南方无真伤寒，多系温病，而吾绍地处卑湿，纯粹之温热亦少见，多类湿邪为患。"又认为："南方偏热，阴液常苦不足，故香燥峻利、伤津耗液之品务须慎用，率而误投，则亡阴动风之险立至，救之不易，诚不如保之为妥也"，治病应因地因时因人而施。胡宝书赞同寒温统一，以六经融会三焦，丰富了绍派伤寒的学术思想。胡宝书的故事至今在绍兴地区仍有人提起，每一个儿时立志学医的人都梦想着自己有一天可以和胡宝书一样，而沈老也是其中的一位，并且时时刻刻以他为榜样，在后来沈老自己行医生涯中也是注重因地因时因人而施。沈老是以推拿临床学术而享誉整个中国，在沈老的整个行医生涯中，儿科推拿上的造诣也表现出他继承了"朴实、稳健见长"的绍派医风。如沈老曾运用腹部运气按摩法配合远道取穴治愈多例小儿虫性腹痛患者。临证往往取天枢、大横、腹结、中脘、气海、关元穴。配穴取足三里、居髎穴。手法：在各主穴上行掌振法，按顺时针方向施术，手法由轻到重，再分别从中脘、关元、腹结、天枢穴用推摩法按至足三里、居髎穴。一般经过45分钟左右的治疗，腹痛缓解，腹部块状物消散。沈老认为天枢穴为大肠募穴，能通泻大肠腑气，大横穴位于足少阴与阴维脉交会之处，治少腹寒痛，腹结穴治绕脐痛，中脘穴为胃之募穴，能疏调胃气，气海穴能补中气，关元穴为小肠募穴，能温阳散寒气，足三里穴为五脏六腑之气所，居髎穴为足少阳胆经要穴，能疏调肝胆之气，手法所致共奏和胃理气、安蛔之功。

第三位是何廉臣。何廉臣（1861～1919年），名炳元，号印岩，家世业医。其祖父何秀山为绍派伤寒名家。从小家庭熏染有素，又跟随名医樊开周临证3年。行医之后深感学识不足，乃决计出游访道，集思广益，每遇江浙一带名医，辄相讨论。庚子年之后，西洋医学在我国传播日广，何氏广购泰西医学著作译本，悉心研习，饱沃新知。何廉臣一生行医数十年，以善治时病著称，并精于内、儿、妇诸科。临证医学继承绍派伤寒学术思想，推崇俞根初《通俗伤寒论》，并在其祖父何秀山校注俞氏著作的基础上，根据临床切身体验加以发挥，于1916年完成《勘校通俗伤寒论》。沈老告诉我们，何廉臣一生都走在维护和发扬中医的道路上，这点是很值得后世学习的。1929年，出现了近代医学史上所称的"废止中医案"，这一举措激起了全国中医界的强烈愤慨。中医界在上海召开全国中医药代表大会，组织医药救亡请愿团赴南京请愿。何廉臣因年迈体弱、重病缠身，未能亲自参加请愿活动。于是令其子幼廉代行，随裘吉生、曹炳章等北上抗议。何廉臣一生著述甚多，先后编辑出版《医药丛书》《国医百家》等以整理中医学术。此外，还校订刊刻

古医书110种，名曰"绍兴医药丛书"，还著有《重订广温热论》《感症宝筏》《湿温时疫治疗法》《增订通俗伤寒论》《新医宗必读》《新方歌诀》《实验药物学》《新纂儿科诊断学》《肺痨汇编》《勘病要诀》《廉臣医案》《全国名医验案类编》等。沈老说，何廉臣不断创新，不断进取，同时维护和发扬中医的精神也一直影响着他，这也就是后来自己那么坚信中医并且发扬中医的重要原因之一。

二、家庭熏陶，萌芽初生

沈老母亲还多次对沈老说起发生在外婆身上的事儿。年轻时沈老外婆发生血崩证，血流不止，头晕乏力，实际上这明显是由于供血不足导致的临床表现，找了许多郎中，吃了许多药都没有效果。正当一家人忧心忡忡之时，门外来了一个萧山竹林寺的和尚敲门化缘，和尚进门看到全家人愁眉苦脸，问了原因，二话不说，走到外婆跟前一套望闻问切之后，便从随身带的背包里拿出了一些黑色的药丸，后又拿出纸笔写下几味中药，嘱家人按方抓药，并说明了服药方法。和尚说，照此方喝下3剂，再吃下他给的药丸，血必止住，3日后他再来。家人半信半疑中去抓了药，果然3剂药后外婆的血崩止住了。过了3日，和尚来了，又开方换了几味药，再服3剂，外婆气色比之前好多了，只偶感乏力、眼花。这时和尚又上门第3次开方，又换了几味药，告知服半个月必痊愈。半个月过后，靠着3张方子加几粒药丸，外婆完全康复并再也没有复发。沈老后来回忆母亲和他说的这件事，想来萧山竹林寺的和尚当时就是运用了中医的治崩三法"塞流、澄源、复旧"。

沈老的外公也是性情中人，和尚治好了自己的妻子，就与和尚结为好友，自此经常走动。和尚精通医理，发现外公对医学也颇感兴趣，就经常指点一二，还送了外公一本《萧山竹林寺治妇科集锦》手抄本。这本书在1949年以前曾有人愿意用十担大米交换。十担大米在当时是很大一笔粮食，但就是在最缺衣少粮、最困苦的阶段，沈老的母亲还是坚持不卖，可见这本书是有分量也是有内容的，其中的一些偏方简单实用，是当时医案的一些实例记载，也是当时民间医生的一些珍贵经验的记录。只可惜，这本书和之前沈老舅舅留下的《张尧卿笔记》均遗失了。真是非常可惜，令人遗憾。

《张尧卿笔记》里主要还是一些针灸治疗、推拿的心得笔记，是沈老的舅舅在几十年行医生涯中的一些经验积累。沈老的母亲也学会了一些简单的推拿手法，平日家人们有一些头疼脑热、胳膊腿疼之类的小病症，母亲都会卷起袖子揉揉按按，多半也能起到一些效果。沈老跟在母亲身旁，也向母亲学了几招。家庭的熏陶让沈老从小就知道，中医是神奇的，推拿可以治病。

《大医精诚》中"若有疾厄来求救者，不得问其贵贱贫富，长幼妍媸，怨亲善友，华夷愚智，普同一等，皆如至亲之想"诚心救人的说法，就是说从医之人第一关注的是怎样为患者解除病痛，不应该去关注患者的贫贱富贵，所谓医德；《大医精诚》中的"世有愚者，读方三年，便谓天下无病可治；及治病三年，乃知天下无方可用。故学者必须博极医源，精勤不倦，不得道听途说，而言医道已，深自误哉"，就是要求学医之人要医术精通，时时刻刻严格要求自己，不断学习，不断提高自己，不能够略懂皮毛便沾沾自喜，以为自己可以医治天下所有的疾病，所谓医术。沈老自身的经历和家庭的影响，以及当地名医的传奇故事，都让小小年纪的他就领略到中医的博大精深，使他对这个行业充满向往，也渐渐立志有机会一定要学精学通，为亲人、朋友乃至患者带来福音。

第二章

名师指引

第一节　束发从戎报家国

　　1949 年 10 月 1 日，中华人民共和国正式成立。中华民族终于摆脱了那些屈辱的历史，终于挺直腰板屹立于世界民族之林。此时的中国百废待兴，工、农业需要大力发展。

　　中华人民共和国成立初期，绍兴地区匪患猖獗，百姓饱受其扰。

　　1950 年 3 月，沈老才满 15 岁，初中刚读了一年。为响应国家号召，沈老应征入伍，成为中国人民解放军一零四师兼绍兴分区绍兴县大队（后改独立六营）的一名战士。那时的他算是部队中的一个小秀才，入伍后就被任命为文书。

　　部队里发生的事让沈老记忆犹新。一是刚入伍不久，部队生活单调规律，与之前在家时截然不同。学习新知识，结交新朋友，一切都给人以惊喜，可偶然也有惊吓。有一天，有个队长教新兵们学习认识和使用枪支，大家都兴致勃勃，睁大了眼睛拼命看。队长在讲解完枪支的组成后在大伙眼前把子弹上了膛，然后问有没有人想试试枪的。新兵们从来没有打过枪多少有些紧张，所以没人敢上前试枪。这时，队长见问了几遍都没人回答，突然拿起上膛的枪对着沈老头顶上方"嘣"地打了一枪。沈老当时吓坏了，瞬间整个人都懵了，脑袋里什么想法都没有。后来才知道，那是把没有装子弹的枪支，队长此举只是想练练新兵的胆量。每次回忆起这件事，沈老总是心有余悸地说，自己这一辈子都忘不了那次没装子弹的枪响。后来，沈老因在各类战役中作战勇敢，先后被授予三等功和四等功各一次。

1951 年 7 月，正值抗美援朝战争时期，全民动员，努力支援前线。沈老所在的部队也号召大家埋头苦干，认真工作，尽可能地为前线贡献力量。16 岁的沈老青春年少，一腔热血，越发努力地工作。文书工作以久坐为主，再加上沈老喜欢吃辣，久而久之，便罹患痔疮并出现便后大出血现象，必须要住院手术治疗。当时条件艰苦，医药资源不足，手术时麻醉药品缺乏，术中只能强忍剧痛，术后恢复更是苦不堪言。这一次的经历让年轻的沈老印象深刻，他深刻体会到患者的痛苦，也意识到麻醉的重要性。之后他在从事推拿并研究出"大推拿"技术时，也非常注意麻醉技术的跟进。

军营是个熔炉，能炼铁成钢，军队培养了沈老许多优秀品质，一是行动之前经过周密思考，确定了预期目标和行动的具体方案，就坚定意志前行。二是意志行动总是与克服困难密切联系，通过意志的力量，克服客观存在的各种艰难险阻。走出军营后，学习、工作、生活困难与机遇随之而来。沈老能逐一攻克难题，抓住机遇，带领浙江推拿学科发展，这与年少时在部队的锻炼密不可分。

第二节　转业赴绍续苦读

一、机遇赴绍，初识中医

1951 年 4 月，绍兴地区匪患基本肃清，一零四师撤销，所属各团调往沿海，绍兴县大队改名独立六营，这时沈老已入伍 3 年。1953 年 5 月，国家颁布政策鼓励军人复员，为我国的建设和发展做贡献。沈老再一次响应国家号召，递交了转业申请。

部队开始有计划地安置转业军人的工作。按照"原籍安置，负责到底"和"归口安置，各安其业"的原则，逐步对复员军人进行妥善安置。当时安置工作落实的政策是：①对已安置工作的，不再予以调换；②已安置在农村的，再要求在市区安置工作的，不得再安置；③对新接收的复员军人，由安置部门负责组织学习政策，订立"就业公约"，根据学习情况，陆续进行安置。根据安置的原则，当时沈老所在的部队分配到 10 个可以去杭州学习的名额。这是一个非常好的机会，要求复员的军人中，有 100 多位报名。由于沈老在部队作战期间表现优异，先后获三等功和四等功各一次，在部队工作期间也是勤勤恳恳、任劳任怨，部队领导对报名者的综合情况进行考评后，给予了

沈老一个名额。沈老欣喜之余，也非常珍惜这个难能可贵的机会，这是部队对他的进一步培养，给了他更高的平台去学习提高。

没过多久，沈老和其他战友来到绍兴，进入浙江省转业干部速成中学，白天任办事员，晚上参加夜校读书，学制为3年，学成后算是高中毕业学历。夜校的专业分为理、工、农、医几个方向，学员可以按自己的意向进行选择。幼时在心里埋下的种子总算有了发芽的机会，儿时立志从医的梦想也有了踏实的起步，沈老毫不犹豫地选择了学习医学大类中的中医。

沈老虽说从小在舅舅和母亲的影响下对中医也有一点浅薄的基础认识，但毕竟从未真正系统地学习过中医这门学科。进入夜校学习后，才算是真正踏入了中医的大门。只有初中文化的沈老，在当时也算是个小秀才，可真正开始学习，还是有一些难度的，首先要克服的就是繁体字关和古文关。中医是传统文化的精髓所在，不熟练掌握繁体字和古文字义，是没有办法读好读精各类中医古文献的。光是这一关，沈老就过了整整3个月。沈老每天去图书馆识繁体、查词义，一有时间就读、认、写。经过3个月的不断学习，终于可以比较顺畅地看字识义，为下一步读懂医书打下基础。

接着就是学习中医基础理论。中医最主要的两个特点：辨证论治和整体观，对中医阴阳五行的理解决定了中医辨证论治高度和准确度。脏腑分阴阳，五脏六腑又分别与五行对应，搞清阴阳五行的概念，不仅是后期学习的基本，也决定了一个人医术的上限。时隔60多年，沈老还可以非常清晰地记得当时学习阴阳五行概念的入门读物《周易》中的片段：阴、阳概念的两个符号就是"爻"，其中阴爻用"--"表示，而阳爻用"—"表示。古人在研究宇宙时发现，万事万物都是成对出现的，即白天与黑夜、冷与热、正与负、虚与实、表与里、现象与本质、显性与隐性、有形与无形、看得见与看不见、动与静、快与慢、高与低、长与短、轻与重、大与小、公与母、主动与被动等，宇宙间的一切都因对立面而存在，也就是说没有白天也就没有黑夜，没有冷也就没有热，即通过白天与黑夜的对比才知道有白天与黑夜，通过冷热的感觉对比才清楚冷热的概念。这种一对一的对比，就是《易经》中的阴阳，也就是说，宇宙间的万事万物只有两种最简单的存在方式，即阴与阳，用物理学语言来说就是静止与运动，其中阴对应静止，阳对应运动。

沈老真正明白中医的理论体系，得益于清代黄元御撰写于1753年的医书《四圣心源》。其中对五行的讲解："五行之理，有生有克，木生火，火生土，土生金，金生水，水生木，木克土，土克水，水克火，火克金，金克木。

其相生相克，皆以气而不以质也，成质则不能生克矣。盖天地之位，北寒、南热、东温、西凉。阳升于东，则温气成春，升于南，则热气成夏。阴降于西，则凉气成秋，降于北，则寒气成冬。春之温生夏之热，夏之热生秋之凉，秋之凉生冬之寒，冬之寒生春之温。土为四象之母，实生四象。曰火生土者，以其寄宫在六月火令之后，六月湿盛，湿为土气也。其实水火交蒸，乃生湿气，六月之时，火在土上，水在土下，寒热相逼，是以湿动。湿者，水火之中气。土寄位于西南，南热而西凉，故曰火生土，土生金也。"书内还提到："相克者，制其太过也。木性发散，敛之以金气，则木不过散；火性升炎，伏之以水气，则火不过炎；土性濡湿，疏之以木气，则土不过湿；金性收敛，温之以火气，则金不过收；水性降润，渗之以土气，则水不过润。皆气化自然之妙也。"沈老告诉我们，这本书对阴阳乃至整个中医理论体系的概括都通俗易懂，非常便于中医初学者学习和把握。近年来，《四圣心源》一直备受中医爱好者和广大医师的赞誉，被学习者称为进入中医殿堂的敲门砖，更有医家谓"精通四圣心源，可医行天下"。

在学习中医的基本理论的同时，中药药名的背诵，还有众多汤头歌的研习也在同步进行。最重要的还是对中医经典古籍的学习。《黄帝内经》是中国最早的医学典籍，是传统医学四大经典著作之一，《黄帝内经》奠定了人体生理、病理、诊断及治疗的认识基础，是在中国影响极大的一部医学著作，被称为医之始祖。有一个说法是"学中医的人如果没有读过这本书就不算真正地学过中医。"《黄帝内经》中的病因学说，是研究引起人体疾病发生的各种因素及其性质、致病特点和临床表现的一门学说。病机学说是研究和探讨疾病发生、发展变化的机制和规律的一门学说。《黄帝内经》对沈老整个医学学术思想影响是巨大的，这点我们从沈老后来的推拿理论体系中便可得知。如沈老在临证时常结合疾病的阴阳属性、寒热虚实等，对产生证候的原因和机制进行辨析。如一肩凝症患者，有肩痛、活动不利、面色少华，有受凉史，舌淡，苔白，脉沉细。沈老经仔细诊察后认为此乃年老体虚、气血不足、气机失调，并兼风寒湿邪外侵，因体虚不能抵御外邪，而成痹证。痹着关节，寒凝血脉，关节涩滞而失用。然后据此辨证，认为宜用轻手法，温阳散寒，逐步祛散外邪，疏通经络，分离粘连，并嘱保暖，加强功能锻炼以助恢复。《黄帝内经》运用阴阳五行学说阐明人体的生理、病理、诊断和治疗的规律，由此产生"阴平阳秘，精神乃治"之说。而五行则对人体脏腑组织进行属性归类，运用五行的特性来阐明五脏的功能，又运用五行相生相克的理论来论证

五脏之间在功能上的联系规律，而有"亢则害，承乃制，制则生化，外则盛衰，害则败乱，生化大病"之说。沈老辨证时常对疾病的属性进行辨证分析，如对一腰腿痛患者辨证时认为这是肝肾阴虚型腰腿痛，故在治疗时应肝肾同补。肝肾同源，滋水涵木。手法取穴应取肝俞、肾俞、水冲、三阴交等穴。

其他如《伤寒论》《金匮要略》《温病条辨》等中医经典也对沈老以后的学术思想有很大的启发作用，这里便不一一举例。

二、孜孜不倦，寒窗苦读

对沈老来说，夜校的学习是紧张而快乐的。中医学渊博广深，越钻进去学习，就越觉得要学的知识太多太广。那个时候，白天是办事员，只有晚上才可以在夜校学习。最让人苦恼的是时间不够用。回想起那段经历，沈老说了几件小事。

第一件事是"夜宿走廊"。刚入绍兴夜校，每天晚上都学习到特别晚。有一天，沈老学习到晚上 11 点才回来，回到宿舍的时候大门已经锁上了，一摸口袋，发现自己竟然忘记带钥匙。夜色已深，室友都已经熟睡，门口依稀可以听得到里面传出来的呼噜声。沈老想了想，觉得这么晚打扰室友起来给自己开门也挺不好意思的，正好楼道上还有几张木凳和一条长木板，觉得天气也不是特别冷，楼道将就一宿问题也不大。于是，他把两条凳子做脚，架上长木板，搭成了一个简单的床，倒头和衣而睡。可能是太累了，这一觉睡得特别香，第二天早上被同学们叫了才醒。这事儿后来在学校里也慢慢传开了，大家都夸赞说小事情也能体现出一个人的品质，即一是勤奋好学，二是替别人着想，宁愿自己睡木板上，也不愿打扰别人的休息。

第二件事可以称为"凿壁借光"。夜校的学习时间每天只有晚上 6～9 点 3 个小时，晚上 9 点下课后，回到办事员的宿舍，晚上 10 点熄灯。一天 4 个小时根本满足不了学习的需要。于是沈老一开始是在宿舍熄灯后自己点油灯继续看书。可这样时间长了，一来会打扰室友休息，二来每天点油灯也是一笔不小的开销。后来有一次早起，发现单位的食堂里边一处角落在凌晨 4 点左右就亮灯了，后来一打听，是食堂的员工早起给单位的人做早餐，每天这个时间必亮灯。这可把沈老高兴坏了。如果 4 点就有灯可以看书，那白天上班是 8 点，早上至少有三四个小时可以看书。相对于晚上，早上的记忆力更好。于是沈老向食堂工作人员提出"借光读书"的请求，食堂工作人员很支持年轻人勤奋好学，愿意提供便利。于是，沈老每天早上不到5点就到食堂借光看书。3年的夜校，借了3年光，也苦读了3年。

不积跬步，无以至千里。正是整整3年日积月累、争分夺秒地学习与坚持不懈的努力，让沈老在实现梦想的道路上越走越顺畅。可以说之前的个人经历让他体验到中医的神奇，家庭里的潜移默化让他有了成为一名治病救人的医生的最初梦想，出生地各位名医的励志故事对他的世界观的形成产生了一定的影响，但真正让沈老对自己人生道路的规划越来越清晰，明确自己的奋斗目标的就是在这3年夜校苦读之时，扎扎实实、孜孜不倦、脚踏实地，多学一点再多学一点，努力成为一名可以手到病除的医生。

第三件事是"独立开方"。夜校学习快结束的时候，沈老有了一次检验学习成果的经历，那也是他学医生涯中第一次为亲人解决病痛。有一年，沈老回家过春节，见母亲走路时一直搀扶着腰部很不利索，便问其缘由。沈老的母亲说自己腰痛这个情况已经很久了，一到刮风下雨或劳累便发作，发作时卧床休息后一般都会好转。年前活多，干的太累了，腰部疼痛就又发作了，这一次发作还感觉左腿不能弯也不能直，有的时候整个脚甚至连脚趾都是麻木的，卧床休息后也不见好转。沈老听了母亲的描述，仔细看了看，又询问母亲平时是否还有畏寒喜温、心悸气短、头晕乏力的症状，同时可见舌淡苔白、脉细弱。初步判断母亲是因为长期劳累导致肝肾两虚、气血不足而出现腰腿痛。病因是基本判断出来了，可要开药又怕自己水平不够，反而弄巧成拙，于是当时也非常纠结。这种想法，或许与我们当今很多初学中医者第一次开方救人的顾虑是一样的。最后沈老想，老家医疗水平也有限，自己最初选择学医的初衷也是为家人解决病痛，如今家人生病了怎么能够退缩，于是沈老再次细细地分析病情，想起学到的《素问·痹论》所言："痹在于骨则重，在于脉则不仁。"肾主骨，肝主筋，邪客筋骨，日久必致损伤肝肾，耗伤气血。而腰为肾之府，膝为筋之府，肝肾不足，则见腰膝痿软；气血耗伤，故心悸气短。这么一分析，又想起《备急千金要方》中的"独活寄生汤"很符合母亲目前的主诉。独活寄生汤是治疗久痹而肝肾两虚、气血不足之常用方。其证乃感受风寒湿邪而患痹病，日久不愈，累及肝肾，耗伤气血所致。风寒湿邪客于肢体关节，气血运行不畅，故见腰膝疼痛，久则肢节屈伸不利或麻木不仁。于是，沈老小试牛刀，大胆地给母亲开出独活寄生汤的原方剂量组成。

第一次开方，又是自己的至亲，心里面难免会有忐忑。于是沈老包办了买药、煎药直到最后的出药各个环节。沈老现在还清楚地记得，当时母亲吃

前 5 剂的时候病情并没有明显的变化，但是母亲为了安慰沈老，总会说比之前好。直到吃到第 6 剂，药效才真正发挥出来，之前母亲每天晚上都会感觉翻身困难、腰部疼痛而难以入睡，而现在晚上基本上腰部不痛了，母亲说自己睡了一个好觉。每天都仔细询问母亲病情的沈老，听到这话，心里一块大石头落了地，别提多开心了，甚至激动地流出了眼泪。之后再照原方加了一些补益气血的中药，母亲的腰痛彻底痊愈了。第一次初试身手就成功了，沈老并未沾沾自喜，而是对"医不读书，则不能治疾；不治疾，则不能解书，能兼斯二者，然后如可谓真医者"有了更深刻的理解。"人之所病病疾多，医之所病病道少"，他暗下决心，一定要更加努力地学习医术，"路漫漫其修远兮，吾将上下而求索"。

在我们看来，每日只睡很短的时间，每日早早起来看书是一件无比辛苦的事。我们听沈老淡淡地说着这些小事，始终未流露那时很辛苦的情绪。在我们每一个人的心中，都有着一份对未来的期待，希望自己能够有所成就，期待自己心中的梦想能够实现。但梦想的实现是需要付出和坚持的。在现实生活中，能够坚持到底的人是不多的。从这几件小事可以看出，沈老勤奋好学，谦虚上进，胆大心细，为了实现自己的目标，吃得起苦。他的成功不是偶然的，而是必然的。成功是留给有准备的人，他就是那个做好准备的人。

第三节　机缘巧合入杏林

一、推拿立校，有缘入医

从浙江转业干部速成中学毕业后,沈老被分配到浙江医学院保健科工作。1958 年，上海成立了一所中医推拿学校，面向全国招生。浙江医学院分配到 3 个名额可以去进修学习。人事科在接到通知后，征求当时沈老的意见，是否有意愿去参加这个进修学习。沈老幼时便对中医推拿有着浓厚的兴趣，加上一直想成为一名能在临床中救治患者的医生，3 年的夜校学习只是学习的起步，而这一次进修，是一个非常好的锻炼和提升自己临床技能的机会。沈老毫不犹豫，立即连声答应。那时，他并不知道通过这次偶然的学习机会，能跟随推拿界的多位宗师一并学习，并成就他在推拿这一领域的一番事业。

上海的这所中医推拿学校，是中华人民共和国成立后的第一所推拿学校。其第一届学生是从上海卫生学校推拿班转过来的，沈老是第二届，但也算是学校正式挂名成立后的首届学生。

推拿学校的创始人朱春霆先生，在沪上推拿界几乎无人不晓。他是我国非物质文化遗产——朱氏一指禅推拿疗法的创始人。他手到病除的故事也是推拿界的传奇。

1925年，我国近代金石、书画大师吴昌硕先生因手疾后又半身不遂，竟然不能书画，对外表示"封笔"。为了治愈顽疾，延请多方名医，却治疗无果。经好友介绍，找到了朱春霆先生，为他做一指禅推拿诊治。当年的朱春霆只有19岁，虽初出茅庐，但经严师一指禅大家丁树山先生3年的传授和自己刻苦的修炼，出诊前已对吴昌硕的疾病了解透彻，俨然成竹在胸。

朱春霆经过中医"四诊合参"后对吴昌硕说："先生年事已高，且有痰湿在身，内气已虚，腠理不密，使风邪之气乘虚而入，才成此疾患。"吴昌硕问："以先生的经验，我的病还可以治么？"朱春霆回答说："我看先生之手臂虽然拘紧，但尚能活动，庆幸只是为右侧废用，时间也不是很长，所以您的疾病，以我以往的推拿经验来看，是可以治愈的。"

朱春霆将大拇指吸定在穴位上，通过手腕摆动，将手法沿着经络通道，一层层输送至瘫而无力的右臂分肉间。只见那僵硬的关节慢慢松解，苍白的肌肤渐渐变得红润。连续推拿45分钟，吴昌硕已经感觉通体舒畅，患肢轻松了许多。治疗1个月后，吴昌硕本来已经废用数月的右手，居然听使唤了，拿笔拿物都没有太大阻碍。每次朱春霆治疗完毕，他都要挥动双臂，锻炼手劲，有时甚至可以提笔挥毫。2个月后，经过朱春霆一指禅推拿的精心治疗，一代艺术大师的手已经灵活如初，挥洒自如。一幅幅精品又在大师笔下呈现给世人。

分别之际，吴昌硕以新作赠予朱春霆并寄言道："终军十八请缨，贾谊十八为博士，先生年方弱冠，融黄墙世医和达摩一指禅为一炉，前途必定无量。"

20世纪50年代初，上海小儿麻痹症肆虐，朱氏以独特的一指禅推拿手法治愈了许多患儿的后遗症，名噪沪上。此后，朱氏作为推拿专家曾多次受邀赴北京，为领导和来华访问的外国知名人士治病，手到病除，疗效卓著，享誉国内外。1954年他进入华东医院工作，1958年与程门雪一起作为上海中医界的代表出席了"全国医药卫生技术经验交流大会"，受到周恩来总理的亲切接见。

二、名医妙手，病痛立消

沈老回忆，当时的宣传部部长陆定一同志由于长征途中劳累过度，患上了肩周炎，请了许多医生治疗都没有效果，甚至找了外国的医生，也没能帮助他解决病症。后来听说上海华东医院推拿科的朱春霆医生的一指禅推拿治疗有奇效，就抱着试试看的心态请朱春霆诊治。

肩周炎，俗称凝肩、五十肩，主要表现为肩关节囊及其周围韧带、肌腱和滑囊的慢性特异性炎症，好发年龄在 50 岁左右，女性发病率略高于男性，多见于体力劳动者。肩关节可有广泛压痛，并向颈部及肘部放射，还可出现不同程度的三角肌萎缩。肩部疼痛，夜间更甚，逐渐加重后，肩关节活动严重受限。

朱春霆为陆定一诊断后，采用一指禅推法进行治疗。以推法、拿法、点法、按法为主，辅助手法为搓法、摇法、抖法及配合高举、后弯等被动运动；并结合擦法和热敷法进行治疗，每日治疗 6 小时。朱春霆医生的一指禅推法，效如桴鼓。陆定一部长的疼痛一日比一日缓解，最后康复。启程回京前，朱春霆先生与他谈起，推拿要后继有人，必须要有一个专门的学校培养人才。从上海回到北京后，陆定一部长当即向毛主席汇报了朱春霆医生神奇的推拿手法，并肯定了推拿的疗效。随后陆定一部长向毛主席提出，能否让朱春霆先生办一个中医学校，以推拿为主，弘扬中医文化，造福患者并为祖国培养医学栋梁。

1956 年，上海成立了中国第一所推拿学校——上海中医学院附属推拿学校，朱春霆被聘为首任校长。1958 年学校设立了推拿门诊部，朱春霆兼任推拿门诊部主任。学校成立初期师资一部分由原上海中医学院的教师担任，另一部分由社会各界聘请来的优秀推拿教师担任，其中有一指禅派钱福庆、王松山、王纪松、王柏川；滚法推拿丁季峰；内功推拿马万龙、李锡九等推拿界宗师，以及上海中医推拿界享誉盛名的钱福卿、沈希圣、王百川、丁宝山、王家齐等老师。上海中医学院附属推拿学校是一所以朱春霆教授一指禅推拿手法为代表，各推拿流派互相学习、共同实践的学校，也是中国新一代中医推拿中坚骨干力量的诞生地。

通过设科办校，继承和整理了推拿的学术经验。学校自编教材，名医亲自授课，培养了一大批推拿专业的后继人才，使得中医传统的推拿手法有了正规的教学渠道，并加以流传。

第四节　勤学苦练从名师

一、张弛有道文武具

1958 年，沈老正式进入上海中医学院附属推拿学校，成为学院正式招生的首批学生。首批中医推拿班共招收了 70 人，这一批人算得上是我国第一代经过正规培训的推拿医生。这些人之后有许多成为当代医学界的佼佼者，如全国高等中医药教材编审委员会委员俞大方，中华中医药学会推拿分会主任委员严隽陶，全国名老中医药专家王国才，小儿推拿泰斗张素芳，国医大师李业甫等都是当时的学生。

1949 年以前，推拿存在于民间，发展于民间。由于当时的卫生政策不重视中医，尤其是不重视操作型的医疗技术，所以推拿只能以分散的形式在民间存在和发展。这种发展方式，其缺陷是受一地之限，缺乏交流；但其优势是由于我国疆域辽阔，植根于民间，亦按照该地域流行病的特点和民间要求，发展为各具特色的推拿学术流派。中国的推拿一般以南北划分，北方各推拿流派，其手法多明快刚健；而南方各推拿流派，其手法则多细腻柔和。鲁东湘西的儿科推拿、北方的正骨推拿、江浙的一指禅推拿、山东的武功推拿、川蓉的经穴推拿等都各有所长。众多的学术流派，是我国推拿学科的一大特色。这个时期，由于西方医学的传入，推拿与中医其他学科一样受到冲击。但推拿作为一门临床学科，在冲击中吸收了西方医学的解剖、生理等基础知识充实自身，也得到了一定发展。

20 世纪 50 年代以后，推拿学科有了显著的发展。在国家的重视下，成立了专业的推拿学校，培养专业人才；20 世纪 60 年代初期至中期，推拿疗法在临床中得到广泛应用，整理出版了推拿专业教材和专著，开展了推拿的实验观察和文献研究。20 世纪 70 年代后期至 20 世纪 80 年代，推拿开始作为一种无创伤、非介入性的自然疗法，被国内外医学界有识之士重新认识。

忆起进入专业院校，沈老体会最深的两个字就是"紧张"。推拿专业除了要求学生对《黄帝内经》《伤寒论》等经典医籍进行系统学习，也要求学习现代医学生理、解剖理论，同时对功法和手法的练习要求更高。

学校课程的安排始终是满当当的。早晨 3:30 就起床洗漱，4 点开始跑步，之后去上海长乐路打拳，进行功法的训练。上午 9 点上理论课，如生理、解剖、医学经典选读、伤寒、针灸、推拿等，12 点方才下课，下午打拳，晚上

自习。每天都要严格进行 2 小时的功法和 2 小时的手法训练,直至手法柔软灵活,不浮不滞,刚柔相济。寒来暑往,这一作息雷打不动。严格的功法手法练习是枯燥的,但严格的训练要求使沈老练就了过硬的本领,也形成了他几十年如一日的作息习惯。沈老说,学校毕业后,除了"文革"时偶尔受条件所限,其他时候练功都从未间断。直至今日,他还保持着每日 3 点左右起床,3∶30 ~ 4∶30 练功,练完功去小区跑步的习惯。唯一改变的是因年纪大了跑步改为快走。

练功让他的身体受益匪浅,如拍打功和少林内功等,即便是身体出现一些问题,通过练功也可以自行恢复。从事推拿工作这么多年,他很少出现头疼脑热的情况,也应归功于多年的勤练不懈。对于练功,要讲究时间,就是每天要固定一个时间练功才有效。按照十四经络的运行,从头到尾,逐步深入。尤其是对于一些特定的招式,也要练到一定时间才能达到效果。如果自身练功方法不得当,或是急于求成,很容易出现状况,一定是到时间了才能练成。

在练习少林内功易筋经的时候,沈老就出了点意外状况。易筋经功法共分 12 式,分别为韦驮献杵第一式、韦驮献杵第二式、韦驮献杵第三式、摘星换斗式、倒拽九牛尾式、出爪亮翅式、九鬼拔马刀式、三盘落地式、青龙探爪式、卧虎扑食式、打躬式、掉尾式。如摘星换斗式,就要 3 分钟起,然后逐渐将练功时间延长,每增加 1 分钟都是非常困难的,绝对不能勉强自身,急于一时。

图 2-1　沈老练习"摘星换斗"

第四式"摘星换斗"的动作姿势(图 2-1)如下所述。①双手擎天掌覆头:右手经身体右侧缓缓向上举起,掌心朝天,五指朝左弓,松肩直臂左手臂外劳宫紧贴命门。舌抵上腭,仰面上观手背,透过手背看九天之上,身体自命门起上下双向伸展。②俯首贯气:右掌翻转向下,屈肘,头正,舌尖自上腭自然放下,眼平视前方或轻闭,同时"神返身中"。久练后与双手擎天连续练习时有"人在气中，气在人内"，内外一气的感觉。松腰，则左掌劳宫穴发气，与上式"俯掌贯气"同。左手动作与右手动作相同，唯左右相反。具体的练习步骤为：出右脚，成右虚步，右摘星换斗；两臂落下，收脚；出左脚，成左虚步，左摘星换斗；两臂落下，起身收脚，自然站立。

沈老练到可以坚持六七分钟的时候，左腿突然不能动弹，一走路就腿软跌倒，其余关节活动都能自如。一起学习的同学和老师十分紧张，他们先是将沈老送去上海仁济医院神经科检查，看是不是脑部中枢出现问题，结果发现并无大碍。又到上海市第六人民医院骨科检查是否是腿骨突然的病变。骨科医生拿着叩诊锤检查，也没什么问题。拍了X线片，也没有什么特别的地方。

查不出原因，也没办法治疗。这让年轻的沈老十分沮丧和紧张。学校的老师和同学也非常关心，一边照顾他的日常起居，一边还帮助他补课复习。沈老当时想，这下完了，别说学习不能继续，今后也别想给患者做治疗了。目前身体的这种情况，行动都不便利。虽然按医生的吩咐在学校里卧床休息，但心里面是七上八下，只等着腿略微能动了，就退学回杭州。可休息了大约一周的样子，突然间身体居然自行恢复了，走路的时候，腿软跌倒的情况也消失了，身体恢复到原来的样子。

这次的意外，当时只是觉得幸运和惊喜，却未能好好分析原因。多年之后，沈老行医也有了一些经验。回顾自己发病的病因，大概是因为练功时"闭牢了"，就是推拿医学中所讲的经络闭阻。腿上的经脉因为过度勉强或练功的姿势不当而闭阻，血脉不通，因此肢痿而不得用。这说明练功不得法，不能勉强自己，每次加练的时间不能太长，要在自己能力的承受范围之内。

的确，在易筋经中的星斗，均为二十八宿之列。星宿有七颗，斗宿有六颗。以七为阳数，六为阴数。所以，"摘星换斗"的隐义是由阳转阴。上半势一掌上撑，一掌下按，是使体内气血循阴跷脉上行，而下半势单手翻掌转头，是使人体内气血由上半势的上行转为由阴跷脉下运，由阳跷脉转换为阴跷脉，千万不可将经脉之气运行反了或运行错了。否则，不仅无功，反而会扰乱人体气血阴阳平衡的正常生理活动规律，导致练功出偏的不良后果。

二、一指禅修擦法练

练功的同时，手法的练习一样重要。沈老在推拿学校里，完整系统地学

23

习了各种推拿手法。其中最主要的是"一指禅"手法及㨰法。学校教学采用师生结对的方式，结合学生的自身条件，尤其是拇指的生理特点，分别由不同的老师给予指导。

"一指"是指拇指，"禅"是梵语"禅那"的简称，解释为"静虑"或"思维修"，它提供的是一种自我探究的方法。"一指禅"三字合而言之，就是医患双方共同将散乱的心念集定于一处（医者为拇指之端，患者为医者拇指所点之穴位），医者调匀气息，意念守一，凝全身的功力内劲于拇指之端，潜心探究患者的疾病所在，然后循经按穴，调和营卫，扶正祛邪。朱氏一指禅推拿手法包括传统的推、拿、按、摩等12种手法，以及其独创的"一指禅推摩法"，即以拇指每分钟摆动120次左右，持续作用于所施治的穴位处，从而达到养生去病的目的。一指禅推法是用拇指指端、螺纹面或偏峰着力于一定部位或经络穴位上，沉肩垂肘，以腕关节悬屈，运用腕间的摆动带动拇指关节的屈伸活动，使之产生的功力轻重交替、持续不断地作用于经络穴位上。一指禅推法接触面积小、深透度大，适用于全身各部穴位。临床常用于头面、胸肋等处，具有舒筋通络、行气活血、祛瘀消积、健脾和胃等作用，可以治疗头痛、胃痛及四肢关节疼痛等。

练习一指禅手法大致可分为两个阶段进行。第一阶段先在米袋上按照手法基本要求进行锻炼。即将米袋置于胸前方，身体端坐，全神贯注地沉肩、垂肘、悬腕，指掌半屈，拇指自然伸直，依附于示指中节呈90°，指端或其螺纹面吸定于米袋操作点上，腕部做有节奏的横向往返摆动。在练习至拇指能吸定于某一点上不滑动、腕部摆动灵活而富有节奏感后，再进一步练习一指禅推法移动手法，即从一点逐渐练习到能在米袋上做前后左右的往返运动。在练习移动手法时，必须做到移动时指力不空虚滑动。第二阶段，在米袋上的练习能够做到蓄力于掌、发力于指，指力有相当的功力时，可转为在人体上操作。在人体上操作时，要根据"循经络、推穴位"的原则，进行紧推慢移（即按照每分钟120～160次的摆动速度，在体表经络线上缓慢移动）。一般可先在肩背部练习，然后依次在胸腹部、头面部、颈项部等不同的体表部位进行练习，务必使手法均能娴熟自如地在体表各个部位上按照要领操作。

除了反复练习一指禅推拿，丁季峰先生的㨰法推拿对沈老影响也尤为深远。

丁季峰先生出生于维扬一指禅推拿世家，其伯祖父丁凤山、父丁树山为一指禅流派传人。丁先生在家接受庭训，濡染家传一指禅推拿医术，又勤学苦练，22 岁便在上海医馆开业行医。25 岁时自创㨰法推拿，蜚声沪上。具体来说㨰法是用第五掌指关节背侧吸附于治疗部位，以腕关节的伸屈动作与前臂的旋转运动相结合，使小鱼际与手背在治疗部位上做持续不断地来回滚动的手法。

丁季峰创㨰法推拿，其学术流派是从一指禅推拿基础上发展起来的，因而保存了传统的一指禅推拿的特点。㨰法使对身体进行有节奏的、刚柔相济的持续刺激得到了加强，从而使㨰法的刺激渗透到肌肉深层而直接作用于患病部位。丁先生从事临床多年，从中医推拿的历代沿袭及实践经历中，认识到理论知识的缺乏是推拿事业发展的主要障碍。他认为整体观念、内外相连为中医理论体系之所长，细究局部、探幽入微是西医治学之所长，倡导传统医学与现代医学相结合，取长补短才是医学发展的真髓，而不应拘泥于某一派手法技能。于是他在中医经络学说的基础上，结合解剖、生理、病理等现代医学知识，经过数年探索、反复推敲、改革创新而形成了一种独特的推拿学术流派。

在辨证与辨病方面，更注重辨病，对疾病的治疗，只有了解病理，才能明确诊断，从而制定治疗方案，使疗效明显地提高。丁季峰的推拿疗法无须打针、服药，具有"廉、便、验"的优点，能治疗各种疾病。创立㨰法推拿为了更有效地发挥推拿疗法的特长，避免盲目治疗对推拿带来的不良后果，特制定了推拿适应证及禁忌证。这在以前的推拿文献记载中是前所未见的。

中华人民共和国成立后，丁季峰先生先后执教于上海中医学院和上海中医学院附属推拿学校，担任上海中医学院附属龙华医院推拿科顾问。当时中医学的解剖概念较模糊，给手法应用带来一些困难，许多被动运动手法容易造成医源性损伤，如颈椎斜扳法。对人体解剖知识的熟悉与否不仅直接影响诊断的正确性与治疗效果，甚至还可影响患者的生命安全。因此，他在创立㨰法推拿时，着重强调解剖学的重要性。但这种创新并不被传统的流派认可，甚至对㨰法推拿还有很深的偏见，认为这不是正规的推拿流派。

对于丁老师的㨰法创新，沈老认为，既然存在即有它的合理性。不管是传统的还是新兴的推拿技术，只要在临床中能适应很多病种并有很好的疗效，就是一种好的手法。在临床中的学习不能故步自封，应该不断地开拓创新，尝试并且接受新的疗法。因此他非常注重对丁老师㨰法推拿手法的学习和练习。直至他回到杭州，在日常的临床治疗过程中，也大量采用㨰法进行推拿

治疗。恩师丁季峰先生 3 年的教导，对沈老日后从事推拿工作时手法特点的形成有着至关重要的作用，也为沈老以后近 60 年的中医推拿工作奠定了坚实的基础。毕业拜别之时，丁老师赠送他一支钢笔作为纪念，沈老一直视为珍宝，留在身边。

继学校前 2 年的理论学习之后，第 3 年学校安排学生到门诊部进行临床学习。当时推拿治疗病种较为广泛，除运动系统的疾病外，还有内科疾病如胃肠病、心血管病、五官病症、神经系统病症。最初，学校只安排学生在附设的推拿科学习，并没有到其他类别科室学习的计划和安排。而同学们认为，各个科室轮转对今后的临床知识和临床技能的提高是有益的，能拓宽临床的医疗技能，并且通过各个科室之间治疗的交叉作用，能丰富今后独立面对临床患者的治疗手段。当时任学生会副主席兼共青团支部书记的沈老集中了同学们的反映，向学校党委提出去其他医院各科轮转的请求。学校党委了解情况后十分重视，派党委书记亲临学校向学生们了解具体情况，并同意同学们的请求，妥善安排同学们进入到临床各个相关科室中进行实习。

针灸科和内科的临床实习安排在上海龙华医院。每周星期二和星期六，沈老都和同学们在内科门诊跟诊抄方。有时候碰到带教老师腰痛，沈老也会在门诊结束后用自己推拿的手法帮老师缓解疼痛。在门诊实习阶段，通过切实的观察患者的病情变化，让沈老学到了很多在学校学习不到的知识，并且把在学校学习的理论知识结合现实的临床实践，加深了对知识的理解和记忆。

沈老讲到自己当时在龙华医院针灸科实习的时候，想主动感受针感，于是主动要求带教老师给他扎一针，看看是什么感觉。一般情况下，针灸时的针感因人而异，主要取决于针刺的部位。一般针刺会有酸、痛、麻、胀等感觉，敏感的人还会出现某种异感沿经脉、筋络跳动走窜的现象，有时在体表可以观察到，此即古人所谓的得气，也就是针感。于是，带教老师在沈老右手的合谷穴上扎了一针，并慢慢行针，他顿时感觉好像整条胳膊都被电击了一样，整条胳膊都是麻木的感觉。

就这样，练功法、练手法，不断地临床实习，诊断治疗患者，寒来暑往，白驹过隙。沈老坚持不懈的努力也取得了令人骄傲的成绩。他担任学生会干部，课余帮助同学，毕业时每门课的成绩都在 5 分或 5 分以上。这 3 年的求学时光，使他看到各位中医前辈的海人不倦的高尚品德，前辈们治学严谨的精神、对中医文化的传承和担当，都给了他对于未来人生道路的思考。幼时的种子已经发芽，并长成了勃勃生机的绿苗，人生的目标也在一步步地实现。梳理中医学术脉络，光大前贤，启发后人，于沈老而言，这本身就是一种担当，穷尽一生，也不足为过。

时至今日，回首往事，想起在上海中医学院附属推拿学校和龙华医院学习时候的种种，还犹如直接与这些中医前辈面对面而坐，一睹他们的音容笑貌，聆听他们的谆谆教诲。

第三章

声名鹊起

第一节　甫入医院降大任

　　1961 年，27 岁的沈老毕业后到浙江省中医院工作。当时国内的医疗水平还不是很高，医疗资源也十分匮乏。当时国家十分重视中医政策的贯彻和执行情况。在这样的时代背景下全国很多大医院的中医门诊和病房如雨后春笋般相继建立。时任浙江省中医院分管推拿科的领导对中医十分感兴趣，成立了推拿科门诊和病房。对刚刚从专业院校毕业回来的沈老，院领导寄予了厚望，直接任命他为推拿科的负责人，还特意分配了病房，希望他把在上海中医学院附属推拿学校学习到的推拿技术应用在临床中，帮助更多的患者解决疾苦，用推拿的神奇疗效造福患者。

　　推拿科刚成立，算上沈老一共只有三名医生，当时医院实行的是入院登记制，一次推拿的费用是五角，而以当时的物价水平，买一斤螺蛳是七分钱，从费用上来说，推拿的收费并不算低。加上当时社会对中医推拿的认知也不清楚，医院对外宣传力度亦不够，因此许多老百姓还不知道推拿是干什么的，以至于刚开始接诊时的患者屈指可数，但沈老的心态很好："我们是中医里的小科，但是小科也有小科的绝活。" 当时的病源，主要也就是颈、肩、腰、腿痛的成年患者，还有一些小儿麻痹症后遗症的患者，以及部分儿科的患者，甚至像一些高血压、痛经等一些杂症的患者，也会来推拿科治疗。

　　中国在 20 世纪五六十年代脊髓灰质炎（俗称小儿麻痹症）大范围暴发。一些被传染的患儿高热之后双腿不能站立，或上肢麻痹落下终身残疾。1961 年，美国著名的萨宾疫苗才刚刚宣布，还没有在国内广泛普及。我国当时对于小儿麻痹症的防治措施还不够完善，因此小儿麻痹症后遗症的患者特别多。小儿麻痹症患者治疗的主要方案，就是进行推拿治疗，缓解肌肉张力等。

沈老采用搓法和拿法为主，加上小儿推拿的一些常规操作手法为这些小儿麻痹症的患者进行治疗，获得了非常好的临床效果。搓法属推拿手法中一种辅助手法，常作为四肢、胁肋部、腰背部推拿治疗的结束手法，具有疏通经络、调和气血、放松肌肉等作用。对于小儿麻痹症患者，沈老一般对四肢先行搓法。搓下肢患者取仰卧，下肢微屈，用双手挟持住大腿的内外侧（或前后侧），相对用力做一前一后的交替搓揉，经膝、小腿至踝部，再由踝、小腿、膝、大腿，如此往返 3～5 遍。搓上肢体位同上，双手挟持住患侧上臂做一前一后的交替搓揉，并渐渐下移由前臂至手腕，再快速由腕部向上至腋部。如此往返搓揉 3～5 遍。

拿法指用拇指、示指和中指，或用拇指和其余四指的指腹，相对用力紧捏一定的部位。《秘传推拿妙诀》云："拿者，医人以两手指或大指或各指于病者应拿穴处或掐或捏或揉，皆谓之拿也。"如用五指进行捏拿的又称抓法。拿法刺激量较强，常与其他手法配合应用，治疗头痛、项强、四肢关节肌肉酸痛等症。临床应用时，拿后需配合揉摩，以缓解刺激引起的不适之感。注意拿捏时间不过长，次数不宜过多。

小儿推拿是建立在祖国医学整体观念的基础上，以阴阳五行、脏腑经络等学说为理论指导，运用各种手法刺激穴位，使经络通畅、气血流通，以达到调整脏腑功能、治病保健目的的一种方法。明代小儿推拿的治疗体系已形成，以《保婴神术按摩经》等小儿推拿专著的问世为标志。小儿推拿的穴位有点状穴、线状穴、面状穴等，在操作方法上强调轻快柔和、平稳着实，注重补泻手法和操作程序，对常见病、多发病均有较好的疗效，对消化道病症疗效尤佳。吴师机指出"外治之理即内治之理"，因此小儿推拿的治疗法则与内治法基本一样，谨守病机，以期治病求本，调整阴阳，扶正祛邪。从而在中医基础理论的指导下，广泛应用于小儿泄泻、呕吐、食积、厌食、便秘、腹痛、脱肛、感冒、咳嗽、哮喘、发热、遗尿、夜啼、肌性斜颈、落枕、惊风等疾病，都有较好的效果。像小儿腹泻的患者，一般经过 2～3 次治疗便能痊愈。这让当时的患者家属都很惊讶，没想到不打针、不吃药，通过推拿就能治好小儿疾病。

因为小儿推拿的疗效惊人，一下子打开了推拿科的名气。浙江省著名的中医儿科专家、宣氏儿科第二代传承人、浙江省首批名老中医宣志泉，听说

推拿科有位叫沈景允的推拿医师会看儿科疾病，于是特地悄悄去瞧了一番，观后也不禁为沈老的推拿医术竖起大拇指。说起这些往事，沈老神采飞扬，很是自豪。

在对成人病症的治疗中，如急性腰扭伤，用一次手法治疗后便能使患者站起来。刚刚起步的推拿科，在沈老的带领下，声名鹊起，取得了很好的口碑，科里的病房和诊室里面挂满了患者送来的锦旗。

第二节　博采众长得真髓

沈老凭借在学校勤奋刻苦的研读，跟随名师，严格自律，持之以恒练习功法，上学期间博览群书，积累了大量的针灸、推拿、《黄帝内经》和骨伤科学理论知识。在推拿科成立之初，这段时间的所学让他在临床应用中得心应手，凭着扎实的基本功，推拿科的工作很快打开了局面。

在浙江省中医院推拿科成立之初，时任浙江大学医学院附属第二医院（以下简称浙二医院）内科主任陶秉烯主任患有胃下垂病，但服用药物后疗效不明显，听闻浙江省中医院推拿科有位叫沈景允的医生擅长用手法治内科，于是想碰碰运气。他找到沈老，沈老详细询问了病史后辨证分析，给他推拿了一次后病情明显感到好转，一来二去几趟治疗下来陶主任的胃下垂经过沈老的推拿慢慢好了起来，两人也由陌生人变成了工作上往来密切的好伙伴。

这个时候推拿科已渐渐不缺患者，但为了增加门诊量，沈老通过陶秉烯主任，又获得了浙二医院骨伤科江让主任的帮助。当时对于腰椎间盘突出症的主要治疗以手术治疗为主，但是有一些患者希望保守治疗，不想动手术或手术治疗比较惧怕风险，有些愿意接受并适合保守治疗的患者就源源不断地被介绍到浙江省中医院推拿科来。他们经过推拿之后，大部分逐渐好转，一方面沈老手法高超，另一方面他对待患者关怀备至，久而久之沈老在患者当中的口碑越来越好。大家渐渐知道浙江省中医院有个搞中医推拿的沈景允医生不仅医术高明，医德还高尚。随着浙江省中医院推拿科的名气逐渐扩大，就诊患者的年龄跨度也越来越大，从几个月的婴儿到老年人都有；疾病的类型也越来越多，儿科、妇科、内科病症均有涉及。以小儿腹泻为例，基本上推拿2～3次就痊愈了。像一些腹部急症，沈老常结合自身功力，运气按摩于掌面（运内八卦）；用掌振法治痛经、不完全性肠梗阻、小儿蛔虫症、胃脘痛等下腹部病症，采用局部施治和远道取穴相结合，刚柔并济，顺势而为，往往能立竿见影。

刚开始临床时，沈老一直致力以推拿作为治疗疾病的手段，认为刚独立接手临床，必须将所学的专业技能练就到轻车熟路的境界方可再用其他治疗手段，即稳打稳扎基础，成效后再循序渐进，博采众长，为我所用。1965年，沈老临床已有4年，也积累了一些经验，渐渐开始尝试中医的其他疗法。沈老虚心向中西医各界前辈、同事请教，跟随时任浙江省中医院副院长、浙江省中医学会副会长魏长春学习治疗外感时病、消化系统疾病和急重症；推拿科与骨伤科合并后，又跟随罗氏伤科传人罗振玉名中医学习散瘀膏的制作，对治疗各种跌打损伤引起的瘀滞血肿、疼痛等有了更为深刻的认识。此前在上海读书实习期间，沈老曾受开中医骨伤科学高等教育之先河、海派中医流派、石氏伤科传承与发展的名老中医石幼山老师指导，学习骨伤诊疗的开方之术，由于石氏伤科在方药运用上重视方随证变、药随病异，石幼山等人通过长期的实践积累总结出了麻桂温经汤、和营续骨汤等一系列名方验方，其中桂枝多用至6g。而工作后多次请教内科杨继荪院长，杨老说："桂枝我们这里可以用到9g，生米仁可用30g，生黄芪可用30g等，南方天气潮湿，与北方不同"，沈老受到教诲，并因此提高治病疗效。

业余时间，沈老从不放松自己的学习。在医院，学术活动报告是一场不落，每周一个晚上的各科临床疾病介绍会也必定参加。回到家里，每晚继续学习和钻研业务知识，常翻阅《黄帝内经》等著作及相关专业的期刊学习，并把骨伤期刊作为重点的学习对象。除此之外，向前辈以及中西医界同道、同事虚心求教。

经过几年的努力，沈老在临床上取得了不少突破。他一方面致力于文献研究，另一方面积极地在实例中进行运用。沈老的临床工作表现被当时分管推拿科的医院副院长王水林看在眼里，为了表彰沈老取得的初步成绩，鼓励他赢得更多患者的信任，王副院长从中医病房（六病区）抽出四张床位给推拿科，这让沈老很是感谢，因此更加努力提升自身的临床技能。

患者越来越多，3位医生根本忙不过来，每天可以治疗的人数有限，于是便采取了登记预约治疗的方式，即先为患者登记预约，等到治疗的时间再来进行治疗，有时候还要去保健科借床为患者做治疗。预约制也不小心引起了一些人不满。一次，有个外科医生来科室询问一个患者的情况。这个患者需要推拿来进行治疗，但是由于患者的人数太多，此患者通过预约后还没有安排到治疗。因为等待的时间稍长，这位外科医生有些不耐烦。他出言不讳：

"推拿有什么了不起，还不是和洗澡理发一样？"沈老及科室其他医生听了非常生气。生气之余，沈老意识到如果患者说这样的话，可能是因为没有取得好的效果，而医生说这样的话，那就是对推拿医学的质疑。他的内心久久不能平静：只有推拿医学的光大，才能更多更好地造福患者。

第三节　千日斫柴终成法

一、海纳百川融中西

如何才能将推拿医学发扬光大？沈老一直在琢磨这个问题。首先就是要加强自身的医疗技能，才能将推拿发展出去。只有患者满意，才是最好的口碑。其次就是要拓宽自己的知识面，不能只钻研自己本专业的知识，其他的专科知识也要涉及。推拿属于中医大学科的一个分支，对于中医内科、外科、骨科也要进行学习。但如果要将推拿医学发扬光大，除了要治疗一些普通病症，还一定要做出科室的特色，对某一种多发病或常见病有独特的疗效，才能做精、做专。反复考虑，思索良久，最终确定将腰椎间盘突出症的治疗作为突破口。这个病种的确定主要源于两点想法。一是腰椎间盘突出症是当时推拿科接诊患者中最常见的疾病之一，主要是因为腰椎间盘各部分（髓核、纤维环及软骨板），尤其是髓核有不同程度的退行性改变后，在外力因素的作用下，椎间盘的纤维环破裂，髓核组织从破裂之处突出（或脱出）于后方或椎管内，导致相邻脊神经根遭受刺激或压迫，从而产生腰部疼痛，以及一侧下肢或双下肢麻木、疼痛等一系列临床症状。腰椎间盘突出症以 $L_4 \sim L_5$、$L_5 \sim S_1$ 发病最多见，约占95%。患者得此病后，对生活影响很大。二是在上海实习期间，沈老曾创立了具有影响力的"一次正骨推拿治疗腰椎间盘突出症"的治疗理念和方法。这要追溯至沈老在上海实习期间，推拿门诊部曾有一位患者前来看病，当时诊断为"腰椎间盘突出症"。按常规治疗一般推拿一段时间大部分患者腰部的疼痛感或腿部麻胀等感觉会减轻很多，慢性腰痛患者治疗时间也不超过半年。然而不知是当时医疗水平有限还是医疗条件有限，这位患者竟然推拿了约一年半仍未见痊愈，厚厚的病历俨然可以堆成一座小山丘，仔细统计病例簿上推拿的次数居然有288次。这个病例让沈老印象非常深刻，当时人们对推拿手法治疗疾病方面的研究甚少，而对腰椎间盘突出症的认知也较少，没有更好的方法治疗这个病。时刻为患者着想的沈老心急如焚，这样的治疗简直是对患者身心的折磨，更需要推拿医生改进治疗方法、提升技能水平。他暗下决心：有朝一日回杭工作后一定要以腰椎间盘突出症为目标着手研究。"能否一次性正骨解决问题从而减少患者痛苦"的灵感就在沈老的脑海里出现了。

病种确定了，病源也不成问题。除了本院推拿科、骨伤科转入的小部分病源，更多的还有从浙二医院骨科转入的一些保守治疗的患者。沈老提起此事，现在还笑着说："多亏了江主任的帮忙，我才有了这么多来治疗的患者，所以有时候还要常跟其他的医院联系，搞一搞学术交叉。这样不仅能让前来治疗的患者更多，也是为推拿疗法做了推广。对于患者，也多了一种可选择的治疗手段。"

当时国内对于腰椎间盘突出症这个疾病的治疗看法是临床表现不严重的患者可以选择保守治疗，即用针灸推拿手段治疗；如果已经影响到患者正常工作和生活，则倾向于手术摘除椎间盘的治疗方式。如何用更加有针对性的手法促进局部软组织加快缓解痉挛，以及如何通过手法将局部腰椎小关节错位部分纠正过来，这是解决问题的关键。如果能够治愈患者，就证明了推拿这种治疗手段确有胜人之处。只有用切实的疗效来证明，才能纠正社会上对推拿学科的偏见，让中医推拿扬眉吐气，不再受医学界其他同道的嘲讽。

刚开始治疗腰椎间盘突出症时，是通过手法推拿，缓解疼痛，减轻症状。但是，患者都需要长期来门诊进行治疗。有时候，患者经过治疗疼痛缓解了，但是一段时间后或劳累后疼痛又会复发。而当时，正是我国大规模需要劳动力的重要发展时期，反反复复来门诊治疗，不仅让患者耽误了很多的工作时间，也让这些患者对自己的病情逐渐失去了痊愈的信心。沈老想起了那位在上海做了288次治疗也未完全康复的腰椎间盘突出症患者，他担心如此发展下去，会不会重走上海推拿门诊部的老路。"工欲善其事，必先利其器"。如果想要减少患者的治疗频次，增强推拿的疗效，就要从推拿的手法上进行改进，通过精准的手法选择，取得最少的次数和最大的疗效。"推拿类似十八般武器，各司其职，取其所长，如何将这些技能行云流水般运用，则是推拿学科的发展需要。"沿着这个思路扩展，沈老一直在思考是否可以将2～3个单一的推拿手法经过组合演变成一种复合手法来治疗腰椎间盘突出症。

然而，应该选择什么样的手法呢？要知道，推拿手法名称见于文字的就多达400多种，这些手法的命名，有的按动作方式，如推、拿、按、摩等；有的按动作形象，如狮子滚绣球、凤凰单展翅等；有的根据手法作用，如通、和、

舒、补等；有的根据施术部位，如开天门、打马过天河等；有的按操作过程，如开手、收式等。根据推拿手法的动作形态将其分为 6 类：①摆动类手法，以指或掌、腕关节做协调的连续摆动动作，包括一指禅推法、缠法、滚法和揉法等；②摩擦类手法，以掌、指或肘贴附在体表作直线或环旋移动，包括摩法、擦法、推法、搓法、抹法等；③挤压类手法，用指、掌或肢体其他部位按压或对称挤压体表，包括按、点、压、拿、提、挤、捻等；④振动类手法，以较高频率的节律轻重交替刺激，持续作用于人体，包括抖法、振法等；⑤叩击类手法，用手掌、拳背、手指、掌侧面和桑枝棒等叩打体表，包括拍法、击法、弹法等；⑥运动关节类手法，使关节做被动运动，包括摇法、扳法、拉法等。关于推拿手法的动作和名称，各家说法不一，有的手法动作相似而名称不同，有的名称相同而动作各异。现代临床常用的手法主要有推法、拿法、按法、摩法、滚法、擦法、摇法、扳法、拉法、振法、击法、理法等。这些手法可以单独使用，也可以把两种手法结合起来组成复合手法，如按揉法、掐揉法、拿捏法等。在实际的推拿治疗中，依据患者的情况，根据人体需刺激的经络穴位或特定部位而选择对应的操作手法。常用的也有 100 余种，其中有的以按捏为主，如按法、压法、点法、拿法、捏法等；有的以摩擦为主，如平推法、擦法、摩法、搓法、揉法等；有的以振动肢体为主，如拍法、抖法等；有的以活动肢体关节为主，如摇法、扳法、引伸法等。要从这些推拿所施行的各种技巧动作中挑选出几种手法，组合起来，精准有效地治疗腰椎间盘突出症可不是一件简单的事情。

　　那怎样才能设计出沈老心目中的手法呢？当时受条件所限，推拿操作在科研方面的研究少之又少，各项科研水平还不完善，因此像对于治疗腰椎间盘突出症常用的扳法的幅度范围，即推拿的时候到底可以扳动患者肢体多大角度来调整骨间构架等推拿安全性的问题都没有明确的标准，一切只能靠自己慢慢地摸索。在患者身上做尝试总是受伦理和其他方面的限制，最后不得已，沈老就请自己的夫人作为试验对象。沈老的夫人与他结婚后就分居两地，刚调回杭州不久，听闻丈夫的想法之后，她非常支持，心甘情愿地配合丈夫一起寻找合适的手法。沈老在翻阅大量脊柱相关生物力学和推拿的相关期刊后，意识到手法与生物力学密不可分，在人体上探索手法着力点、用力大小及方向，反反复复试验，不仅琢磨手法的定质定量，还处处留心每种手法带来的反应。经历了不知道多少次的失败，始终不曾放弃，愈挫弥坚，终于在无数次的失败之后，迎来了希望的曙光。

有一天，一位从萧山远道而来的患者被人用担架抬进了诊室，他双手捂着腰连声喊疼。这个患者原来是在棉纺织厂工作，之前已在别家医院诊断为腰椎间盘突出症。今日突然发作，痛势剧烈。沈老给他进行了床边试验发现多项阳性体征，结合之前的临床表现和影像学检查判断患者目前处于腰椎间盘突出症急性发作期，神经根炎性水肿压迫神经明显，根本不适合推拿。这种情况外科手术更能从根上解决问题，于是他马上告诉患者必须进行手术。之后患者在浙二医院行了 $L_4 \sim L_5$ 椎间盘突出摘除术，手术很成功，患者很满意。

这件事以后，沈老反思自己之前的一些想法。任何一种治疗方式都是有两面性的，选择何种治疗取决于患者的病情，而并不能拘泥于中西医、内外科的类别。有些病症即使符合保守治疗条件，也不能认为就一定可以扭转病势甚至治愈。有些病症可以通过手术治愈，但是保守治疗也可以取得好的效果。这其中包含诸多因素。推广推拿，让这一学科能发扬光大是重要的，但更重要的是不能回避医疗水平与患者病情的矛盾，而是要从最大化和最优化的角度，认真对待，择优处之。

二、拓宽思路科研进

思路开阔后，沈老不断汲取医学知识。越是不间断的学习，越是明白，如果不了解前沿的医学知识和进展，就无法跟上医学科技的发展。医学科技日新月异，强调不断学习新的知识，也是做好一名医生的先决条件。所以，白天上班，晚上阅读各种文献是必修课。例如，之前常规治疗认为推拿完后应及时进行康复锻炼，恢复腰肌和下肢功能。有一天，他读到天津骨科主任方先知的一篇刊登在骨科刊物的文章后得到启发："手法治疗腰椎间盘突出症可以缓解病情，但治疗不当也可以使腰椎间盘再次突出。"手法已基本确定了，但哪些手法适用于哪些病理阶段，不同的患者即使患的是同一种疾病，不同的病理阶段，病情也会有所区别，因此推拿的着力点、补泻、刺激量和手法类型就应该不同。之后临证时，沈老更加小心翼翼，仔细询问病史，生怕遗漏一个细节就会导致治疗不合适的方案出现。浙江省中医院推拿科与骨伤科合并之后，在参与骨伤科对腰椎间盘突出症的手术治疗中当助手时，他直观地看到了腰椎的结构及突出物的情况。

沈老临床中对患者的推拿的经验越来越丰富，创新与尝试也从未停止。

天时地利人和，三十而立之年，他精心护育的中医推拿的种子已长成大树，并结出了果实。这一年，他突然有了一个大胆的想法。既然通过几个复合的手法只能让患者暂时地解决问题，那么是否可以再进一步，通过只让患者进行一次推拿，就解决腰椎间盘突出症的痛苦呢？

经过无数次的努力探索后，他终于总结出一套治疗腰椎间盘突出症的"一次正骨推拿"治疗方法，即"大推拿"，从而大大缩短了对该症的治疗时间，不但减轻了患者的心理负担，也缓解了他们的经济压力，受益患者无数。这一开创性治疗方法的诞生，是众多患者的福音，也引起了海内外同仁的关注。沈老说起此事，一口气说了六条：一是临床中要仔细观察，腰椎间盘突出症属于中医的"痹病"，注意分析不同类型的推拿手法对不同病症的作用，要非常明晰推拿的补泻作用、刺激量，实行手法部位的经络和穴位的特异作用对不同程度的腰椎间盘突出症是不同的。二是对腰椎间盘的生理结构、模型要有直观了解。三是既要明确各种手法的"动力形式"对施术部位是否适用，还要考虑受术者及手术部位对手法作用能否接受，从而更有针对性地对机体原有的功能状态加以正确应用，从而达到理想效果。四是学会甄别手术和非手术治疗腰椎间盘突出症各自的优势和劣势。尤其是在运用斜扳法、后伸腰压法治疗腰椎间盘突出症的时候，如何恰到好处地应用惯性特征、力的特征和能量特征将直接影响推拿效果。五是推拿要单向施力，治疗后腰部及时用夹板予以单侧固定，否则髓核很容易再次突出，也会增加患者的痛苦。六是患者要积极锻炼，而并不是像骨伤患者那样以静养休息为主。

三、腰椎间盘突出症推拿疗效佳

推拿治疗腰椎间盘突出症并观察疗效，沈老认为应做到以下几方面。

第一，一次正骨推拿（以下简称大推拿）治疗前，患者须行 CT 或 MRI 以明确病理诊断。确定行大推拿治疗的，在治疗前需口服一定剂量（可能是 250ml）的 20% 甘露醇注射液以清理肠道。第二，大推拿治疗必须在硬膜外麻醉下进行，这是对患者不可或缺的人文关怀。第三，大推拿治疗期间主张让患者用一些西药，如 20% 甘露醇溶液静脉滴注以消除神经根炎性水肿。第四，大推拿治疗后服独活寄生汤、身痛逐瘀汤等中药辅助活血化瘀、理气止痛。第五，大推拿治疗后一般观察 3 ～ 5 天，如无明显异常方可出院。建议卧床静养 1 周。第六，大推拿治疗 1 周后可进行功法锻炼以增强患者体质，促进身心健康，有助于疾病的恢复。飞燕式、蹬腿踩车等动作可帮助患者提高腰部和下肢肌力和骨关节灵活度。另外，沈老嘱咐患者不宜向前弯腰以免再次复发，并且术后 1 ～ 3 个月来院复查。

此外，沈老强调，推拿治疗腰椎间盘突出症，主要是通过治疗来缓解疾病的症状，不是治疗腰椎间盘突出。从影像学中可以发现，腰椎间盘突出是病理改变，推拿没有办法使突出物回纳。但是通过硬膜外麻醉、推拿正骨、卧床休息和脱水剂治疗，可以促进神经根炎性水肿吸收，突出物位移，从而减轻疾病症状。而"治疗之后行 MRI 复查，患者腰椎间盘局部突出物仍然存在"这一点要反复向患者家属解释清楚，让他们对疾病的诊治有一定的客观认识，降低过高的期望，做好心理方面的工作也是很重要的。对初学者，沈老在这方面会负责地加以指导。此外，与患者家属谈话时要留有余地。如治疗中出现一些后遗症状，要讲明白随着时间的推移哪些症状会慢慢自行消失，这样大多数患者及家属就能够理解。

沈老陆续在临床上对 800 多例腰椎间盘突出症患者进行了大推拿治疗，皆取得了不错的效果，这些病例后来成为沈老申报浙江省医学科技相关课题的宝贵临床资料。1979 年，浙江省中医院推拿科恢复独立，沈老被委任为科室副主任。20 世纪 80 年代沈老开始向院里申报自然科学课题，提出并证明了"一次正骨推拿治疗腰椎间盘突出症"的大胆设想。该科学成果超越了当时国内脊柱病的诊疗水平，令沈老名声大噪，受到了国内外医学界的广泛关注。1987 年被委任为推拿科主任。1989 年，日本静江县正骨病院邀请浙江省中医院推拿科去日本讲学交流。当时由张宾辉院长牵头，沈老给广大日本民众讲解了脊柱的相关手法在临床上的运用，深得日本同行的一致好评。他还在当地学校给学生们进行各种推拿诊治的小讲课。课堂上沈老结合自己的临证经验，演示手法操作给学生们看，令学生们受益匪浅。其研究成果发表在日文版的《中西医结合杂志》上。1992 年，沈老主持的"一次正骨推拿手法治疗腰椎间盘突出症"研究项目荣获浙江省卫生厅医学科技进步奖一等奖，并获浙江省教委科技成果推广奖，至今在全国及省级杂志上发表论文 20 余篇。其代表作《CT 扫描观察推拿治疗腰椎间盘突出症》（日文版）于 1994 年被《中国中西医结合杂志》收录。这次获奖让沈老更坚定不移地相信夯实中医基础，将现代医学与临床观察结合起来，才能让中医走向现代化之路。1995 年沈老被评为主任中医师；历任浙江中医学会推拿

分会主委、副主委；中国中医药学会浙江分会第一至第三届理事等职。在当时，三甲公立医院主任医师的评选过程是比较严厉的，中评会由医院评出，高评会由浙江中医学院组织进行省级医学主委会委员投票，经三方评委投票同意后方可评上。1996年沈老被浙江省人民政府授予第一批省级名中医称号，1997年被浙江中医学院授予"优秀共产党员"称号，同年4月被国家人事部、国家卫生部、国家中医药管理局指定为第二批全国老中医药专家学术经验继承工作指导老师，从事师带徒工作。2000年，沈老65岁，本应该退休享受天伦之乐，可他还在临床一线为患者排忧解难，直到2005年70岁高龄才正式退休。

第四节　锲而不舍镂金石

一、麻醉改良患者福

　　1965年开始，由于种种原因推拿病房规模一直未曾扩大，直至20世纪70年代推拿病房才逐渐发展起来。沈老等几个推拿医师与骨伤科的医师们轮流在门诊和病房值班。那时候给手术患者用的麻醉方式主要是局部浸润麻醉，若患者不能忍受，则再由麻醉医生在监测下缓慢滴注复合药品。然而因其既不安全，又缺乏社会效益，曾一度不受患者欢迎。直到20世纪90年代硬膜外麻醉的介入，患者终于可以舒适地完成整个手术，这正是医学进步带来的福祉，使得医患关系也朝着更好的方向发展。沈老也赶上了这波麻醉界改革的浪潮，在同事金望潮医师参加学习回来后，他立即开始推崇并施行硬膜外麻醉，让许多患者在进行大推拿治疗时一点也感觉不到疼痛。然而正如辩证法原理"无论是在自然领域、社会领域，还是在思维领域，任何事物内部及事物之间都包含着矛盾，正是事物矛盾双方的统一与斗争，推动着事物的运动、变化和发展"所揭示的一样，在绝大多数患者感受到医学进步带来的福利的同时，也有部分患者常出现腹胀、腹痛、便秘等胃肠道并发症，轻则3天，重则1周。为解决这些胃肠道并发症，沈老查找相关文献资料，也向肛肠科和内科医师进行请教，最终选择"口服稀释后的甘露醇注射液"这一方案缓解了大部分患者腹胀、便秘的症状，此后沈老行大推拿治疗腰椎间盘突出症前都嘱咐患者口服20%甘露醇溶液进行肠道清理。

二、医德高尚医术精

沈老在医德医风方面亦是我们学习的楷模。每每临证时，沈老对每个住院的患者必定亲自检查，掌握第一手资料，及时发现误诊的患者，如颈部及腰部肿瘤、急性脊髓炎、低血钾等患者，可见沈老对患者极其负责和认真的态度，同时年逾花甲之际仍坚持出门诊。在长达 50 年的行医过程中，沈老未收受过患者一次红包，也从未与患者发生过纠纷，其中不乏从远方慕名来求诊的患者，他们被沈老高超精湛的医术、厚德载物的仁心所感动，常以红包来表达感激之情，然而这些"额外心意"都被沈老婉言谢绝，并说道："你们从外地赶过来看病本来就不容易，我们治病救人本是本职工作，这是我们应该做的，你们放心在这里治疗，我们会尽力帮助你们的。"这让很多患者打心底敬佩这位大医精诚的大夫。

沈老不仅医德高尚，同时医术也精湛，是一位临证经验丰富的推拿临床专家，对待疑难杂症沈老也从不轻易放弃。1962 年工作期间曾有一个 6 岁左右的小男孩，因腹痛异常难忍被送进浙江省中医院急诊室抢救，当时诊断为蛔虫性肠梗阻，外科医生建议做手术取出蛔虫。但男孩家属并不想让自己的孩子那么小就吃这个苦，所以要求尽量不开刀，能保守治疗最好。当时的外科医生便请沈老会诊。沈老先通过运气按摩让躁动中的孩子先安静片刻，然后给他吃了 2 勺菜油后再进行常规推拿，推拿过程中小男孩睡着了。治疗完沈老嘱第 2 天复诊，结果第 2 天男孩家长过来告知孩子的病已经痊愈，前一天推拿回去后小孩就排出了 70 多条蛔虫。沈老只用推拿手法就将蛔虫性肠梗阻患者治愈，不禁让人感叹沈老的手法非同一般。

20 世纪 70 年代随着影像学技术的发展，CT、MRI 检查进入了医学领域。对于确诊脊柱的骨质、软组织及椎管狭窄的程度和原因，CT 均有明显的优势，成为诊断椎间盘病变和某些椎管内病变的良好方法。而关节骨质、关节软骨韧带、神经、血管等组织结构，以及肌肉、内脏、肿瘤等要想清楚地显示非 MRI 莫属。了解到影像学对医学发展的重要性后，沈老与时俱进，顺应潮流，主动学习现代影像学读片技能，并借助这些影像学检查，明确诊断出脊柱病变如椎间盘膨出、突出及脱出。沈老认为，腰椎间盘突出是一种病理现象，是不可能治愈的。现代医学认为，腰椎间盘突症是髓核突出压迫神经根引起水肿，治疗要消除神经根水肿、位移突出物。通过观察 CT 或 MRI 成像，明

确髓核突出的位移变化及突出物压迫神经根的程度对推拿手法治疗有着重要的临床参考意义。沈老诊断时常结合人体解剖结构、生理、病理等现代医学理论，在阅读了大量医学文献后，通过刻苦钻研推拿手法技巧，逐步探索出治疗伤科疾病的推拿手法。同时秉承中医推拿特色，主张"分粘、纠位、滑节、通络"的治则治疗骨关节疾病。他阅读骨伤科类经典古籍《医宗金鉴·正骨心法要旨》《伤科补要》等，对书中详尽描述正常"骨缝"和异常"骨错缝"的事实，以及"骨错缝"是脊柱病的主要病机的观点十分赞同，提出伤科疾病的治疗应以行气活血、正骨理筋、疏经通络为原则，以促进人体经脉内气血流通，使筋顺骨正。不论急性损伤还是慢性损伤，推拿手法都宜以"轻—重—轻"为原则治疗。活用运动类手法，切勿一治就扳、压，否则容易导致筋膜组织发生无菌性炎症。急性损伤者强调以活血化瘀为主，手法宜轻柔，时间不宜过长，逐步渗透，促进溢于脉外的瘀血吸收。对于慢性损伤者，以弹筋拨络为要，重手法刺激，时间可适当延长，以达到分解组织粘连的目的。并通过理筋手法，纠正"筋出槽"；遇骨关节疾病者，每以手法松解肌肉痉挛，而后采用牵引、扳法、揉法类手法纠正"骨错缝"，使骨正筋顺。

　　沈老擅长各种脊柱正骨手法，对颈椎病、肩周炎、腰椎小关节紊乱、腰椎间盘突出症及各类软组织损伤方面的手法治疗颇有研究。除了创立一次正骨推拿法，对腰椎小关节紊乱症，提出一牵二扳三蹬腿法治疗；对肩关节粘连，创立二位分粘法，在临床上运用，均获得良好效果。沈老将他的"二位分粘法"总结出精华，上升为理论。沈老指出了两个推拿时需要注意的地方：①骨质疏松患者慎推，这点通过 X 线检查可以发现；②推拿需要在局部麻醉的作用下进行，局部麻醉可减轻患者的痛苦，同时也是对患者人文上的关怀，体现医学的伦理性原则。

　　沈老在从事临床工作的同时兼任教学、科技工作。在教学上他一丝不苟，认真而严谨地备课，一丝不苟地撰写讲稿，讲起理论课来更是精彩纷呈、荡气回肠。除了理论课，实践课上他毫无保留地给学生进行各种手法的演示，对于基础薄弱的学生亲自进行多次示范辅导，诲人不倦，听他的课学生有种如沐春风的感觉，是一位非常称职的好老师，经他授课辅导的留学生也遍布世界 30 多个国家。他告诫学生要想成为一名好的医生既需要掌握过硬的临床技能，有强健的体魄，还要怀有一颗厚德载物的仁爱之心，尤其是干推拿这一行，应"拳不离手，曲不离口"。他指出推拿是一项需要过硬体力的技术活，是在意识意念的调控下、规范化动作结构基础上实施手法技能，达到祛除疾病从而恢复身心健康的目的。没有过硬的体力完成不了工作任务，因此必须要强身健体。所以沈老每天坚持练功，自 1958～2018 年从不间断，几十年如一日。所练功法为在上海中医学院附属推拿学校学习时练的少林内功、伤科功、易筋经，后又加练自创的从头至脚、沿 14 条经脉循行部位的按摩方法，以及易筋经第二部和金刚八段功等，以达到养身、养心、养生的目的。练功的时间相对固定，每天清晨 3：30 开始练功，至清晨 4：30 结束，总共 1 个小时。沈老现在的生活状态和同龄人比起来，体魄是非常棒的，凭借优秀的习惯每天清晨坚持在小区里走一万步以上，这是现在许多年轻人都无法做到的。

在临床耕耘近 50 年里，沈老强调中医理论的宏观辨证和现代医学科研成果相结合的必要性，把中医理论与现代医学相结合的辨证论治思想运用于临床实践，疗效卓著，对提高临床诊断的正确率和治疗有效率有着十分重要的意义。

沈老还总结出一套成人推拿手法歌诀："轻则揉，重则按（点），不轻不重用滚法，遇到关节用摇法。头用推抹，腹用推摩，先推背来后推腹，先治阳经后治阴。肌肉中满刺激重，形体消瘦手法轻。急病实证手法重，慢病虚证手法轻。疏通经络用拿法，手指屈伸用搓法。遇到痹病用拍、擦。活动障碍用扳法，前屈困难后压法（背法），后伸困难前屈法（屈膝屈髋）。先做牵引不可忘（拔伸法），滑利关节搓、摇、抖。手法先轻而后重，结束扣法缓慢行。腰眼要当心（因肾脏部位），鉴别记在心。胆大心细是原则，自遵医德一生轻。"

沈老认为正确的辨证思维是治疗疾病的根本，是提高疗效的保证。因此，他不断探索中国医学理论体系，通过多年临床实践，逐渐形成一套独特的治疗体系。到晚年沈老仍孜孜不倦地阅读和学习老子的《道德经》、孔子的《论语》等。他认为温习这些名家经典是为了学会更好地做人，老子务虚、孔子务实，这两位大家教导我们要诚信待人，而静思是很好的修身养性的方法。养成勤思考的习惯会促使我们形成良好的临床思维，这是毋庸置疑的。另外，沈老要求年轻人要练好临床基本功，首先要提高学习的自律性，这是非常重要的。然后是做好临床总结，在临床上遇到各种病情处理要及时并做好归档工作。在此基础上，将现代医学检查为自己所用。

关于养生，沈老也有自己的心得：动静结合；注意饮食调养，荤素搭配；

看书、看报，关心国家大事，同时也要注意防止眼疲劳；一年中去外地游玩 1～2 次，欣赏祖国的大好河山；不管刮风下雨定期参加活动，关注医院的新闻。

"你们年轻人，一定要有事业心，趁年轻多学习，练好基本功"，秋后的阳光里，和蔼的沈老，对着我们慈祥地微笑："对患者要像对亲人一样，冷静、思考、慎言、忍耐、豁达，努力去做就是了。"

第四章

高超医术

第一节　神指点按消痹痛

一、颈椎病

颈椎病（cervical spondylosis，CS）是由于颈椎椎间盘退变及继发性改变，刺激或压迫颈神经根、椎动脉、脊髓或交感神经而引起的症候群。本病是中老年人的常见病、多发病，发病率呈逐年上升趋势，据最近的流行病学调查显示，我国颈椎病的发病率已超过40%，并有明显的年轻化发展趋势，防治形势严峻。本病推拿疗法特色和优势明显，疗效卓著，深受患者的欢迎。

（一）西医发病机制

颈椎病的发生与颈椎的解剖特点和生理功能密切相关。颈椎位于相对固定的胸椎和重量较大的头颅之间，活动度大，又要维持头部的稳定，所以颈椎容易发生慢性劳损，提前退变，尤以中下段，即 C_5/C_6、C_6/C_7 更为明显。颈椎后关节面趋于水平，适应更大的活动范围，但也易使颈椎遭受各种静力和动力因素的急、慢性损伤。

1. 内因

颈椎病以颈椎椎间盘退变为病理基础。椎间盘是人体最早发生退变的组织，20岁左右椎间盘的软骨板开始退变，继而髓核、纤维环开始变性，进而椎间盘变薄，椎间隙变窄。由于椎间隙变窄，使前、后纵韧带松弛，椎体失稳，后关节囊松弛，关节腔变小，关节面易发生磨损而导致增生。由于以上因素使颈段的脊柱内源性稳定性下降，椎体失稳，故椎体前后形成代偿性骨质增

生。椎体后关节、钩椎关节等部位的骨质增生，以及椎间孔变窄或椎管前后径变窄是造成脊髓、颈神经根、椎动脉及交感神经受压的主要病理基础。

2. 外因

颈椎的急性外伤或慢性劳损是引起颈椎病的外因。急性暴力使颈椎的生理前屈减小或消失，受累节段椎间盘压力加大，退变加速；也可使纤维环破裂，髓核突出，韧带撕裂，颈椎失稳，退变加快。颈部的挥鞭性损伤可导致颈椎脱位或半脱位，软组织损伤，关节失稳。

慢性劳损是发生颈椎病最为常见的外因。"低头族""久坐族"人群的增加，因长期低头工作及在床上看书、看电视等因素使颈部的负荷过大，肌肉、韧带、关节囊发生慢性损伤，椎间关节活动控制不良而发生错位；软组织损伤后发生粘连，形成瘢痕，造成颈椎两侧肌力失衡，动力平衡受到破坏，加速退变和发生代偿性骨质增生。这些改变刺激或压迫邻近神经、血管和软组织就会出现各种症状。

颈项部感受风寒湿邪常是颈椎病发病的诱因。由于小血管收缩，淋巴回流减慢，软组织血循环障碍，发生无菌性炎症，刺激血管、神经出现症状。受寒使肌肉痉挛，椎间隙变窄，纤维环膨出加大，也会刺激脊髓、神经根、椎动脉产生一系列症状。

近年来，有学者提出咽喉部的急慢性感染也是颈椎病的一大致病因素，认为颈椎临近的炎症会沿着淋巴、血管通道扩散到颈部肌肉和关节囊，导致充血、水肿、肌肉痉挛、韧带松弛，破坏颈椎的稳定，加速椎间盘退变。

（二）中医病因病机

祖国医学的医籍中没有"颈椎病"这一病名，本病属中医学"痹病"范畴。《素问·痹论》曰："风寒湿三气杂至，合而为痹也。其风盛者为行痹，寒气盛者为痛痹，湿气盛者为着痹""大经空虚，发为肌痹"，认为颈椎病总体上属于本虚标实之证。肝、脾、肾亏虚为本，风寒湿邪、痰湿内蕴、痹阻气血为标。

《张氏医通》注意到"或观书对弈久坐而致脊背痛"，认识到职业、姿势与颈椎病的发生有关系，这与现代医学认为长时间低头伏案工作者容易罹患颈椎病的观点基本一致。《证治准绳》云："颈痛非是风邪，即是气挫""由挫闪及久坐失枕而致"。《仙授理伤续断秘方》云："劳伤筋骨，最易疼痛"。《灵枢·口问》云："上气不足，脑为之不满，耳为之苦鸣，头为之苦倾，目为之眩"；《灵枢·海论》云："髓海不足，则脑转耳鸣"。总之中医学认为，外邪侵袭、慢性损伤是疾病发生的外因，素体本虚是疾病发生的内因。

（三）沈氏分型及诊断标准

根据西医的病因及目前通用的颈椎病分类方法，沈景允教授提出了颈椎病可分为劳损型、眩晕型和瘫痪（脊髓）型三型，这样分型有利于推拿手法的辨证使用。在临床实践中，我们治疗各型颈椎病时，操作手法基本相似，区别在于颈椎病患者是否适合手法治疗（手法正骨），沈教授的分型可以较明确提醒手法操作者注意眩晕型及脊髓型的适应证范围。

（1）有慢性劳损或外伤史；或有颈椎先天性畸形、颈椎退行性病变。

（2）多发于30岁以上青、中年人，长期低头工作者或习惯于长时间看电视、手机、电脑，往往呈慢性发病。

（3）颈肩背疼痛，头痛、头晕，颈部板硬，上肢麻木。

（4）颈部活动功能受限，病变颈椎棘突、患侧肩胛骨内上角常有压痛，可摸到条索状硬结，可有上肢肌力减弱和肌肉萎缩，臂丛神经牵拉试验阳性，椎动脉挤压试验阳性。

（5）X线正位片显示钩椎关节增生，张口位可有枢椎齿状突偏歪；X线侧位片显示颈椎生理曲度消失，椎间隙变窄，有骨质增生或韧带钙化；X线斜位片可见椎间孔变小。CT及磁共振检查对定性定位诊断有意义。

劳损型颈椎病的诊断要点：①具有较典型的颈肩痛或神经根性症状，如麻木、疼痛，且范围与颈神经所支配的区域相一致。②压颈试验或上肢牵拉试验阳性。③X线检查显示颈椎生理曲度改变，椎体不稳或骨赘形成。④临床表现与X线检查的异常所见在节段上相一致。⑤除外颈椎骨实质性改变、胸廓上口综合征、肩周炎、网球肘、肱二头肌腱鞘炎等以上肢疼痛为主的疾病。

眩晕型颈椎病的诊断要点：①具有较典型的脑缺血的症状，如头昏、头痛、耳鸣、视力障碍等。②椎动脉挤压试验阳性。③X线检查显示颈椎生理曲度改变，椎体不稳或骨赘形成。④临床表现与MRI的异常所见在节段上相一致。⑤除外颈椎骨实质性改变、头颅占位病变、五官疾病为主的疾病。

脊髓型颈椎病的诊断要点：①临床上有脊髓受压表现，分为中央型及周围型。中央型症状从上肢开始，周围型症状从下肢开始，又分为轻、中、重三度。②X线检查显示椎体后缘多有骨质增生，椎管矢状径出现狭窄。③除外肌萎缩脊髓侧索硬化症、脊髓肿瘤、脊髓损伤、继发性粘连性蛛网膜炎、多发性

末梢神经炎。④个别鉴别困难者，可做脊髓造影检查；有条件者，可做 CT 检查。

（四）沈氏颈椎病治疗体系

1. 中西结合，临证三辨

颈椎病临床表现复杂多样，沈老精通现代医学，又结合多年中医推拿临床经验，提出了具有中医临证指导意义的"三型"学说，劳损型、眩晕型和脊髓型，大大简化了临证思维，对推拿医生有直接的指导意义。

虽然，颈椎病看似是颈椎局部的问题，但沈老在诊治疾病的过程中非常重视整体的辨识。沈老认为人体是一个整体，身体任何部分都与整体密切相关，对身体整体的调治对局部疾病的解决有很大帮助。因此，沈老在临床工作中，重视患者脏腑、气血的虚实，然后辨证施药和施术。这一点在颈椎病临证中体现得更为明显。沈老提出了"辨病、辨型、辨证"三辨一体的颈椎病诊疗思路。

2. 气血亏虚为先，痹阻不通为机

颈椎病属于中医学"痹病"范畴，痹之为病多为素体气血虚弱，腠理不固，复感风寒湿邪，滞留经脉，气血运行不畅，所谓"风寒湿三气杂至，合而为痹"。劳损型颈椎病以颈肩痛为主，多因长期伏案或颈部慢性劳损导致颈部经络阻滞，血行不畅，复感寒邪，"不通则痛"。沈老主张以温阳散寒、益气通络为法，自拟颈臂痛方。

沈老对眩晕型颈椎病亦有深知灼见，认为此型颈椎病的临床误诊率很高，极易与神经科、耳鼻喉科的耳石病等多种疾病混淆。本型常与劳损型合并发病，临床诊治要分清主次。历代医家对眩晕的病机阐述较多，《景岳全书》云："头痛之病，上实证也；头眩之病，上虚证也"，"无虚不作眩"。《灵枢·口问》云："上气不足"。沈老认为，本型虽以眩晕为主症，但又有痹病的特点，与其他眩晕在病机上有较大不同。本型亦为本虚标实之证，本虚为脏腑功能衰弱，气血不足，标实为经脉阻滞，气血津液代谢失常，则产生痰浊、血瘀等病理产物，影响精血上荣于脑。髓海失充，肝风内动，风火上扰，是本型的基本病机。

对于脊髓型颈椎病，中医虽然没有此说法，但其相关症状也体现在"痹病"中，是脏腑功能虚弱、气血不足、复感外邪所致。沈老认为此型属于督脉和膀胱经两经气血失调、日久痰瘀互阻所致，沈老主张以祛痰化瘀、益气通络为法。

3. 筋骨失衡，首选手法

颈椎病以气血不足为内因，则肝肾失于濡养，肝主筋，肝的功能失常，使其主筋的功能障碍；肾主骨，主生髓。肾藏精，精生髓，髓养骨，肾有病，精失去调节，故骨也有病，即所谓"筋骨失其所养"。

"筋"有广泛的含义，概括了除骨以外的皮、肉、筋、脉等组织，以及《灵枢·经脉》所描述的十二经筋，相当于现代医学中肌肉、筋膜、韧带、肌腱、关节囊、软骨、椎间盘、神经、血管的总称。筋具有束骨、络缀形体，主司骨关节活动的功能。生理状态下"筋""骨"紧密相连，各归其位，二者处于动态平衡，并完成生理范围内的各种功能活动，即"筋骨和合"。病理状态下筋骨失养则"骨错缝，筋出槽"，成为颈椎病发病的关键病理环节，推拿可以阻断病理进程，恢复脊柱的内外平衡。

4. 推拿治疗

沈老治疗理念围绕颈椎病的病因病机，提倡以手法"松"筋，促颈肩部的"通"气血。手法注重整体调整，而非局部调整。以恢复身体骨正筋柔的状态，气血则自然流通，达到治愈的目的。

（1）治疗原则：解痉止痛、活血通络、理筋整复。

（2）常用穴位：风池、风府、天柱、大椎、肩井、天宗、曲池、小海、合谷、阿是穴等。

（3）常用手法：一指禅推法、丁氏擦法、按法、揉法、拿法、拔伸法、搓法、抖法等手法。

（4）基本操作法：①放松法，一指禅推法施于颈项部，推左右风池、天鼎、缺盆、肩井穴，擦法施于颈项部膀胱经。②一指禅推法推胸锁乳突肌。③拇指按风池、风府穴，按揉颈项部两侧大筋，由上而下数遍，按揉肩井及天宗等穴。④拿风池及肩井穴。⑤直擦颈项部项韧带及两侧肌肉，以透热为度。

辨证加减：①劳损型颈椎病，在基本操作法上加臂部手法；点按臂臑、曲池、手三里、合谷、中渚、外关穴；指压风池、肩井、肩髎、少海、后溪穴。②眩晕型颈椎病，在基本操作法上加头面部手法。一指禅偏峰推印堂穴到神庭穴、前额至左右太阳穴；大鱼际揉前额及左右太阳穴；大拇指按印堂穴到百会穴，分按前额；扫散法施于头部两侧，分按、合推前额；颈部拔伸。③俯卧位颈椎复位法：患者俯卧位，医者一手按住患者患侧肩部，另一手扶持患者下颌，令患者低头前屈 15°，同时将患者下颌转向偏歪侧的同侧，锁紧时感到力量传到偏歪关节突时，按压肩部的手掌和扶持下颌的手同时用力（手

浙江中医临床名家·沈景允

掌下按，扶持下颌的手将下颌向同侧旋扳），用力短促（寸劲），可闻及关节弹响音，将患者头部恢复到中立位后手法完毕。本法适用于中下段颈椎旋转性错位。

沈老在常规治疗该病的基础上，运用改良的俯卧位扳法治疗颈椎病取得较好的临床效果，与传统方法相比，同一方向轻缓摇动和相反方向反复转动颈部，患者颈椎更易于放松，逐渐适应在疼痛状态下颈椎尽可能旋转至理想的生理角度；被调整的颈椎节段处于扳动的支点，按照杠杆原理，此时斜扳法的作用力是易控制的，可更加安全、高效取得临床疗效。沈老主张见证治证，医者心中不要受限于脊髓型颈椎病这一概念，不必拘泥于脊髓受压而滥用手术治疗。

（五）预防调护

治疗期间，患者宜卧硬板床休息，并注意颈部保暖，促进康复。

（1）颈椎病急性发作期间可适当固定颈部，这样可限制颈椎活动，保护颈椎，减少神经根的损伤，减少椎间关节的创伤，有利于组织水肿的消退，巩固疗效，防止复发。

（2）颈部牵引可缓解肌肉痉挛，扩大椎间隙，缓解症状。但要得法，注意颈部生理曲线，根据每位患者的具体情况，适当确定前屈角度。

（3）对于脊髓型、眩晕型慎用颈部扳法，以免造成对脊髓、椎动脉的刺激和压迫加重。

（4）积极治疗颈椎相邻器官感染性疾病。对咽炎、扁桃体炎、中耳炎及其他骨与软组织感染应积极治疗。

（5）经常做颈项部推拿保健操，如八段锦、太极拳、"米"字操等。

（六）沈老常用中药方剂

1. 颈臂痛方（自拟）

组成：黄芪30克，当归15克，川芎10克，鸡血藤30克，羌活10克，桂枝10克，熟附子（先煎）10克，防风10克，葛根30克，炒枳壳12克，甘草6克。

功效：温阳散寒，益气通络。

临床应用：方中黄芪、当归、鸡血藤补气和血活血，重用黄芪，意为气为血之帅，以其先行为动力，配合川芎活血化瘀通络之力更显著。桂枝、熟附子、防风温经散寒。葛根虽凉，与防风、羌活、桂枝合用，共奏升阳解肌、止痉、镇痛之效。炒枳壳理气调中，甘草缓急、解痛。沈老以此方为主治疗劳损型颈椎病，尤以颈项强痛伴有上肢串痛麻木者效果佳。

2. 补阳还五汤（《医林改错》）

组成：生黄芪 30 克，当归 10 克，赤芍 12 克，川芎 12 克，地龙 10 克，红花 10 克，桃仁 10 克。

功效：补气活血通络。

临床应用：重用生黄芪大补脾胃之元气，使其气血旺盛，瘀去络通；当归养血活血；赤芍、川芎、桃仁、红花活血化瘀；地龙通经活络。沈老应用此方主治脊髓型颈椎病之双下肢乏力、走路不稳似踩棉花感，颈肩僵痛者。兼见痰瘀者，加胆南星 15 克，白芥子 15 克，丹参 30 克，鸡血藤 30 克，炮穿山甲 15 克。

3. 归脾汤（《正体类要》）

组成：白术 12 克，当归 15 克，茯苓 15 克，炒黄芪 30 克，远志 10 克，龙眼肉 15 克，酸枣仁（炒）12 克，太子参 20 克，木香 10 克，炙甘草 6 克。

功效：气血双补。

临床应用：脾为营卫气血生化之源，《灵枢·决气》曰："中焦受气取汁，变化而赤是为血"，故方中以参、芪、术、草甘温之品补脾益气以生血，使气旺而血生；当归、龙眼肉甘温可补血养心；茯苓、酸枣仁、远志宁心安神；木香辛香而散，理气醒脾，与大量益气健脾药配伍，复中焦运化之功，又能防大量益气补血药滋腻碍胃，使补而不滞，滋而不腻。全方共奏益气补血、健脾养心之功。沈老以此方主治颈肩酸痛、头晕、面色少华、记忆力下降的眩晕型颈椎病，也常用于颈椎病康复期，主症已消，但见易疲劳酸痛、气血不足者，取缓则治其本之意，巩固疗效。

（七）典型验案

病案 1 患者，男，32 岁，银行职员。颈肩僵硬疼痛伴右上肢麻木 3 周。无明显诱因和外伤，平素有颈肩部拘紧酸痛，但休息热敷、自行贴膏药一般两三天能缓解，劳累、阴雨天易发。此次发病痛势较剧，上肢不能下垂，被迫患肢上举方可稍有缓解，痛不能寐。既往否认其他内科疾病病史。经 5 次颈部牵引，服用消炎止痛药无效。查体：颈椎生理曲度消失，活动基本正常，椎旁压痛伴上肢放射痛麻，臂丛神经牵拉试验（＋），压头试验（＋），肌力正常，霍夫曼征（－），舌淡苔薄白，脉沉迟而涩。

X 线检查：颈部生理曲度消失，C_5/C_6、C_6/C_7 椎间隙变窄，前缘、后缘骨质增生明显，项韧带钙化。

MRI：C_5/C_6、C_6/C_7 椎间盘突出，压迫硬膜囊，继发椎管狭窄。

西医诊断：颈椎病（劳损型）。

中医诊断：痹病（风寒湿型）。

沈氏治疗方案：

（1）推拿疗法：①放松法，一指禅推法施于颈项部，推左右风池、天鼎、缺盆、肩井穴，擦法施于颈项部膀胱经。②一指禅推法推胸锁乳突肌。③拇指按风池、风府穴，按揉颈项部两侧大筋，由上而下数遍，按揉肩井及天宗等穴。④拿风池及肩井穴；点按臂臑、曲池、手三里、合谷、中渚、外关穴；指压风池、肩井、肩髎、少海、后溪穴。⑤俯卧位颈椎复位法，患者俯卧位，医者一手按住患者患侧肩部，另一手扶持患者下颌，令患者低头前屈 15°，同时将患者下颌转向偏歪侧的同侧，锁紧时感到力量传到偏歪关节突时，按压肩部的手掌和扶持下颌的手同时用力（手掌下按，扶持下颌的手将下颌向同侧旋扳），用力短促（寸劲），可闻关节弹响，将患者头部恢复到中立位手法完毕。⑥直擦颈项部项韧带及两侧肌肉，以透热为度。

（2）中药内服：颈臂痛方（自拟）加减。

黄芪 30 克，当归 15 克，川芎 10 克，鸡血藤 30 克，羌活 10 克，桂枝 10 克，熟附子（先煎）10 克，防风 10 克，葛根 30 克，炒枳壳 12 克，甘草 6 克，淫羊藿 10 克，巴戟天 10 克。7 剂。

疗效：推拿 1 周 2 次，每次 20 分钟，牵引每日 2 次，牵引重量为 7kg。推拿 3 次后患者述疼痛麻木症状减轻，晚上能寐，抬起的上臂能放下。连续治疗 2 周，诸症已消 60%。后期恢复时嘱患者加强颈肩背肌功能锻炼，中药改用补肾壮筋汤以巩固疗效，4 周后痊愈。

病案 2 患者，男，46 岁，装修工人。颈肩僵硬、走路不稳半年余。有颈部外伤，经休息、贴膏药后疼痛缓解。但近半年感颈肩部逐步僵硬，不适明显。双下肢酸痛，发紧，沉重，步态不稳。近半个月有胸部束带感，腰部酸痛，纳差，尿急，便秘，行走似踩棉花感。曾在其他两家医院以腰痛和腰椎间盘突出症予以牵引、服用消炎止痛药、推拿等治疗，无效。既往否认其他内科疾病病史。

查体：颈部生理曲度消失，活动欠利，椎旁压痛，压头试验（＋）。肌力正常，霍夫曼征（＋）。双膝、跟腱反射（＋＋＋），舌红苔薄白，脉沉弦。

X 线检查：颈部生理曲度消失，C_4/C_5、C_5/C_6、C_6/C_7 椎间隙变窄，钩椎关节骨质增生明显，项韧带钙化。

MRI：C_5/C_6 椎间盘突出，压迫硬膜囊，继发椎管狭窄。

西医诊断：颈椎病（脊髓型）。

中医诊断：痹病（痰瘀阻络型）。

沈氏治疗方案：

（1）推拿疗法：①放松法，一指禅推法施于颈项部，推左右风池、天鼎、缺盆、肩井穴；㨰法施于颈项部膀胱经。②一指禅推法推胸锁乳突肌。③拇指按风池、风府穴，按揉颈项部两侧大筋，由上而下数遍，按揉肩井及天宗等穴。④拿风池及肩井穴；点按臂臑、曲池、手三里、合谷、中渚、外关穴；指压风池、肩井、肩髎、少海、后溪穴。⑤点按颈夹脊、环跳、阳陵泉、足三里、委中、外溪、昆仑穴。⑥直擦颈项部项韧带及两侧肌肉，以透热为度。

（2）中药内服：方用补阳还五汤加减。

生黄芪 30 克，当归 10 克，赤芍 12 克，川芎 12 克，地龙 10 克，红花 10 克，桃仁 10 克，胆南星 15 克，白芥子 15 克，丹参 30 克，鸡血藤 30 克，炮穿山甲 15 克。7 剂。

疗效：推拿 1 周 2 次，每次 20 分钟，牵引每日 2 次，牵引重量为 7kg。推拿 6 次后患者紧张感减轻，走路改善，二便正常。连续治疗 6 周，诸症已消 70%。后期恢复时嘱患者加强颈肩背肌功能锻炼，中药改用补中益气汤巩固疗效，12 周后痊愈。

二、落枕

落枕（stiff neck）又称失枕，是以急性颈项部肌肉痉挛、强直、酸胀、疼痛以致活动受限为主要症状的病症，是颈部软组织常见的损伤之一。本病多见于青壮年，男性多于女性，冬春两季发病率较高，常于晨起时发病。成年人若经常出现落枕，常是颈椎病的前驱症状。本症往往推拿一次即治愈，疗效显著，因此推拿是首选疗法。

（一）西医发病机制

落枕多因睡眠时枕头过高、过低或软硬不适，以及睡卧姿势不良等，致使颈部一侧肌群在较长时间内处于过度伸展牵拉位，在过度紧张状态下发生的静力性损伤。本症也可见于头部过度旋转，超过生理范围致使某一肌肉痉挛或肌纤维撕裂。临床中也有少数患者因颈部突然扭转或肩扛重物，致使颈部软组织损伤，小关节错缝而致病。本症常见的受累肌肉和神经：①副神经，外支支配胸锁乳突肌和斜方肌，副神经受到刺激，可引起上述两块肌肉痉挛。反之，肌肉痉挛又会压迫副神经出现症状。②胸锁乳突肌，头部过伸或扭转，可引起该肌痉挛和损伤。③斜方肌，为颈背部最浅层肌肉，头颈过度屈曲，易使该肌过度牵拉和劳损，头颈部过度后伸，易使该肌过度收缩和压迫。④前斜角肌，该肌损伤造成的肌肉痉挛和肥大，是引起胸廓出口综合征的病因之一。

（二）中医病因病机

本病属中医学"痹病""伤筋"范畴。中医认为，人体的皮肉筋骨、气血津液、脏腑经络是相互联系的，落枕是颈部肌肉扭伤、劳损，同时受风寒侵袭致肌肉痉挛和相应神经受牵累而产生。《伤科汇纂·旋台骨》载："有因挫闪及失枕而项强痛者。"本病的发生多因素体亏虚，气血循行不畅，肌肉经筋活动失调，或夜寐肩部外露，颈肩复受风寒侵袭，致使局部肌筋不舒，经络气血瘀滞，不通而痛，故见颈项拘急疼痛、活动失灵。

（三）分型及诊断标准

1. 分型如下

（1）瘀血阻滞型：姿势不良或过度疲劳者，睡醒后出现颈部活动受限疼痛，颈部有压痛点，拒按。舌暗或有瘀斑，苔薄白，脉弦紧。

（2）风寒外侵型：颈项疼痛较重，疼痛可向一侧放射时伴有肩背麻痛，或伴恶寒发热头痛、身体重着疼痛。舌淡，苔薄白，脉浮紧。

（3）肝肾亏虚型：颈部疼痛反复发作，久治不愈，颈肌麻木不仁，伴有腰膝酸软、五心烦热。舌淡苔白，脉细弱。

2. 诊断标准

依据患者的病史、症状体征及相关检查而确诊。

（1）无明显外伤史，多因睡眠姿势不良或感受风寒后所致。

（2）发病急，病程短，睡眠后一侧颈部出现疼痛、酸胀，可向上肢或背部放射，活动不利，活动时伤侧疼痛。

（3）肌痉挛伴压痛：患侧常有颈肌痉挛，有明显压痛点，主要是胸锁乳突肌、斜方肌及肩胛提肌发生痉挛。

（4）颈活动受限：颈部呈僵硬态或歪斜，被动运动则加重疼痛。

（5）颈椎 X 线检查正常，偶可见颈椎呈"双突征"。

（四）鉴别诊断

（1）颈椎病：有以下特征时应首先考虑颈椎病。①反复颈痛，活动欠利；②伴有上肢放射性疼痛；③伴有交感神经、椎动脉受累症状；④颈椎影像学有退行性改变。

（2）寰枢关节半脱位（紊乱）：①儿童多见，有咽部、耳部感染史，或反复的过敏性哮喘史；②颈僵硬，呈"斜颈"强迫位；③颈部的旋转功能受限明显，严重者上肢麻木无力；④颈椎张口位 X 线检查可见齿状突两侧不对称，或呈明显的半脱位。

（五）沈氏落枕治疗体系

1. 病位于筋，伤在气血

落枕一症多见于青年，常由不良姿势、暴力外伤史，血瘀气滞；或感风寒外邪，滞留经络，气血运行不畅所致。本病伤筋但未有骨错缝，因此沈老认为落枕一病的治疗重点在于颈部分筋理筋、疏通气血。如果病变波及副神经，则手法宜轻柔，并配合服用中药。只有确实存在关节紊乱、滑膜嵌顿时，才适合做颈椎旋转手法。

沈老还认为，恰恰本病仅伤在筋，更要重视落枕的治疗和防护，防止进一步发展至骨错缝，反复落枕就会发展成颈椎病。

2. 风寒侵于外，肝肾亏于内

本症以虚为本，为肝肾亏虚，复感外邪。平素肝肾亏虚之人，缺乏筋肉锻炼，身体衰弱，气血不足，循行不畅，舒缩活动失调；或有颈椎病，久伤不愈或筋骨痿弱、疲劳过度，复感风寒侵袭，致经络不舒，肌肉气血凝聚而痹阻不通、僵凝疼痛而发生本病。沈老提出，在落枕的缓解期重点为补益肝肾、强筋壮骨，或服用六味地黄丸，或自练易筋经、少林内功等强身健体，充盈气血。

3. 推拿治疗

沈老在常规治疗该病的基础上，要有以常达变的思路，依据症状选用手法，临证时要根据具体患者的个体体质、临床表现差异，进行辨证治疗，对

具体的手法进行调整，使手法更加适合每个个体。本病治疗要分有无关节交锁，如有交锁（较少见），注意选择合适的微调手法，防止因推拿不当而加重水肿。如颈椎疼痛剧烈，颈部不能转动，患者阳性反应点多出现在手少阳三焦经、足少阳胆经的部位，病在少阳。治疗可以考虑在阿是穴和少阳经的远端治疗，在手腕或脚踝处寻找疼痛点及液门、侠溪穴进行按揉，减轻颈部的疼痛，改善颈椎活动度。

（1）基本原则：疏通经络，补虚泻实，平衡阴阳。

（2）治疗方法。

1）松解痉挛：患者取坐位，医者站其后，用轻柔的㨰法或一指禅推法在患侧颈项及肩部施术 2～3 分钟。拿捏颈椎棘突旁的软组织，以患侧为重点部位，往返 3～5 次；再点揉天柱、风池、风府、肩井、合谷、天髎、天宗、完骨等穴，约 2 分钟，以酸胀为度；用拇指拿捏胸锁乳突肌、斜方肌、斜角肌、肩胛提肌等紧张的肌肉的压痛点或条索状物 3～5 次。

2）整复法：患者取俯卧位，头部先转向一侧，使颈略前屈 15°，下颌内收。术者一手固定患者下颌，另一手按住肩部并用力向下推按扳动，维持对抗力量 3 秒。左右方向各 1 次。

3）梳理法：直擦颈项部项韧带及两侧肌肉，以透热为度。

（六）预防调护

（1）在推拿治疗本病的过程中，手法宜轻柔，忌用强刺激手法，旋转颈椎时注意力度和幅度，不可强求关节弹响，防止发生意外。

（2）经常发生落枕的患者，睡时垫枕高低要适当，并注意颈项部的保暖。

（3）加强体育锻炼，尤其是做颈保健操。颈部伸缩、旋转、轻揉、左右侧弯。

（4）必要时采用综合疗法，可用痛点封闭治疗，或冰块按摩患部。

（七）沈老常用中药方剂

1. 落枕汤（自拟）

组成：当归 15 克，川芎 10 克，鸡血藤 30 克，白芍 30 克，熟地 15 克，葛根 30 克，延胡索 15 克，炒枳壳 12 克，没药 6 克，甘草 6 克。

功效：活血化瘀，行气止痛。

临床应用：方中当归、川芎、鸡血藤活血化瘀，配合没药、延胡索活血化瘀止痛之力更显著。葛根虽凉，奏升阳解肌、止痉、镇痛之效。炒枳壳理气调中，甘草缓急、解痛。沈老以此方主治瘀血阻滞型落枕患者。

2. 蠲痹汤（《医学心悟》）

组成：羌活10克，独活10克，桂心6克，秦艽10克，当归15克，川芎10克，甘草6克，海风藤30克，桑枝10克，乳香6克，木香10克。

功用：祛风除湿，蠲痹止痛。

临床应用：辛能散寒，风能胜湿，羌活、独活、秦艽、海风藤、桑枝除湿而疏风，气通则血活，血活则风散；当归、川芎活血祛风；乳香、木香行气止痛。沈老以此方主治风寒痹阻型落枕。

3. 补肾壮筋汤（《伤科补要》）

组成：熟地15克，白芍15克，当归15克，山茱萸15克，茯苓15克，川断15克，牛膝15克，杜仲15克，五加皮12克，青皮6克。

功用：补益肝肾，强壮筋骨。

临床应用：熟地、白芍、当归、山茱萸补益肝肾之精血，精血旺则筋骨强壮；五加皮、川断、牛膝、杜仲补益肝肾，强壮筋骨；茯苓、青皮理气益脾，以助运化。本方专攻补肝肾，强筋骨。沈老应用此方专治肝肾亏虚、筋骨失养，防止落枕反复发作转变成颈椎病。

（八）典型验案

患者，女，35岁，教师。晨起即感颈部疼痛，活动欠利，疼痛以颈、肩、背为主，不能旋转，疼痛并逐渐加重，遂来就诊。既往否认其他内科疾病病史。查体：颈项左右旋转、屈伸均明显受限，转头时必须连着身体一起转动，以腰替代颈椎活动。颈后部肌肉僵硬、痉挛、压痛，触之条索状。舌暗苔薄白，脉紧。

西医诊断：落枕。

中医诊断：落枕（瘀血阻滞型）。

沈氏治疗方案：

（1）推拿疗法。

1）松解痉挛：患者取坐位，医者站其后，用轻柔的𢬵法或一指禅推法在患侧颈项及肩部施术2～3分钟。拿捏颈椎棘突旁的软组织，以患侧为重点部位，往返3～5次；再点揉天柱、风池、风府、肩井、合谷、天髎、天宗、完骨等穴，约2分钟，以酸胀为度；用拇指拿捏胸锁乳突肌、斜方肌、斜角肌、肩胛提肌等紧张的肌肉的压痛点或条索状物3～5次。

2）梳理法：直擦颈项部项韧带及两侧肌肉，以透热为度。

（2）中药内服：治以活血化瘀，行气止痛。方用自拟落枕汤加减。

当归15克，川芎10克，鸡血藤30克，白芍30克，熟地15克，葛根30克，延胡索15克，炒枳壳12克，没药6克，甘草6克。3剂。

疗效：推拿1次，约20分钟，疼痛减轻80%，活动显著改善，症状减轻50%，中药带回内服。3天后述诸症全消。后改用补肾壮筋汤以巩固疗效，连服3周。

三、膝关节骨性关节炎

膝关节骨性关节炎（knee osteoarthritis，KOA）是由机械性和生物性因素相互作用，使关节软骨细胞、细胞外基质和软骨下骨合成与降解的正常进行失去平衡的结果。它可由多种因素引发，如遗传、发育、代谢和创伤等。膝关节骨性关节炎的最终表现是：由于软骨细胞与机制形态学、生物化学、分子生物学和生物力学的改变，从而导致膝关节软骨软化、纤维化、溃疡、减少，软骨下骨的硬化与象牙化，形成骨赘和软骨下囊肿。当其临床症状表现明显时，具有关节疼痛、压痛、运动受限、捻发音，偶有关节渗出液和（或）全身不同程度的关节炎症反应。国外的一项X线检查膝关节骨性关节炎流行情况示，女性由年龄24～45岁的1%～4%上升到年龄80岁和80岁以上的53%～55%。男性由45岁和45岁以下的1%～6%上升到年龄80岁和80岁以上的22%～33%。所以膝关节骨性关节炎在各个年龄段均有发生，但是随着年龄的增长发病率越来越高。膝关节骨性关节炎的发生严重影响患者的生存质量，极大占用了公共卫生资源，给个人、家庭和社会带来了沉重的负担。

（一）西医发病机制

膝关节骨性关节炎的病因未明，其发病可能为多因素作用的结果。在创伤、代谢及遗传等多因素影响下，损伤的软骨细胞释放溶酶体酶和胶原酶等，使软骨基质降解，胶原蛋白网络断裂和蛋白聚糖降解。随后合成代谢加速，但新合成的基质异常，如蛋白聚糖中葡萄胺聚糖的成分和分布、单体的大小及其透明质酸的聚合能力与正常均有不同，从而影响了软骨的生物学稳定性和对生物力学的适应性，新合成的软骨也很快被降解和破坏。

尽管蛋白聚糖合成代谢加速，但实际上合成的速度远赶不上分解的速度，组织中蛋白聚糖浓度仍持续下降或丢失；同时水渗透性增加使基质中液体的弥散增加，促使滑液中的降解酶易进入软骨，软骨中酶抑制剂易进入滑液，还可导致软骨表面膜破坏，润滑降低，使软骨更易受损。

当侵蚀进展到骨髓时，组织的修复较为有效。由纤维软骨和透明软骨混合形成新的软骨。但新软骨缺乏正常软骨的生物学特点，故实际上仍未修复。原有的软骨和新生的软骨在降解过程中，产生的颗粒和降解产物进入滑膜层里，引起细胞吞噬反应，导致滑膜炎和渗出。滑膜产生的炎症因子反过来又加速了软骨的破坏。如此反复循环，降解作用超过了细胞的修复能力，最后软骨完全消失，骨质裸露，出现膝关节骨性关节炎的晚期改变。

在膝关节骨性关节炎软骨损害过程中发挥重要作用的炎症因子有很多，包括 IL-1、TNF-α、IL-6 和 IFN-γ 等，其中以 IL-1 和 TNF-α 尤为重要。已经发现 IL-1 和 TNF-α 不仅在 KOA 的滑液中，在滑膜细胞和软骨细胞内的表达也升高。它们能促使软骨细胞产生大量的金属蛋白酶，而对金属蛋白酶抑制剂无影响，使金属蛋白酶/金属蛋白酶抑制剂失衡，从而增强软骨中 Ⅱ 型胶原蛋白和蛋白聚糖合成的抑制作用，对关节软骨造成进行性破坏。

（二）中医病因病机

膝关节骨性关节炎是现代医学的疾病名称，中医古籍中无此病名。中医古代文献对如"骨痹""痹病""膝痹""风痹""痛痹""膝眼风""鹤膝风""痿痹"等，在病位、病因病理和临床特点方面的描述与膝关节骨性关节炎有相似之处，但无完全相对应的病名。膝为病位，痹为病理，与其他病名相比，"膝痹"更能反映膝关节骨性关节炎的疾病特征。

（1）感受外邪是痹病发生的重要外在因素。机体感受风寒湿邪，直入肌肉关节，使气血不畅、经脉闭阻而发病。正气亏虚是痹病发生的重要内因。《素问·刺法论》云："正气存内，邪不可干。"《类证治裁·痹证》说："诸痹，良由营卫先虚，腠理不密，风寒湿乘虚内袭，正气为邪气所阻，不能宣行，因而留滞，气血凝滞，久而成痹。"说明正气亏虚、营卫功能失常是导致痹病发生的主要因素，外邪侵袭是痹病发生的诱因。

情志失调、饮食失节均可导致气机痹阻，脾胃运化失司，痰湿内生。跌仆闪挫可以导致局部气血经脉受损，运行受阻，不通则痛；局部筋骨失去营养，不荣则痛。气滞可表现为局部胀痛，血瘀可表现为局部痛有定处，久之导致

关节僵硬，屈伸不利，形成痹病。

（2）肝脾肾三脏亏虚是膝痹发病的根本，风寒湿邪侵袭、跌仆闪挫、经络痹阻是膝痹发生的诱因，血瘀是膝痹发病的重要环节。故急性期以疼痛为主，可分为阳虚寒凝证和血瘀证；缓解期和恢复期疼痛缓解未尽，痛处固定，腰膝酸软，局部酸胀不适，隐隐作痛，关节变形，可分为痰瘀互阻型和肝肾亏虚型。

《素问·痿论》云："宗筋主束骨而利机关也。"现代医学发现膝关节骨性关节炎在关节软骨与骨破坏的同时，伴有局部或散在的滑膜炎症，韧带、肌腱和关节囊的粘连与挛缩，从而导致关节疼痛、畸形和功能障碍。膝关节的形态异常，导致关节不稳定而引起疼痛，导致功能障碍。因此关节不稳定是膝痹的关键，"筋"病是膝关节骨性关节炎的主要矛盾。

（三）诊断标准

依据临床表现、病史、体征和影像学检查相结合作为膝关节骨性关节炎的诊断标准。

①近1个月内反复膝关节疼痛；②中老年患者（≥50岁）；③晨僵时间≤30分钟；④活动时有骨摩擦音（感）；⑤X线检查（站立或负重位）示关节间隙变窄，软骨下骨硬化和（或）囊性变，骨赘形成；晨僵≤30分钟；⑥MRI示软骨损伤，骨赘形成，软骨下骨髓水肿和（或）囊性变，半月板退行性撕裂，软骨部分或全部缺失；综合临床表现、实验室及影像学检查结果，符合①～④条，或①⑤条，或①⑥条者，可诊断为膝关节骨性关节炎。

（四）临床表现

1. 症状

（1）疼痛：通常是骨关节炎的最初主诉。在病程的早期，过度使用或活动后出现关节疼痛，休息后可以缓解；随着病情的进一步发展，尤其是合并明显的炎症因素时，静息时也会出现疼痛；到病情晚期，表现为持续性疼痛，甚至会影响睡眠。

（2）僵硬：典型发作的时间一般是在早晨，持续15～30分钟后才能缓解。膝关节骨性关节炎的僵硬与类风湿关节炎或其他炎性肌骨骼疾病不一样，其僵硬仅限于受累关节。僵硬与疼痛一样，在天气寒冷和湿度增加时，症状加重。

（3）乏力和失用：乏力可能与膝关节骨性关节炎的程度有关。失用意味着关节功能的丧失，因为骨关节炎导致关节活动受限，失用是病情最为严重的情况，意味着预后不良。

2. 体征

（1）压痛：大多数有症状的膝关节骨性关节炎患者压痛出现在关节上。当关节炎累及周围结构时出现非特异性压痛，如膝关节骨性关节炎累及一个或多个滑囊时，常出现滑囊分布区的非特异性压痛。

（2）关节膨大：由关节骨质突起、滑膜炎症、渗出液导致。

（3）关节摩擦感：关节做主动和被动运动时感觉到关节摩擦。它是关节软骨磨损、关节面不规则或关节内碎屑所致，有时会同时出现捻发音。明显的摩擦感有诊断意义。

（4）活动受限：是大多数中重度膝关节骨性关节炎的体征，它包括了主动和被动两个方面。造成关节活动受限的原因可能有疼痛、炎症、关节软骨不平整、关节囊和韧带挛缩、肌肉痉挛、肌腱挛缩、关节内碎屑等。

（5）畸形：是膝关节骨性关节炎晚期出现的体征，它可由关节的屈曲挛缩、对线不良、半脱位、关节膨大引起。关节畸形的严重程度对于关节功能预后的判断有重要意义。

（五）常见治疗方法

膝关节骨性关节炎的治疗最终是要解除症状，改善关节结构与功能。患者就诊最常见的原因就是疼痛，所以要确定产生疼痛的原因，制定个体化治疗。本病治疗包括物理治疗、药物治疗、心理治疗和手术治疗4个方面。

1. 物理治疗

物理治疗能消除关节疼痛，缓解关节僵硬和肌肉痉挛，使关节周围组织结构加强，增强对关节的支持能力。物理治疗包括以下2种方法。①运动疗法（等长运动、等张运动和等速运动3种），以增强关节周围肌肉的肌力，减少肌肉痉挛和预防肌肉萎缩，从而增强膝关节的稳定性；②物理因子疗法（包括电疗法、磁疗法、超声波疗法和光疗法4种），以增强组织代谢，促进血液循环和炎症因子的代谢和吸收。

2. 药物治疗

（1）控制疼痛的药物。

1）NSAID：是目前治疗骨关节炎疼痛和炎症最常用的药物，它能抑制环氧化酶活性，阻止前列腺素的产生，可以缓解关节肿胀和疼痛，帮助恢复

关节功能，但对病变进程不产生影响，因此不能阻止OA的进展。它有胃肠道、肝、肾损害等副作用。

2）对乙酰氨基酚：是一种单纯的止痛药，可以缓解疼痛，对炎症没有作用。主要用于轻到中度的关节疼痛，可以避免NSAID有胃肠道、肝、肾损害等副作用。

3）鸦片类镇痛药：是用于一般止痛药物没有效时的短期使用药物。由于其有成瘾性、呼吸抑制和便秘等不良反应，所以使用一般不超过2周。

4）辣椒碱：是一种针对骨关节炎疼痛的外用药物，它通过影响神经肽P物质的合成与释放干扰疼痛而镇痛。

（2）针对病因治疗的药物。

1）氨基葡萄糖：是关节软骨基质中糖蛋白和氨基葡聚糖链的基本组成单元，也是合成透明质酸的底物。它能够抑制酶和自由基对软骨细胞的损害，促进软骨基质细胞的修复与重建，能在改善症状的同时进行病因治疗，阻止病情的进一步发展。

2）硫酸软骨素：是一种氨基多糖，是关节软骨的保护剂，能改善患者疼痛症状，阻止病情的进一步发展，但是其病情改善时间较长。

3）透明质酸：是关节软骨和滑液的组成成分，对关节和软骨起到润滑的作用。作为一种关节腔注射药物，能够营养、润滑和保护关节软骨，防止其进一步受损。其作用时间更持久。

3. 心理治疗

疼痛和功能障碍并非完全由生理和机械性损伤导致。心理因素与疼痛和相关的功能障碍密切相关。所以要对患者进行健康心理教育，让患者了解疾病，消除患者的疑虑与恐慌，减少负面心理因素，积极参与治疗，更好地接受、适应、服从治疗。同时还可以提高患者的自我护理能力，有助于疾病的康复。

4. 手术治疗

手术治疗的主要原因是患者难以控制的疼痛和关节的功能障碍。手术方法包括取出关节游离体，稳定关节，平衡关节应力（如截骨术），解除神经压迫和关节置换（如全膝关节置换）。

（六）沈氏膝关节骨性关节炎治疗体系

本病既是临床常见病也是疑难病症，治疗较为棘手，且容易反复。最新的随机对照研究表明，非手术疗法中的药物治疗和非药物治疗的疗效相近，无显著性差异，86.1%的患者可以通过非药物治疗获得缓解和临床治愈。但由于发病机制的复杂性，临床表现个体差异很大，治疗方法多样，一直缺乏完整、科学的非手术诊疗规范体系。

推拿治疗膝关节骨性关节炎，在我国历史悠久，由于其能迅速缓解疼痛、改善关节功能障碍，又可以有效避免应用药物带来的毒副作用，具有安全、简便、疗效好等特点，深受广大患者欢迎。但目前推拿治疗膝关节骨性关节炎操作流程不一，流派众多，疗效差异很大，不利于推拿疗法的疗效评估体系建立，也不利于提高膝关节骨性关节炎的推拿疗效，影响其安全性。

沈老勤求古训，中西合参，悟发新解，通过多年的探索和临证经验总结，形成了独到的膝关节骨性关节炎的发病机制理论，创立了"筋骨并治，以筋为主"为核心技术的诊疗体系，大大提高了推拿治疗膝关节骨性关节炎的疗效，降低了复发率，通过长期的多中心临床观察，近远期疗效优良率分别为89%和91%，对后世膝关节骨性关节炎的诊疗有着深远的指导作用。

1. 肝脾肾三脏亏虚是膝痹发病的根本，治病求本

《证治准绳》指出痹病"有风，有湿，有寒，有热，有闪挫，有瘀血，有滞气，有痰积，皆标也。肾虚，其本也。"认为本病发生的根本是肾虚、正气不足；标是外邪、外伤、气滞、血瘀、痰凝。肾藏精，主骨生髓，则精髓足，骨骼强壮有力。肾气虚，则髓海失养，骨骼发育迟缓。如《灵枢·海论》说："髓海有余，则轻劲多力，自过其度；髓海不足，则脑转耳鸣，胫酸眩冒，目无所见，懈怠安卧。"

肝藏血，主筋。筋附于骨而聚于关节，关节的屈伸和旋转依赖于筋和肌肉的收缩和弛张。肝主筋主要是由于筋有赖于肝血的滋养，肝血充盈，才能养筋；筋得其所养，才能使关节活动灵活有力。脾主运化水谷精微，在体合肌肉、主四肢。脾胃为气血生化之源，全身的肌肉都需要依赖脾胃所运化的水谷精微来营养，才能使肌肉丰满强壮。若脾胃虚弱，无力运化，则肌肉消瘦，痿弱不用，关节屈伸不利。所以肝脾肾三脏亏虚与否，决定着人体的气血是否充足，决定着人体正气的强弱。若肝脾肾三脏亏虚，则气血不足，正气亏虚，外邪容易侵犯关节，发为痹病。正如《素问·刺法论》中说："邪之所凑，其气必虚。"

可见肝脾肾三脏亏虚是膝痹发病的根本。肝主筋，肾主骨，脾主运化，肝脾肾亏虚必然导致筋骨失衡，引起"筋出槽，骨错缝"，从而导致膝痹的发生。

沈老通过现代医学研究发现膝关节骨性关节炎在关节软骨及骨破坏的同时，伴有局部或散在的滑膜炎症、韧带、肌腱和关节囊的粘连与挛缩，从而导致关节疼痛、畸形和功能障碍。膝关节变形导致关节不稳定而引起疼痛，而又因疼痛不能活动导致功能障碍。所以治疗膝关节骨性关节炎的关键在于关节的稳定性，这不仅要治骨，更要治疗束骨的筋，才能达到利关节的目的。所以沈老认为"筋骨同病"是膝痹的关键病机，"筋"病是膝关节骨性关节炎的主要矛盾，提出了膝关节骨性关节炎以"筋骨并重，以筋为主"为治疗原则，并且依照此治疗原则，通过长期的临床实践和改良，形成了一套完整的理筋整复治疗膝痹的方案。

在疾病早期关节以疼痛为主，以舒筋通络、活血行气止痛、滑利关节为原则，用一指禅推法、㨰法、揉法等手法在膝关节周围进行放松治疗，点按曲泉、委中、阳陵泉和足三里等穴。

在疾病中后期合并功能障碍，在治疗疼痛的同时还要松解粘连。患者仰卧位，屈髋屈膝各 90°，助手双手十指交叉放于股骨下端近腘窝处，术者双手握住患者胫骨下段，两者相向用力，牵引膝关节，并在牵引的状态下内外旋转胫骨。然后被动屈髋屈膝 3 次，伸直膝关节。最后行膝关节掌振法 1 分钟；在膝关节周围行擦法，以透热为度。

只有这样才能纠正"筋出槽，骨错缝"，使之恢复筋骨平衡，达到骨正筋柔的目的。

2. 风寒湿热侵袭、跌仆闪挫、痹阻经络是膝痹发生的诱因

正气不足，腠理稀疏，卫外不固，以感受风寒湿邪，直入肌肉关节，痹阻经脉发为本病。《素问·痹论》指出："风寒湿三气杂至，合而为痹……以冬遇此者为骨痹，以春遇此者为筋痹，以夏遇此者为脉痹，以至阴遇此者为肌痹，以秋遇此者为皮痹。"指出了本病的发生与气候和环境因素有关。三邪可同时入侵机体，也可单独或先后侵袭人体而发病。

因风性善行数变，疼痛游走不定，故风气胜者为行痹；寒性收引，寒气凝滞，疼痛剧烈，故寒气胜者为痛痹；湿性重着黏滞，疼痛固定，肌肤关节麻木，故湿气胜者为着痹。感受风热之邪，或素体阳盛、阴虚有热，感受外邪之后易从热化；或者风寒湿邪痹阻日久，郁而化热，出现关节红肿疼痛、发热等症状，形成热痹。《素问·痹论》云："其热者，阳气多，阴气少，病气胜，阳遭阴，故为痹热。"跌仆损伤，导致局部气机阻滞，血流不畅，经脉痹阻，导致关节屈伸不利，不通则痛而发病。

沈老在手法治疗膝关节骨性关节炎的同时常配合中药辨证施治，去除病因，治病求本。

（1）肝肾亏虚证：关节隐隐作痛，腰膝酸软，俯仰转侧不利，伴有头晕、耳鸣、耳聋、目眩，舌淡红，苔薄黄，脉细。可用左归丸（偏肾阳虚）或右归丸（偏肾阴虚）加减。

（2）阳虚寒凝证：关节疼痛、重着、屈伸不利，因天气变化而加重，昼轻夜重，遇寒痛增，得热则减，舌淡，苔薄白，脉沉细缓。可用蠲痹汤加减。

（3）痰瘀互阻型：关节刺痛，痛处固定，关节肿胀、畸形，活动不利，或弯腰驼背，面色晦暗，舌紫暗，苔厚腻，脉沉滑或细涩。可用血府逐瘀汤加减。

3. 血瘀是膝痹发病的重要环节

风寒湿三邪侵入机体日久，导致局部气机阻滞，血液运行不畅，产生瘀血。清代王清任在《医林改错》专门设立了"痹症有瘀血说"篇，强调治疗痹病不仅要逐风寒、祛湿热，更要活化已凝之血。说明血瘀在膝痹的发病和治疗过程中是非常重要的，明白了这个道理，治疗痹病就不难了。现代医学也发现膝关节骨性关节炎患者的关节局部动脉血管造影有微小的髓内动脉闭塞。临床上运用活血化瘀的药物治疗膝关节骨性关节炎取得了很好的效果，同时这也反证了血瘀是膝痹的重要病理环节。

4. 功法助康复

减少和降低复发率是衡量推拿治疗膝关节骨性关节炎优势与特色的主要指标之一，是区别其他非手术治疗和药物治疗膝关节骨性关节炎的关键。推拿治疗膝关节骨性关节炎的优势与特色在于指导患者在治疗后进行自我的功法练习，以巩固疗效。功法的练习不仅仅可以调心、调神，缓解患者的紧张与焦虑情绪，更能助其建立康复的信心，使其筋强骨壮，达到"骨正筋柔"的目的。功法首推易筋经。

沈氏推拿的治疗方案：在早期关节以疼痛为主，以舒筋通络、活血行气止痛、滑利关节为原则。①按揉法：用一指禅推法、㨰法、揉法等手法在膝关节周围进行放松治疗。②点按法：点按曲泉、委中、阳陵泉和足三里等穴位。③牵引法：患者仰卧位，屈髋屈膝各90°，助手双手十指交叉放于股骨下端近腘窝处，术者双手握住患者胫骨下段，两者相向用力，牵引膝关节，并在牵引的状态下内外旋转胫骨。然后被动屈髋屈膝3次，伸直膝关节。④掌振法：行膝关节掌振法1分钟。⑤擦法：在膝关节周围行擦法，以透热为度。

（七）沈老常用中药方剂

1. 血府逐瘀汤（《医林改错》）

组成：桃仁 12 克，红花 9 克，当归 9 克，生地 9 克，川芎 5 克，赤芍 6 克，牛膝 9 克，桔梗 5 克，柴胡 3 克，枳壳 6 克，甘草 3 克。

功用：活血化瘀，行气止痛。

临床运用：方中桃仁、红花、赤芍、川芎活血祛瘀以止痛；牛膝活血通经止痛；生地、当归养血益阴，清热活血；桔梗、枳壳宽胸行气；柴胡疏肝解郁，理气行滞；甘草调和诸药。沈老以此方治疗痰瘀互阻、经脉不通导致的膝关节疼痛，以刺痛为主，痛处固定者。

2. 蠲痹汤（《医学心悟》）

组成：羌活 12 克，独活 12 克，桂枝 10 克，秦艽 10 克，桑枝 15 克，川芎 10 克，海风藤 15 克，乳香 10 克，当归 10 克，木香 6 克，炙甘草 6 克。

功用：祛风散寒，除湿通络。

临床运用：羌活、独活除湿而疏风；炙甘草补气而实卫；当归、桂枝活血而和营；秦艽、桑枝、海风藤祛风除痹；乳香、木香能理血中之气，祛寒湿。此方主治阳虚寒凝、风邪入络导致的畏寒怕冷，疼痛游走不定，关节重着，屈伸不利。

3. 左归丸（《景岳全书》）

组成：熟地 12 克，山萸肉 12 克，怀山药 18 克，枸杞子 12 克，川牛膝 12 克，炙龟板 10 克，鹿角片 12 克，菟丝子 12 克。

功用：滋阴补肾，填精益髓。

临床运用：方中熟地、怀山药、山萸肉补益肝肾阴血，炙龟板、鹿角片为血肉有情之品，两味合用，峻补精血，调和阴阳；菟丝子、枸杞子、川牛膝补肝肾，强腰膝，健筋骨。沈老应用此方主治真阴不足、精髓亏虚所致的膝痛酸软。

4. 右归丸（《景岳全书》）

组成：当归 10 克，熟地 12 克，山萸肉 12 克，怀山药 18 克，枸杞子 12 克，制附片 10 克，桂枝 10 克，杜仲 12 克，鹿角片 12 克，菟丝子 12 克。

功用：温补肾阳，填精益髓。

临床运用：方中制附片、桂枝、杜仲、鹿角片、菟丝子温补肾阳；当归、枸杞子、熟地、怀山药、山萸肉滋阴养血。此方主治肾阳不足，膝部痹痛。

（八）典型验案

患者，女，28 岁，学校老师，右侧膝关节肿胀疼痛 8 月余。

8 个月前不慎摔伤后，右侧膝部着地，当时疼痛较重，曾做过局部封闭和内服中药，疼痛稍缓解。5 个月前开始右膝部肿胀，疑诊为"风湿性关节炎"。血沉、抗"O"均属正常。曾继服中药及西药"保太松"，而且穿刺抽出液体约 20ml，5 天后局部肿胀更加明显。后继服塞来昔布胶囊持续 3 个月，肿胀见消。活动后则酸痛，夜间较重，右下肢无力，天气寒冷后则症状加重，膝关节活动不利。查体：右侧膝关节较左侧略有肿胀，扪之肤温略高，浮髌试验阴性。活动轻度受限，而且髌骨下有明显压痛，以内外膝眼处为甚。舌淡苔薄白略有紫气，脉沉弦。

西医诊断：膝关节创伤性滑囊炎。

中医诊断：膝痹（痰瘀互阻型）。

沈氏治疗方案：

（1）推拿疗法：患者仰卧位，在右膝关节下垫一薄枕。用一指禅推法、擦法、揉法等手法在膝关节周围进行放松治疗；点按双侧膝眼、曲泉、委中、阳陵泉和足三里等穴位。患者仰卧位，屈髋屈膝各 90°，助手双手十指交叉放于股骨下端近腘窝处，术者双手握住患者胫骨下段，两者相向用力，牵引膝关节，并在牵引的状态下内外旋转胫骨。然后被动屈髋屈膝 3 次，伸直膝关节。行膝关节掌振法 1 分钟。最后在膝关节周围行擦法，以透热为度。

（2）中药内服：治以温经散寒，活血化瘀，通经止痛。方用血府逐瘀汤加减。

桃仁 12 克，红花 9 克，当归 9 克，生地黄 9 克，川芎 5 克，赤芍 10 克，牛膝 9 克，桔梗 5 克，柴胡 9 克，枳壳 6 克，炒白术 15 克，炒白芍 15 克，甘草 5 克。7 剂。

疗效：1 周推拿 3 次，每次 15 分钟，3 次后患者肿胀症状消失，疼痛症状减轻 60%，膝关节活动度明显改善。后期恢复时嘱患者加强膝关节功能锻炼，中药改用桃红四物汤合桂枝汤以巩固疗效，3 周后临床痊愈。

四、胸廓出口综合征

胸廓出口综合征（thoracic outlet syndrome，TOS）是指锁骨下动、静脉和臂丛神经在胸廓上口受压迫而产生的上肢内侧缘疼痛、麻木、无力等

一系列症状。本病多因外伤、劳损、先天颈肋、高位肋骨等刺激前斜角肌引起。本病好发于30岁以上的瘦弱女性，本病多发于右侧胸廓，双侧发生较少见。本症多以神经受压为主。本症对于推拿治疗来讲是优势病种，有显著疗效。

（一）西医发病机制

胸廓出口综合征根据受压因素的不同，可以分为前斜角肌综合征、过度外展综合征、肋锁综合征和颈肋综合征。胸廓出口即胸廓的上口，是由第1肋骨、锁骨和胸骨与第1胸椎构成的向颈部延伸的间隙，臂丛神经、锁骨下动静脉和前中斜角肌由此通过，锁骨下动脉和臂丛神经位于前中斜角肌之间，锁骨下静脉位于前斜角肌前方与锁骨下肌之间，它们均从第1肋骨与锁骨之间通过。当胸廓出口区的各种组织因变异和损伤，导致间隙变窄，压迫单个或多个神经血管，则产生症状。

1. 前中斜角肌痉挛

臂丛下干神经（C_8 和 T_1 脊神经组成）和锁骨下动脉共同通过一个由前、中斜角肌和第1肋骨形成的三角形间隙。当斜角肌在第1肋骨附着部有先天性肥大或前中斜角肌先天性分离不全，再加上颈肩部肌肉劳损，则易于发生本病。神经根型颈椎病或外伤也可以使斜角肌痉挛、变性肥大，间隙变小，挤压锁骨下动脉和臂丛神经，故又称前斜角肌综合征。

2. 慢性劳损

由于职业或生活习惯的关系，可以使肋锁间隙变小的因素都可能发生胸廓出口综合征。经常仰头、举手过头等，使颈肩部筋肉劳损；长期打字工作、经常提拉重物，使肩下垂，肋锁间隙变小而牵拉或压迫臂丛神经和锁骨下神经，此类型又称为肋锁综合征。

乒乓球运动员、仰泳运动员等，长期过度做上臂外展活动，导致肩部筋肉劳损，使臂丛神经和锁骨下动脉在喙突与胸小肌通道中挤压摩擦，引发症状，此类型又称为过度外展综合征。

3. 其他

如颈肋、锁骨骨折畸形愈合、锁骨下肌肥大也可以使肋锁间隙变窄，挤压血管、神经。最新研究表明，胸廓出口综合征发病与交感神经兴奋使血管收缩有关。

（二）中医病因病机

中医没有"胸廓出口综合征"这一病名，按照症状特点，本病属中医学"痹病"范畴，与神经根型颈椎病中医辨证相近，总体上属于本虚标实之证。

内因：平素肝肾亏虚，肝主筋，肾主骨，筋骨失于气血濡养，导致肩胛肌肉痿软无力而松弛，使肩胛下垂、肋锁间隙变窄。

外因："邪之所凑，其气必虚"，经脉失于充盈，积累性劳损或风寒湿邪入侵，痹阻经络，气血不通则痛。

因此，本症以不同症状辨证用药为主，神经根受压为主的，属痹病，宜温经通络；以血管受压为主的，属气滞血瘀，经络瘀阻，宜活血化瘀；以肝肾亏虚，筋骨痿软为主的，宜补肝肾、壮筋骨。

（三）诊断标准

依据症状、体征及影像学检查可以诊断。

（1）在颈前锁骨上窝处可摸到紧张、肥大而硬韧的前斜角肌肌腹，局部有明显压痛，并向患侧上肢放射。

（2）局部及患肢的疼痛症状，即高举患肢症状减轻，向下牵拉患肢症状明显加重。

（3）臂丛神经牵拉试验、挺胸试验、超外展试验及艾迪森试验阳性。

（4）进行颈、胸段正侧位 X 线检查，可见颈肋或 C_7 横突过长。

（四）鉴别诊断

（1）神经根型颈椎病：上肢疼痛症状相似，但常伴有颈部疼痛、活动受限，压痛局限在颈部，椎间孔挤压试验阳性，颈部 X 线检查示有退行性改变。上肢疼痛和麻木涉及多条神经分布区域时，要高度考虑胸廓出口综合征的存在。

（2）尺神经肘、腕管综合征：疼痛的神经分布相似，但压痛局限在肘管和腕管，胸廓出口处为阴性，臂丛神经牵拉试验、挺胸试验、超外展试验及艾迪森试验阴性。

（3）雷诺病：也可以表现为阵发性上肢疼痛、麻木及皮肤苍白、发绀等改变，但双侧多见，且与颈部活动无关。

（4）肺上沟癌：肺尖部肿瘤可以侵犯臂丛神经和血管引起类似胸廓出口综合征的症状，常规仔细触诊及肺部 CT 平扫可以发现肺尖部肿瘤，必须引

起临床高度重视。

（五）沈氏胸廓出口综合征治疗体系

1. 中西合参，以松筋为要

根据颈部的解剖特点，结合临床表现与中医整体观，根据"经络所过，主治所及"的中医理论对症、辨证施治。本症以舒筋通络、活血行气、解痉止痛、补益肝肾为总原则，松筋为重，采取"点、线、面"相结合的症因推拿法，采用按揉法、一指禅推法、丁氏滚法、弹拨法等手法。对形成神经、血管束压迫症状涉及区域，加上胸锁乳突肌区域、锁骨上窝硬结处等进行重点按压治疗。

2. 重视调脏，形神兼顾

根据最新研究表明，周围神经疼痛，尤其是慢性疼痛与交感神经的兴奋性有关，交感神经持续高兴奋，血管收缩，引起神经供血减少，易发生神经疼痛。而交感神经兴奋又与个人的精神情绪相关，工作紧张、压力大者容易出现。沈老参西衷中，运用推拿治疗胸廓出口综合征，除进行胸廓上口局部经筋松解外，还应重视肝气条达，腹部推拿顺气调脏，正合沈老推拿歌诀里的"先推背来后推腹"的理念。

3. 内外同治，标本兼顾

治疗本征要遵循本虚标实，标本兼顾的治疗理念。对神经受压的痹病型，可点按相关穴位以温经散寒通络，中药内服蠲痹汤；对血管受压的瘀血型，以活血疏通的手法加用桃红四物汤合当归四逆汤；对筋骨痿软的患者，以壮筋的手法配以补肾壮筋汤。以此内外结合，标本兼顾，可大大提高治疗效果。

4. 治疗方法

（1）准备手法：患者坐位，医者站其后，按压阳谷、阳溪、缺盆、极泉、肩外俞、曲池、小海、外关、合谷等穴。

（2）治疗手法：患者仰卧位，头向对侧倾斜，一助手站其患侧，双手牵拉患手，以便患者锁骨上窝的臂丛神经更加暴露，医者先用拇指按揉法在患侧锁骨上窝施术，轻缓弹拨臂丛神经，以酸胀麻为度；接着，用拇指揉拨胸小肌肌肉、斜角肌下部及锁骨窝，拇指自内而外沿锁骨下反复揉拨；丁氏滚法施于患肢上臂到前臂，重点为尺侧；以拇指点按风池、肩井、大椎、曲池、小海、阳谷、合谷等穴，以局部酸胀为度；然后，嘱患者自然放松颈项部肌肉，术者以一肘持续托起下颌，另一手扶持后枕部，使颈略前屈，下颌内收。前后同时用力向上提拉，维持牵引力量10秒，并缓慢左右旋转患者头部3～5次，松动第1肋骨。

（3）梳理法：擦颈肩部，以热为度；牵抖患臂，约20次，治疗结束。

（六）预防调护

（1）注意正确的姿势，避免长时间低头工作，造成胸小肌、斜角肌不适。

（2）避免上臂过度外展的运动。

（3）选择合适的枕头。

（4）颈项部避免直接暴露在风、寒、湿邪下，尤其是出汗后忌吹风、洗冷水澡。

（七）沈老常用中药方剂

1. 蠲痹汤（《医学心悟》）

组成：羌活10克，独活10克，桂心6克，秦艽10克，当归15克，川芎10克，甘草6克，海风藤30克，桑枝10克，乳香6克，木香10克。

功用：祛风除湿，蠲痹止痛。

临床应用：辛能散寒，风能胜湿，羌活、独活、秦艽、海风藤、桑枝除湿而疏风，气通则血活，血活则风散；当归、川芎活血祛风；乳香、木香行气止痛。此方主治神经受压的胸廓出口综合征。

2. 桃红四物汤（《医宗金鉴》）合当归四逆汤

组成：当归15克，熟地15克，川芎10克，白芍15克，桃仁10克，红花6克，桂枝9克，细辛3克，通草6克，大枣15克，炙甘草6克。

功用：温经散寒，活血通脉。

临床应用：四物汤加桃仁、红花，可养血活血。现代研究表明，桃红四物汤具有扩张血管、抗炎的作用。桂枝、通草、细辛温经通络，主治血虚寒厥证之手足厥寒，舌淡苔白，脉沉细。此方主治血管压迫型胸廓出口综合征。

3. 补肾壮筋汤（《伤科补要》）

组成：熟地15克，白芍15克，当归15克，山茱萸15克，茯苓15克，川断15克，牛膝15克，杜仲15克，五加皮12克，青皮6克。

功用：补益肝肾，强壮筋骨。

临床应用：熟地、白芍、当归、山茱萸补益肝肾之精血，精血旺则筋骨

强壮；五加皮、川断、牛膝、杜仲补益肝肾，强壮筋骨；茯苓、青皮理气益脾，以助运化。本方专攻补肝肾，强筋骨。沈老应用此方专治肝肾亏虚，筋骨痿软而发胸廓出口综合征者。

（八）典型验案

患者，女，48 岁，公司会计，右上肢疼痛伴麻木 2 个月。有颈椎病病史，否认其他内科疾病病史。自诉右肩后部、背部酸痛，右上肢尺侧疼痛伴 5 个手指麻木，拎重物后加重伴乏力，热敷能有所缓解。经 10 余次颈牵引推拿治疗无效。查体：颈部生理曲度消失，椎旁压痛轻，双侧斜角肌紧张且有压痛，伴上肢放射痛、麻，臂丛神经牵拉试验、艾迪森试验阳性。肌力正常，霍夫曼征阴性。舌暗红苔薄白，脉弦紧。

西医诊断：胸廓出口综合征。

中医诊断：痹病（寒湿痹阻型）。

沈氏治疗方案：

（1）推拿疗法：患者仰卧位，头向对侧倾斜，一助手站其患侧，双手牵拉患手，拇指按揉法在患侧锁骨上窝施术，轻缓弹拨臂丛神经，以酸胀麻为度；用拇指揉拨胸小肌肌肉，斜角肌下部及锁骨窝，拇指自内而外沿锁骨下反复揉拨；丁氏擦法施于患肢上臂到前臂，重点为尺侧；以拇指点按风池、肩井、大椎、曲池、小海、阳谷、合谷等穴，以局部酸胀为度；最后，擦颈肩部，以热为度；牵抖患臂，约 20 次，治疗结束。

（2）中药内服：治以温经散寒，蠲痹止痛。方用蠲痹汤加减。

羌活 10 克，独活 10 克，桂枝 6 克，秦艽 10 克，当归 15 克，川芎 10 克，甘草 6 克，海风藤 30 克，桑枝 10 克，乳香 6 克，鸡血藤 30 克，乌梢蛇 12 克。7 剂。

疗效：1 周推拿 2 次，每次 20 分钟，治疗 1 次后患者疼痛、麻木症状减轻 50%，1 周后明显改善。后期恢复时嘱患者加强颈肩背肌功能锻炼，中药改用补肾壮筋汤以巩固疗效，2 周后痊愈。

第二节　分离解锁五十肩

肩关节周围炎

肩关节周围炎（periarthritis of shoulder，POS），即所谓的"肩周炎"，

或称粘连性关节囊炎，中医学又称"肩痹""漏肩风""冻结肩""肩凝症"等，多为肩关节周围肌群及肌腱和关节内滑膜的炎性物质渗出导致肩关节内外的粘连。其临床表现为肩关节疼痛，各个方向主动和被动运动不同程度受限。其发病率在2%～5%，高发年龄在40～60岁，女性多于男性，优势肩发病可能性略高，以单侧发病较为常见，有夜间疼甚的特点，因此传统医学又称其为"五十肩"。现代医学通常认为肩周炎是一种自限性疾病，病程较长，自然病程一般为6个月至3年，甚至有更长时间者。在我国肩周炎的发病率约占所有肩部疾病的42%，而在骨科疾病中约占8%，15%的患者面临长期失能。肩周炎在X线检查中除部分患者表现为骨量减少外，无明显异常征象。

肩周炎为盂肱关节疼痛和僵硬，关节囊无法扩张及关节活动度丧失（特别是外展和外旋）。本病可为原发性（特发性），也可以是继发于肩部创伤，如肩袖撕裂、肱骨近端骨折或肩部手术，或是糖尿病等疾病。

（一）西医病因及发病机制

盂肱关节囊附着于关节盂周围，向下附着于肱骨解剖颈处。关节囊的前部被盂肱韧带加强，盂肱韧带有上、中、下三束。包绕肩关节囊外的是冈上肌、冈下肌、小圆肌、肩胛下肌腱形成的肩袖。冈上肌腱和肩胛下肌腱之间，被喙突和肱二头肌长头腱穿越，形成肩袖间隙，其中有喙肱韧带加强。正常的肩关节囊较为松弛，尤其是在腋窝部形成袋状皱褶。随着肩关节位置的变化，关节囊韧带处于交替的松弛和紧张状态，以限制关节的过度移位。

肩周炎的病因与发病机制目前尚不完全清楚。有基于关节镜观察的常见假设是患者最初发生炎症，尤其是关节囊腋襞内和周围、前上关节囊、喙肱韧带及肩袖间隙的无菌性炎症。肩周炎时关节囊明显增厚，滑膜充血增厚。Bunker等研究发现在肩周炎病例中，患肩关节囊呈慢性纤维化表现，其中有成纤维细胞和肌成纤维细胞增生，并分泌大量Ⅰ型和Ⅲ型胶原沉积于关节囊而致过度增厚。Emig等在肩周炎MRI研究中测得，患肩关节囊平均厚度为5.2mm，而健侧肩关节囊为2.9mm，有显著差别。Emig等认为厚度超过4mm的关节囊，对于诊断肩周炎有95%的特异度和70%的敏感度。

（二）中医病因病机

1. 外因

漏肩风实为《黄帝内经》中所记载的"着痹"，《黄帝内经》对痹病的

认识已经非常全面且客观，如《素问·痹论》曰："风寒湿三气杂至合而为痹"，一语道尽此病往往由于风、寒、湿之邪气，侵入手三阳、手三阴经而成。这和现代临床是一致的，很多肩周炎患者都明确表示有受寒、受风或汗出当风后肩部便开始疼痛，活动开始受限。在《金匮要略》中提出："病者一身尽疼……此病伤于汗出当风，或久伤取冷所致也。"

2. 内因

认识了外因后，中医学又逐渐认识到内因的存在。如《素问·百病始生》云："风雨寒热不得虚，邪不能独伤人，卒然逢疾风暴雨而不病者，盖无虚，故邪不能独伤人，此必因虚邪之风，与其身形，两虚相得，乃客其形"。《素问·刺法论》说："真气不正，故有邪干""正气存内，邪不可干"。《素问·评热病论》讲："邪之所凑，其气必虚"。《类证治裁》亦云："诸痹者，良由荣卫先虚，腠理不密，风寒湿乘虚内袭，正气为邪气所阻，不能宣行，因而气血凝滞，久而成痹。"指出尤其是肝、脾、肾三脏亏损，正气化源不足，才会使风寒湿等外邪乘虚侵入，正邪相争，经络闭塞，气血不荣，这是导致痹病发生的重要内因。外邪侵犯肌腠之后阻碍经络，气血津液运行失常，气机失调，从而形成痰饮、瘀血等病理产物，外因又进一步引发内因。"百病多因痰作祟"，痰饮一旦产生，便能流窜全身，停聚各处，导致多种疾病的发生，且久病必瘀，痰饮、瘀血流注经络筋骨，可致四肢麻、胀、痛或活动不利等。

此病单一因素致病较少见，多为内外因杂合为病，如人至五旬，气血渐衰，肝肾精亏，筋失所养，致筋脉拘急失用；再加上风寒湿邪乘虚而入，客于血脉筋肉。在脉则血凝而不流，脉络拘急而疼痛，且七情、饮食、劳倦、外伤等其他综合因素变化过于强烈、急剧，引起气机紊乱，脏腑功能失调亦能引起疼痛的表现。在《灵枢·贼风》中已经认识到："卒然喜怒不节，饮食不适，寒温不时，腠理闭而不通，其开而遇风寒，则血气凝结，与故邪相袭，则为寒痹。"

（三）诊断与鉴别诊断

肩周炎是根据病史和体格检查做出的临床诊断。患者的主动和被动关节活动度都大幅降低。诊断肩周炎时通常不需要影像学检查。肩部 X 线检查有助于排除一些其他疾病，如盂肱关节骨关节炎。超声检查通常可见符合冻结肩的特征性软组织变化，可用于评估肩袖。

现代医学随着精准医学的出现，根据不同解剖结构的病变，逐步出现了肱二头肌长头腱鞘炎、肩峰下滑囊炎、冈上肌肌腱炎、喙突炎等一类具体定位定性的诊断。这样精确的单一的诊断是为了有针对性的治疗而产生的，而我国还在沿用"肩周炎"这个名词。

1. 中医诊断标准

我国肩周炎的中医诊断标准是根据 2017 年国家中医药管理局颁布的《中医病证诊断疗效标准》制定的。具体的诊断标准如下所述。①多由慢性劳损，外伤筋骨，气血不足复感受风寒湿邪所致；②好发年龄在 50 岁左右，女性发病率高于男性，右肩多于左肩，多见于体力劳动者，多为慢性发病；③肩周疼痛，以夜间为甚，常因天气变化及劳累而诱发，肩关节活动功能障碍；④肩部肌肉萎缩，肩前、后、外侧均有压痛，外展功能受限明显，出现典型的"扛肩"现象；⑤X 线检查多为阴性，病程久者可见骨质疏松。

2. 西医诊断标准

我国肩周炎的西医诊断标准可见于 2004 年人民卫生出版社出版的《骨科诊疗常规》。具体诊断标准如下所述。①发病缓慢，病程较长；②肩部隐痛或剧痛，疼痛可放射至颈部或上臂，夜间疼痛加重，甚至夜不能眠；③检查可见肩部肌肉萎缩，在结节间沟、大结节、肩峰下滑囊、肩胛骨内角、冈下窝等处有压痛，肩关节主动与被动运动受限，尤以外展、外旋受限明显；④肩关节 X 线检查一般无特殊变化，有时可见局部骨质疏松、大结节密度增高等。

3. 鉴别诊断

（1）继发性肩周炎：肩周炎多为原发性（又称特发性），亦有少量肩周炎因糖尿病、甲状腺疾病、颈椎病、肩部外伤、长期制动、脑卒中、自身免疫性疾病、帕金森病和 HIV 感染等因素而继发。诊断时应排除患者是否患有内科基础疾病及患侧外伤史。鉴别原发性或继发性肩周炎对于选择合理的治疗方式至关重要。

（2）肩袖损伤：肩袖主要是由冈上肌、冈下肌、小圆肌、肩胛下肌的肌腱组成，具有稳定肩关节的作用。肩袖损伤主要是由于其中一个或几个肌肉出现退行性病变，其与肩周炎都会出现肩部疼痛活动受限，夜间痛甚的症状。与肩周炎不同的是，肩袖损伤还伴有肩部无力，且优势肩多见，上举、外展等运动时疼痛明显。主动运动时疼痛剧烈，活动受限，被动运动时则疼痛不明显或无疼痛，且无活动受限。肩袖损伤体格检查时，肩坠落试验阳性（被动抬高患臂至 90°～ 120°，撤除支持，患臂不能自主支撑而发生臂坠落和疼痛即为阳性）；撞击试验阳性（向下压迫肩峰，同时被动上举患臂，如在

肩峰下间隙出现疼痛或伴有上举不能时为阳性）。

（四）临床分型

根据临床发病过程可将肩周炎分为急性期、慢性期及功能恢复期。

（1）急性期。急性期起病急骤，疼痛较为剧烈，肩关节活动受限，夜间疼痛加剧，肌肉痉挛，压痛范围广泛，主要在喙突、喙肱韧带、冈上肌等部位。急性期一般可持续2周左右，主要以肩部疼痛和肩关节运动功能轻度障碍为特点。

（2）慢性期。慢性期也称冻结期。此阶段压痛较为广泛，但疼痛相对减轻，关节由运动功能障碍发展到关节挛缩障碍。此时的肩关节腔内压力增高，容量减少50%左右，肩关节周围的软组织呈现"冻结"状态造影。此阶段可持续数月至1年余。

（3）功能恢复期。此期肩关节运动功能逐步恢复，肌肉的血供及神经营养功能得到改善，炎症逐渐吸收。此阶段可持续1～3年。

（五）沈氏肩关节周围炎治疗体系

1. 沈氏疗伤，以阴阳为纲，经络筋骨为目

沈老推拿疗疾之时，常采用"先治阳经后治阴，先推背来后推腹，先松筋肉后正骨，滑利关节摇牵扳"的原则。临床应诊，秉承中医学推拿传统特色，主张"分粘、纠位、滑节、通络"的治则，提出伤科疾病的治疗应以行气活血、正骨理筋、舒经通络为原则，以促进人体经脉内的气血流通，使筋柔骨正。

在治疗肩周炎方面，急性期取穴以手三阳经经穴为主，主要以㨰法、推法、拿法、按法四法为主，"先松筋骨肉"，后以搓法、摇法、抖法等辅助手法及配合外展、内收、高举、后弯等被动动作来"正骨而滑利关节"；慢性期主要以分离关节粘连的活动手法为主。

2. 手法施术皆有先后缓急之分

急性损伤者强调以活血化瘀为主。手法宜轻柔，逐步渗透，促进溢于脉外之瘀血吸收消散；对于慢性损伤者，以弹筋拨络为要，以重手法刺激达到分解粘连组织的目的。通过理筋手法纠正"筋出槽"。遇骨关节疾病，每以手法松解肌肉痉挛后，采用牵引、扳法、摇法等手法纠正"骨错缝"。在肩周炎慢性期，肩关节腔内渗出增多，粘连增加，肌腱关节囊挛缩，关节腔容积缩小，患者疼痛广泛，关节功能障碍，在各个功能位活动都会带来极大疼痛，此时做弹、拨手法或其他关节分离粘连的手法会增加患者痛苦，并且患者会本能地产生抵抗，沈老适时地引用现代医学的麻醉方法，极大减少了患者的疼痛感，在无痛条件下，破坏粘连组织，建立新的肌腱平衡，促进关节腔内关节液的循环和重吸收，改善病灶区血供，抑制中枢神经致痛物质的释放，从而提高痛阈。"按摩可使筋节舒畅，血脉流通，盖按其经络，则郁闭之气可通。摩其壅聚，则瘀结之肿可散也。"二位分粘法如《厘正按摩要术》云："摇则动之……可以活经络，和气血。"

3. 辨病位与辨证候结合、现代与传统结合，重在虚实

肩周炎病位在经筋骨节，构成肩关节的肌肉及肌腱较为复杂，每一个功能位参与的肌肉都不同。根据患者不同的疼痛部位及受限的功能位，定位其病变位置，有的放矢地进行对应手法治疗。因用病位与证候结合的诊断方法，从而产生相应推拿（病位）与中药（证候）结合的独特方法，中药根据证候不同应用蠲痹汤、损伤洗剂（沈氏自创）、黄芪桂枝五物汤等内服方剂。病既分虚实，手法亦分补泻，补法多为摩法、揉法、轻推（偏峰）法、轻擦（小鱼际）法、运气按摩法、疏法、分法、托法、抹法、搓法、摇法、抖法、捻法等，有调和气血、舒通经络等作用；泻法多为点法、拍打法、掐法、重擦（手背）法、重推法（指峰小步子推法）、拿法、五指抓法、擦法、缠法、压法等，有祛瘀止痛、泻热、祛风散寒等作用。正虚邪盛宜扶正祛邪，手法是补泻兼施；如为隔日治疗者，是一日用重手法，一日用轻手法。正实邪盛宜祛邪，手法是泻实；如为隔日治疗者，则一日用重手法，一日用轻手法；如为每日治疗者，可两日均用重手法。病久体虚者，宜补益气血，手法以补为主；如为隔日治疗者，可以各种补的手法（如摩法、揉法、轻推法、轻擦法、分法、疏法、运气按摩法等）交叉进行。补泻手法同样也需要按照循经取穴施治。

肩周炎二位分粘法既是辨病与辨证的结合，也是现代医学与传统中医推拿手法的结合。由于存在粘连，如未经麻醉处理而行手法分离，患者往往疼痛难忍，轻则可造成肩部肌肉紧张痉挛，甚至拉伤肌腱，重则可出现骨折，因此，我们采用臂丛阻滞麻醉下行二位分粘法，可使肩部肌肉无痛松弛情况下，以较轻柔的手法，达到分离粘连减少损伤的目的，同时可纠正肩关节的轻度移位以恢复其应有的功能。术后用现代中药制剂丹参注射液静脉滴注以扩张血管，改善局部血液循环，加快术后炎症的吸收消散。以糜蛋白酶注射液肌内注射可防止术后粘连，配合肩部的功能锻炼及推拿治疗以巩固疗效。

沈老重视治养结合，术后配合功能锻炼用以巩固手法的效果，防止已分

离的组织再度粘连，活跃肌腱关节，伸展痉挛的肌肉组织，进一步松解粘连，加速功能恢复。

4. 手法治疗

（1）急性期。

取穴：肩髃、肩髎、肩井、肩中俞、肩外俞、肩内俞穴，并根据患病部位取以配穴，如疼痛放射至肘部，取臂臑、曲池、合谷穴；肩胛肌上提时疼痛，加肩井、秉风、曲垣、天宗穴等。

手法：主要手法为揉法、推法、拿法、按法，辅助手法为搓法、摇法、抖法，以及配合外展、内收、高举、后弯等被动动作，冷天加擦法和盐包热敷或竹药罐拔罐。

在临床治疗中发现，此病的进展过程一般是从酸、疼痛、刺痛、麻木到重滞不利。经治疗后，也有从重滞不利经过疼痛、酸痛、酸胀而至仅觉胀感的转归，肩部关节的假畸形状态，病愈后可以完全恢复正常。当开始施术时，疼痛较为剧烈，所以预先要与患者说明，必须坚持治疗，才能取得疗效。

（2）慢性期（冻结期）。

在手术室行臂丛肌间沟入路阻滞麻醉。用1%利多卡因溶液10ml加入0.9%氯化钠溶液10ml行臂丛肌间沟阻滞麻醉，麻醉后采用沈氏二位分粘法。

1）患者仰卧位，助手以双手固定患肩，术者一手握患肢肘关节，另一手握患肢腕关节，缓慢地作前屈上举动作至180°，此时粘连处的肌筋膜和纤维可连续出现"嚓嚓"的撕裂声和关节钝响声，提示挛缩的关节囊松弛和周围组织广泛粘连的分离，使肱骨头向前上方的轻度移位得到纠正（图4-1）。

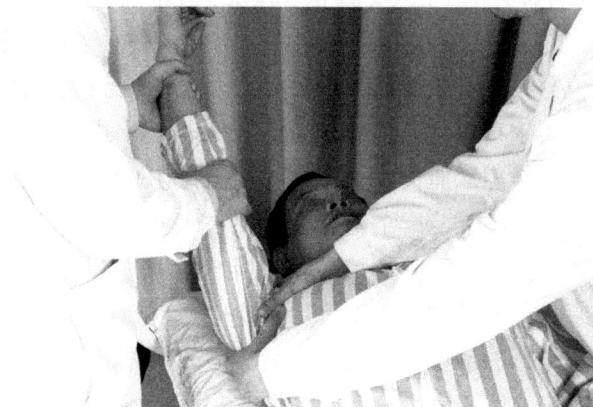

图 4-1　二位分粘法 1

2）仰卧位，助手固定患肩，术者一手握患肢前臂，另一手按上臂中段，将患肢外展 90°，此时术者一手仍握肘部，另一手牵拉腕部使上肢过头顶，以手指触到健侧耳为度，此法重复 1 次（图 4-2）。

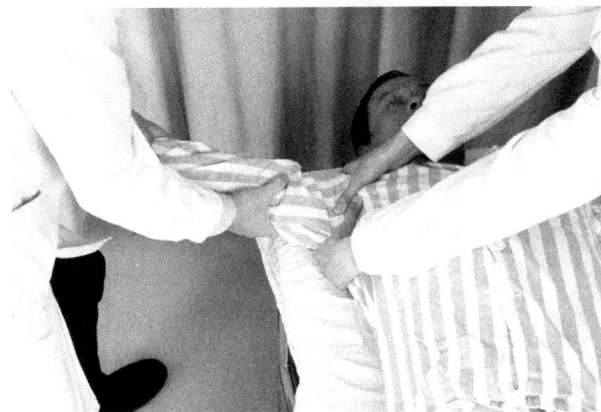

图 4-2　二位分粘法 2

3）仰卧位，术者一手固定患肩，一手使肘部做屈肘内收直至手掌碰到健侧肩部为度（图 4-3）。

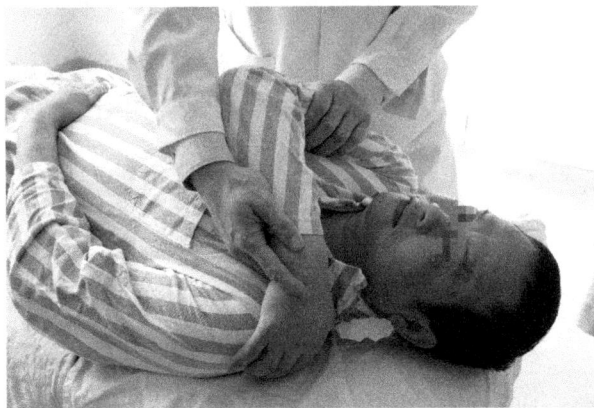

图 4-3　二位分粘法 3

4）侧卧位，助手固定髋腰部，术者立于患者背部，一手握住肩部，另一手握住前臂远端做后伸动作，然后在后伸屈肘时内旋，此时可闻及肩部前方有撕裂声（图 4-4）。

浙江中医临床名家·沈景允

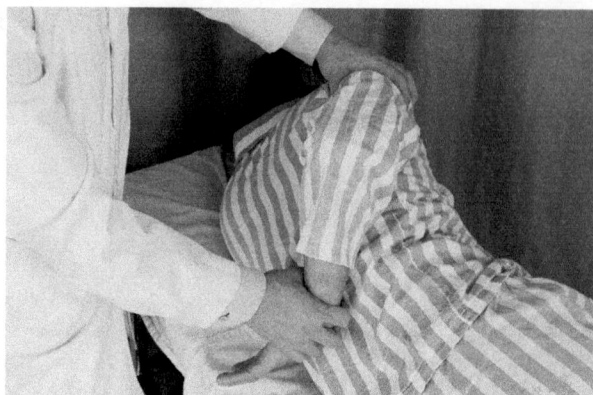

图 4-4 二位分粘法 4

5）侧卧位，术者推患者前臂远端。先做后旋 360°，然后做前旋 360°，来回 1～2 次（图 4-5、图 4-6）。

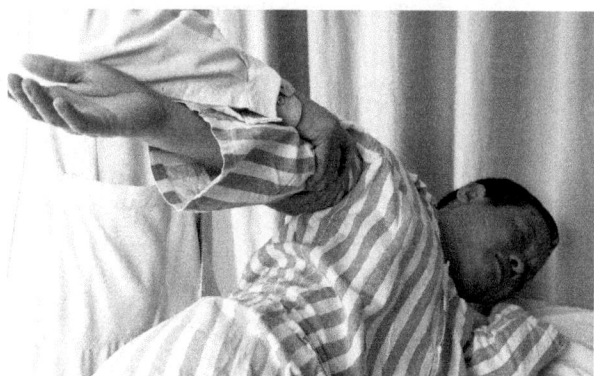

图 4-5 二位分粘法 5

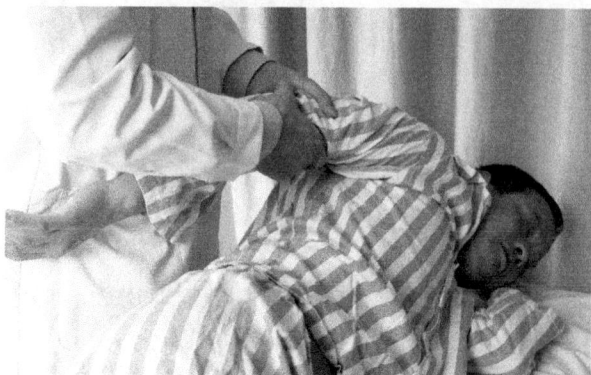

图 4-6 二位分粘法 6

术后予以 10% 葡萄糖溶液 500ml 加丹参注射液 20ml 静脉滴注，每天 1 次，连用 7 天，糜蛋白酶注射液 5ml 肌内注射，每天 2 次，连用 7 天。术后第 2 天开始进行滑轮拉绳、爬墙、甩臂等功能锻炼，并进行局部推拿治疗，每天 1 次，一般 1 周后达到临床治愈效果。

（3）功能恢复期。

此期患者经过一定治疗后症状有所减轻，但神经、关节功能尚未恢复正常，关节各个方向活动仍会引起疼痛。此时在推拿治疗的同时，导引练习可以应用到肩周炎的治疗与康复中，中医导引的本质是通过"调身、调息、调心"的方式达到"养性练形"的目的。其中易筋经、八段锦、五禽戏是传统导引功法。亦可采用以下简易关节锻炼方法：上身保持挺直，挺胸抬头收腹，双手放于两肩部，肘部向两侧打开，再合拢，如此往复 20 组；再取同样姿势，肩部向上下前后四个方向最大幅度耸肩，反复 20 组；再配合甩臂、爬墙锻炼，每天坚持 2 次，可滑利关节、舒筋止痛，协助推拿治疗增强疗效。

（六）沈老常用中药方剂

1. 蠲痹汤（《医学心悟》）

组成：羌活 9 克，独活 9 克，桂心 4 克，秦艽 9 克，当归 9 克，川芎 9 克，甘草 4.5 克，海风藤 9 克，桑枝 9 克，乳香 6 克，木香 6 克。

功效：祛风散寒，除湿蠲痹。

临床应用：《医学心悟》云："蠲痹汤，通治风寒湿三气，合而成痹。风气胜者，更加秦艽、防风；寒气胜者，加附子；湿气胜者，加防己、萆薢、苡仁。痛在上者，去独活，加荆芥；痛在下者，加牛膝；间有湿热者，其人舌干、喜冷、口渴、溺赤、肿处热辣，此寒久变热也，去肉桂，加黄柏三分。"

蠲痹汤能祛风通络、散寒除湿、活血止痛。本方羌活善治上半身风寒湿痹、肩背疼痛；秦艽、海风藤祛风湿、舒筋络；桂枝温通经脉，尤适宜于治疗风寒湿痹、肩背肢节疼痛；当归、川芎养血活血，祛瘀止痛；桑枝祛风通络、利关节，尤以上肢风湿痹痛更为适用；乳香辛散温通、活血化瘀，并能行气散滞；延胡索活血行气，尤其有止痛功效；木香行气止痛。沈老以此方为主治疗肩部窜痛，遇风寒痛增，得温痛缓，以及畏风恶寒，或肩部有沉重感，舌质淡，苔薄白或腻，脉弦滑或弦紧者。

2. 沈老经验方——损伤洗剂（外用）

组成：当归、制大黄、红花、丹皮、地骨皮、没药、茯苓、炒白芍、木香、

浙江中医临床名家 · 沈景允

白芷、川芎、公丁香、儿茶、乳香、甘草。

用法：上药入熏蒸治疗仪内形成中药蒸气对患部进行熏蒸；也可将竹罐放入汤药中一同煎煮后趁热吸拔于体表，但应避免烫伤；或将上药煎汤后浸泡和熏洗患部。每日2次。

功效：活血消肿疗伤，行气通络止痛。

临床应用：此方是由清代《医宗金鉴》中的正骨紫金丹加减化裁而来（原方：丁香、木香、血竭、儿茶、大黄、红花、当归、莲肉、赤茯苓、白芍、牡丹皮、甘草）。沈老临床治疗肩周炎，结合前人经验与自己的心得，总结出一套对肩周炎行之有效的外用中药经验方，专治损伤，推拿、中药内服、中药外用相结合并治疼痛、瘀血凝聚。沈老以此外治方治疗肩部肿胀，疼痛拒按，夜间尤甚，舌质暗或有瘀斑，舌苔白或薄黄，脉弦或细涩者。

3. 黄芪桂枝五物汤（《金匮要略》）

组成：黄芪9克，白芍9克，桂枝9克，生姜18克，大枣4枚。

功效：益气温经，和血通痹。

临床应用：主治血痹。《金匮要略·血痹虚劳病脉证并治》云："血痹，阴阳俱微，寸口关上微，尺中小紧，外证身体不仁，如风痹状，黄芪桂枝五物汤主之。"方用桂枝、姜黄、羌活、鸡血藤、黄芪、桑枝、桑寄生等加减而成。黄芪固卫；白芍养阴；桂枝调和营卫，托实表里，祛邪外出；佐以生姜宣胃；大枣益脾，以达到调理气血、舒筋活络的功效，可从根本上祛除病因，促进患侧肩关节及周围软组织康复。沈老以此方为主治疗肩部酸痛，劳累后疼痛加重，伴头晕目眩、气短懒言、心悸失眠、四肢乏力、舌质淡、苔少或白、脉细弱或沉者。

（七）典型验案

患者，女，46岁，职工。右肩疼痛伴活动受限5月余，加重10余天。现病史：患者约5个月前无明显诱因出现右侧肩关节周围疼痛，为持续性钝痛，右上肢稍感无力，夜间痛甚，阴雨天及受凉后明显加重，右肩关节外展、上举、旋后活动受限，穿衣、脱衣困难。无上肢麻木，无放射痛。间断外敷膏药，效果不显，近10天无明显诱因加重。既往高血压、颈椎病病史。否认传染病及手术史。中医四诊：患者右肩关节疼痛，屈伸不利，局部皮肤不红，触之不热，喜暖畏寒，喜热饮，遇寒加重，得温痛减。舌质淡，苔薄白，脉沉弦。

查体：右侧肩关节无畸形，局部肤色、肤温无改变，右肩关节周围广泛压痛，喙突及肱二头肌长头肌腱结节间沟处压痛明显，右肩关节外展试验 60°，右搭肩试验（＋），右臂丛牵拉试验（－），右上肢肌力Ⅳ级。

西医诊断：右肩周炎。

中医诊断：肩凝症（风寒湿痹型）。

沈氏治疗方案：

（1）推拿手法：沈氏二位分粘法。术后予以 10% 葡萄糖溶液 500ml 加丹参注射液 20ml 静脉滴注，每天 1 次，连用 7 天，糜蛋白酶注射液 5ml 肌内注射，每天 2 次，连用 7 天。术后第 2 天开始进行滑轮拉绳、爬墙、甩臂功能锻炼，并进行局部推拿治疗，每天 1 次。

（2）中药内服：蠲痹汤加减。羌活 10 克，独活 10 克，桂心 6 克，秦艽 10 克，当归 12 克，川芎 10 克，甘草 6 克，海风藤 30 克，桑枝 10 克，乳香 6 克，威灵仙 8 克，鸡血藤 12 克。7 剂。

（3）中药外用：损伤洗剂。大火煎汤滚沸后文火慢煎，将竹罐一同放入药汤中煎煮使竹罐吸足药液后取出，稍微晾凉后将罐吸附于肩关节周围穴位，如肩髃、肩髎、肩井、肩贞穴。拔罐后可将药渣包于纱布内继续热敷肩关节 20 分钟。

疗效：推拿约 20 分钟，治疗 1 次后患者疼痛减轻 50%，1 周后症状明显改善。后期恢复时嘱患者加强肩部功能锻炼，2 周后患者疼痛消失，肩关节活动自如。

第三节 大推复正椎间病

一、腰椎间盘突出症

腰椎间盘突出症（lumbar disc herniation，LDH）是指腰椎间盘的纤维环退变或因外伤发生裂隙，在外力的作用下髓核组织向后方或后外方突出，刺激或压迫神经根或马尾神经，引起以腰痛和（或）下肢坐骨神经放射痛等症状为特征的疾病。本病好发于 20～40 岁青壮年，男性发病率高于女性，约为 2∶1。本病是临床常见病、多发病，发病率位居各种慢性难治性疾病的第 8 位，常呈慢性病程、反复发作、易致残的特点，是严重影响人们工作、生活的主要疾病之一。

浙江中医临床名家·沈景允

（一）西医发病机制

椎间盘突出造成潜在压迫的解剖定位包括：①马尾神经；②单一神经根，如运动神经、感觉神经；③交感神经纤维；④脊髓的背根神经节。

腰椎间盘突出导致腰背痛和坐骨神经痛的机制目前仍不完全清楚。最新研究表明，突出的髓核直接刺激背根神经节可能对腰背疼痛的调节起重大作用，神经节刺激的效果是释放神经活性肽（如 P 物质），因此有学者称背根神经节是运动节段的"大脑"。引起坐骨神经痛最有可能的病理机制是突出髓核对神经根的机械性压迫和神经根血供的异常，继发性出现神经根营养障碍，共同导致了神经功能的异常。

与周围神经不同，神经根因其自身解剖特点极易出现损伤：①神经根没有保护性结缔组织，硬膜取代了神经外膜，脑脊液取代了神经束膜。因此，神经根对机械性压迫的弹性缓冲作用和对化学性损伤的屏障功能非常弱，容易出现损伤。②神经根对血流减少十分敏感。神经根的微循环由表面的动脉发出，来自近端和远端两个方向，吻合区对血流减少敏感，压力和张力可明显引起神经根血供下降，导致神经内血流发生改变，血管渗透性增大，形成水肿，轴浆转运异常，神经根传导冲动的能力下降，神经兴奋性增高和异位冲动产生，使坐骨神经痛表现出众多症状，如疼痛、发麻、针刺感、无力等。如果神经根所受压迫足够大、时间足够长，则出现沃勒变性、神经内纤维化、脱髓鞘及轴突的变性和再生。

近年来，通过大量的动物实验和临床研究证实：存在椎间盘突出后细胞免疫反应。其临床意义为：①由于免疫反应，一个节段的椎间盘突出可以引起其他节段的椎间盘变性和疼痛；②可以部分解释突出椎间盘的自吸收现象，尤其是破裂型和游离型腰椎间盘突出。

（二）中医病因病机

腰椎间盘突出症在中医学中并无此病名。根据其临床特点，将其归属"腰痛""腰腿痛""痹病"范畴。气血、经络与脏腑功能失调和腰痛的发生关系密切，发病机制以风寒湿热及闪挫劳损为外因，肝肾不足为内因，内外合邪，导致腰部经脉气血阻滞、筋脉失养，故本病多虚实相兼。急性期以疼痛为主，可分为血瘀证和湿热证，缓解期和康复期疼痛缓解未尽，局部酸胀不适，症状反复，可分为肝肾不足证和气血亏虚证。

《灵枢·经筋》曰："经筋为病，寒者反折筋急，热者弛纵不收，阴痿不用。养急则反折，阴急则俯不伸。"认为"经筋"病与腰痛病密切相关。《素问·痿论》云："宗筋主束骨而利关节也。"指出在生理状态下"经筋"具有维持关节稳定的功能，在病理状态下，"经筋为病"则易"骨缝必错"。《医宗金鉴·正骨心法要旨》云："先受风寒，后被跌打损伤者，瘀聚凝结，若脊筋陇起，骨缝必错，则成伛偻之形。"因此，"筋骨失衡"是中医脊柱伤病发病的病理关键。

（三）诊断标准

依据临床病史、体征和影像学检查相结合可做出腰椎间盘突出症的诊断。

①下肢痛（臀痛）为主，腰痛为次，疼痛部位为典型的腰骶神经根分布区域。②有明显的神经根紧张和刺激。直腿抬高试验或股神经牵拉试验阳性。③有按神经分布区域的神经损害表现。有肌肉萎缩、肌力减弱、感觉异常和反射改变四种体征中的两种体征。④影像学检查：CT、MRI 或特殊造影异常征象和临床表现一致。

（四）临床分型

依据椎间盘突出的方向和位置可分为以下 3 型。

（1）后外侧方突出型（侧突型）：为临床最常见的类型。根据突出髓核组织的大小及椎间盘内压的程度，可在后纵韧带下使后纵韧带和椎体分离；突出的髓核方向与神经根方向一致。多数情况下，髓核物质直接突出在神经根的内侧（腋下）或外侧（肩上），使神经根牵张。大的髓核突出，不但使神经根紧张，还可以压迫神经根，将神经根顶至骨性结构或黄韧带上。此类患者临床表现为典型的坐骨神经痛。

（2）中央型：髓核物质通过纤维环后部中间突出，到达后纵韧带下。此类患者临床以双侧坐骨神经疼痛或仅有持续的腰痛为特点，双侧坐骨神经痛可以一侧重一侧轻，也可以交替出现。

（3）椎间孔内突出型：椎间盘向后经后方纤维环及后纵韧带突入椎管，或进入椎间孔内，椎间孔突出物压迫神经根。此类患者临床以直腿抬高试验、仰卧挺腹试验产生严重的下肢放射痛为特点。

依据疼痛程度，椎间盘突出症又可以分为急性期、亚急性期、慢性期和康复期。

（五）绝对手术适应证

（1）马尾综合征：急性的大块椎间盘突出引起膀胱和直肠括约肌麻痹，为得到最好的预后需急诊手术治疗。

（2）神经损害加重：一旦面临渐进性的感觉减弱，早期手术治疗是明智选择。

（六）沈氏腰椎间盘突出症治疗体系

腰椎间盘突出症是临床疑难病症，治疗较为棘手。最新的随机对照研究表明，非手术疗法和手术疗法的疗效相近，无显著性差异，95%的腰椎间盘突出症患者可以通过非手术疗法获得缓解和临床治愈。但由于腰椎间盘突出症发病机制的复杂性，临床表现个体差异很大，治疗方法多样，因此一直缺乏完整、科学的非手术诊疗规范体系。

推拿治疗脊柱疾病在我国具有悠久的历史，操作简便、安全，疗效独特，是深受广大群众欢迎的传统疗法。但推拿流派众多，操作不一，疗效差异很大，更不利于推拿疗法的系统疗效评估和应用推广，对提高腰椎间盘突出症的推拿疗效和安全性也不利。沈老训古博今，合参现代医学，创新发展疾病认识，通过多年的探索和临证总结，形成了完善的腰椎间盘突出症发病机制理论，并以此为宗，大道至简，创立"一次正骨推拿治疗腰椎间盘突出症"技术，俗称"大推拿"技术为核心技术的诊疗体系，大大提高了腰椎间盘突出症的疗效，降低了复发率，通过多中心临床观察，近远期疗效优良率分别为93%和96%，对后世腰椎间盘突出症诊疗的发展有着深远影响。

1. "筋骨失衡"是关键病理和治疗靶点

在中医骨伤科理论中，"筋"有广泛的含义，概括了除骨以外的皮、肉、筋、脉等组织，以及《灵枢·经脉》所描述的十二经筋，相当于现代医学肌肉、筋膜、韧带、肌腱、关节囊、软骨、椎间盘、神经、血管的总称。筋具有束骨、络缀形体，主司骨关节活动的功能。生理状态下"筋""骨"紧密相连，各归其位，二者处于动态平衡，并完成生理范围内的各种功能活动，即"筋骨和合"。

病理状况下，机体在外伤、慢性劳损等因素作用下，出现"骨错缝""筋出槽"，即"筋骨失衡"。故《医宗金鉴·正骨心法要旨》有云："背骨，自后身大椎骨以下，腰以上之通称也。先受风寒，后被跌打损伤者，瘀聚凝结，若脊筋陇起，骨缝必错，则成伛偻之……或因跌仆闪失，以至骨缝开错，气血瘀滞，为肿为痛。"清代钱秀昌的《伤科补要》在论述背脊骨伤中指出：

"若骨缝叠出，俯仰不能，疼痛难忍，腰筋僵硬。"这些表现与腰椎间盘突出症的临床表现非常接近。沈老将中医经典与临床实践互参，提出"筋骨失衡"是本病发病的关键病理环节，并以此为着眼点作为治疗的重要靶点。

沈老不仅对中医经典谙熟于心，对现代医学进展更是了如指掌，对腰椎间盘突出症的认识是中西融会贯通的典范。在早期跟随外科医生做椎间盘摘除手术的经历使沈老明白，椎间盘组织作为"筋"的一部分，位置非常深，突出组织又位于骨性结构的椎管腔内，非一般推拿手法所能到达。因此，沈老突破常规思维，创立针对不同靶点部位的一系列手法，并通过不断实践和优化，形成了"一次正骨推拿治疗腰椎间盘突出症"技术，大大缩短了疗程，提高了疗效。具体手法包括以下几种。

（1）牵引法：仰卧位行骨盆牵引15分钟，牵引重量为50kg。

（2）抬腿压腿法：患者仰卧位，助手固定骨盆，术者立于患侧，将患肢抬高至90°，一手扶膝，一手握足底下压30次，重复3次。

（3）脊柱旋转法：患者侧卧，助手固定患侧肩部，患者屈膝屈髋（患侧在上），术者一手扶患侧膝部，一手扶臀部旋转腰脊1次。

（4）后伸腿压腰法：俯卧位，术者以肘尖压患侧椎旁痛点，助手抱患者大腿向上提拉1次。如有脊柱侧凸，在向上提拉的同时向凸侧方向侧扳以纠正。

（5）腰臀部肌筋膜痉挛者，以肘尖点弹痉挛处肌筋膜1分钟。

2. "气血失和"是主要病机

《黄帝内经》论疾病发生的病机是基于阴阳归结于气血。气和血是构成人体和维持生命活动的两种基本物质。气血的功能，外则充养皮肉筋骨，内则灌溉五脏六腑，温煦肢体，濡养全身。对于脊柱伤病，首当其冲伤在筋骨，但沈老从整体出发，认为伤科的理论基础离不开气血，强调气血理论是脊柱伤病的基础。正如《正体类要》云："肢体伤于外，则气血伤于内，营卫有所不贯，脏腑由之不和"。说明肢体虽然受损于外，但人体是一个整体，经络外络于肢节内属于脏腑，必然由外而内气血不和，产生病证。因此，"筋骨失衡"影响正常的气血运行，导致气血运行不畅，产生局部肿、痛或活动不利。

沈老在手法治疗的基础上，必配合中药辨证施治调理气血，促进疾病的康复。在具体临证上，对寒湿侵犯经脉或瘀血阻于经脉，气血闭阻而致痛甚、转侧困难者，采用身痛逐瘀汤为主；对气虚瘀阻、经脉失养所致下肢麻木不仁、肌肉萎缩、软弱无力者，采用补阳还五汤为主；对于病症迁延难愈，全身气血不足者，采用八珍汤或十全大补汤为主。

脏腑理论是中医学的一大特点，藏象理论是建立在脏腑基础之上，八纲辨证对疾病的辨属最终要落实在脏腑上，在认识和防治疾病过程中都要以脏腑为依据。沈老认为，筋骨疾病的发生发展和脏腑关系密切，尤其对病久不愈、疑难重症之筋骨病损，治疗时更要充分发挥脏腑功能，以脏腑为本。

藏象理论主要立足于"有诸于内，必形诸外"的中医特色研究方法，即通过观察人体表现于外的生理、病理现象，探究各脏腑的生理功能、病理变化及其相互关系。华佗在《中藏经》中对藏象理论提出了"五脏痹"的概念，详细阐明了痹是指机体为病邪闭阻，导致脏腑气血运行不畅，以疼痛、重着、麻木、肿胀、屈伸不利为主要表现。而腰椎间盘突出症中很大部分临床表现为痛、酸、麻、胀、重等症状。

从腰椎间盘突出症发病的现代相关病因来看，其发病前大多有外伤恢复不彻底、慢性劳损、感受风寒湿邪的慢性过程，由于人体经络发源于脏腑，气血运行依赖于脏腑，经络受损、气血瘀阻在前，则病邪由表入里，导致脏腑不和，亦可由于脏腑不和，由里达表，引起经络气血病变，形成恶性循环，疾病久治不愈。

五脏失和，皮肉筋骨失于濡养，而对腰椎间盘突出症的辨证施治，沈老尤其重视以脏腑为本，重在肝脾肾。这一诊疗思维，同样也体现在沈老对于慢性筋骨伤病的治疗中。腰为肾之外候，肾精不足，则骨髓空虚，脊痛腰酸，因此在治疗过程中一定要注重补肾，沈老最常用六味地黄丸、左归丸、右归丸；肝主筋，腰椎的筋肉运动与肝关系密切，肝血充盈使筋有充分濡养，筋强则达到"束骨而利关节"的作用。肝不荣筋则痉挛、麻木、活动欠利，沈老临床常用四物汤、归脾汤养血柔肝，强筋壮骨；"脾主身之肌肉"，脾运化水谷，输布营养精微，脾胃功能正常，则皮肉筋骨得到温阳灌注。"脾气虚则四肢不用"，脾失健运，化源不足，肌肉消瘦，活动无力，筋骨难以恢复。沈老在重点调和肝肾的同时，常兼顾健脾益气，选四君子汤、补中益气汤顾护后天之本。

3. "痿病防复"关键在导引

降低复发率是体现推拿治疗腰椎间盘突出症特色与优势的重要指标之一。沈老创立的"大推拿"术较传统的推拿疗法及其他非手术治疗在疗程、近远期疗效上均有明显优势，但沈老精益求精，从其逾半个世纪的自我练功心得中体会到，运用中医传统功法不仅可以达到"调身、调息、调心"身心锻炼的养生目的，在脊柱、四肢强筋壮骨及伤病的自我恢复中也有着不可替代的作用。重视"三分治七分养"的理念，动静结合、医患合作，只有调动患者的积极性，才能恢复筋骨平衡。首推易筋经和"十二字养生功"自我锻炼。

4. 手法治疗

根据临床分型不同，临床特点和治疗方案也不同。

（1）侧突型。

椎间盘向椎管的后外侧方向突出即是侧突型，是腰椎间盘突出症中最为常见的突出类型，突出物小的直径为 5～6mm，如黄豆样隆起，大的直径可达 1cm，如指腹样突入椎管。可以将椎间盘突出的大小按其与椎管局部前后径的比例分为三度：轻度，突出物高起不超过局部椎管前后径的 1/3 者；中度，约占椎管前后径的 1/2 者；重度，超过椎管前后径的 1/2 者。

此型突出容易压迫刺激神经根，故临床常表现为典型的坐骨神经痛，以 L_4/L_5 突出最常见，其次为 L_5/S_1。临床特点为：①腿痛重，腰痛轻，疼痛呈单侧放射性，区域为臀部、大腿后外侧、小腿外侧至足跟部或足背；②疼痛可因咳嗽、大小便引起腹压增加时腿痛加重，患者为减轻疼痛采取腰前屈、屈髋位，卧位时取典型的弯腰侧卧屈髋屈膝的"三曲位"；③旋盆翘臀，腰椎活动受限，腰部棘突旁压痛伴下肢放射痛，直腿抬高并加强试验（＋），受累神经根支配区神经功能缺损；④CT 或 MRI（首选）证实突出与临床表现相符。

推拿治疗方案为"大推拿"术：①牵引法：仰卧位行骨盆牵引 15 分钟，牵引重量为 50kg；②抬腿压腿法：患者仰卧位，助手固定骨盆，术者立于患侧，将患肢抬高至 90°，一手扶膝，一手握足底下压 30 次，重复 3 次；③脊柱旋转法：患者侧卧，助手固定患侧肩部，患者屈膝屈髋（患侧在上），术者一手扶患侧膝部，一手扶臀部旋转腰脊 1 次；④后伸腿压腰法：俯卧位，术者以肘尖压患侧椎旁痛点，助手抱患者大腿向上提拉 1 次。如有脊柱侧凸，在向上提拉的同时向凸侧方向侧扳以纠正；⑤腰臀部肌筋膜痉挛者，以肘尖点弹痉挛处肌筋膜 1 分钟。

（2）中央型。

椎间盘向后方突出，居于椎管腔中央的突出类型，有别于向后外侧突出的侧突型。由于后纵韧带中央部分加强的原因，真正的后正中突出是极其少见的。临床认定的后中央型突出，其突破口也往往是在中央偏左或偏右，只是突出后占据椎管偏中央位置；另一种病变是单侧病变由小变大逐渐移至后纵韧带中央部分下，最终在偏中线侧出现。

此类型 L_4/L_5 或 L_5/S_1 多见，也可有高位突出。潜在的神经压迫主要是马尾和双侧神经根。临床表现有一定的特殊性。

1）双下肢痛或先一侧痛，后对侧也痛，或者双下肢交替痛。疼痛部位主要是腰背部和双侧大、小腿后侧。

2）麻木部位为双侧大、小腿及足跟后侧，以及会阴部。

3）肌力和反射：马尾受压明显的出现膀胱和肛门括约肌无力，踝反射消失或肛门反射消失。

4）CT 或 MRI（首选）证实突出与临床表现相符。

推拿治疗方案：中央型腰椎间盘突出症推拿治疗是沈氏推拿流派的一大突破，常规认为，此型突出极易使马尾受累，出现二便失禁、下肢瘫痪的严重后果。沈老在充分评估疾病和预后的情况下，对无明显马尾症状患者行"大推拿"术治疗，取得很好的疗效，未发生一例治疗后出现马尾压迫症状的案例。①牵引法：仰卧位行骨盆牵引 15 分钟，牵引重量为 50kg；②抬腿压腿法：患者仰卧位，助手固定骨盆，术者立于患侧，将患肢抬高至 90°，一手扶膝，一手握足底下压 30 次，重复 3 次；③脊柱旋转法：患者侧卧，助手固定患侧肩部，患者屈膝屈髋（患侧在上），术者一手扶患侧膝部，一手扶臀部旋转腰脊 1 次；④后伸蹬腿压腰法：俯卧位，术者以肘尖压患侧椎旁痛点，助手握住患者踝部，向后上提拉 1～2 次；⑤腰臀部肌筋膜痉挛者，以肘尖点弹痉挛处肌筋膜 1 分钟。

（3）神经根急性水肿期。

神经根急性水肿期腰椎间盘突出症是急诊，患者腰或下肢疼痛异常剧烈，日夜难卧。沈老认为，此型腰椎间盘突出症异常剧烈疼痛主要源于腰椎后关节的滑膜嵌顿，因滑膜有丰富的无髓神经纤维末梢，对刺激极其敏感，被刺激后产生强烈的肌肉痉挛和疼痛。因此治疗以解除滑膜嵌顿为首要目标，其次配合药物活血利水消炎，大大缩短了患者的康复疗程。

推拿治疗方案："一牵二扳三蹬腿"解除滑膜嵌顿。①患者俯卧位，助手按住患者两侧肩背部，医者双手握住患者两侧踝部，缓缓向后牵引，并持续 3～5 分钟，以腰背部肌肉逐渐放松为度；②取患者容易转侧卧位，屈髋屈膝约 90°，医者一手前臂置于患者上侧肩前部，另一手前臂置于上侧臀部，两手臂力量相反在腰部形成剪力，轻轻摇晃使其放松，活动到最大处时施以 5°闪动力，往往可以听到"咔嗒"声，表示手法复位成功；③俯卧位，术者以肘尖压患侧椎旁痛点，助手拿住患者踝部，向后上提拉 1～2 次。

（4）单纯髓核摘除术后复发。

腰椎间盘突出症术后复发是临床决策中的难点。复发的原因是多方面的，可以是腰椎稳定性破坏、椎间盘再突出、颈椎病等。沈老根据复发患者的影像学特点及临床特征，认为术后局部瘀血留滞、组织粘连、筋骨失衡是复发的关键病机。充分松解粘连，理筋正骨是治疗首务，也是推拿的优势。沈老在"大推拿"术的基础上，辨证施用，获得满意效果（图4-7）。目前治疗超过500余例患者，显效率达90.6%。

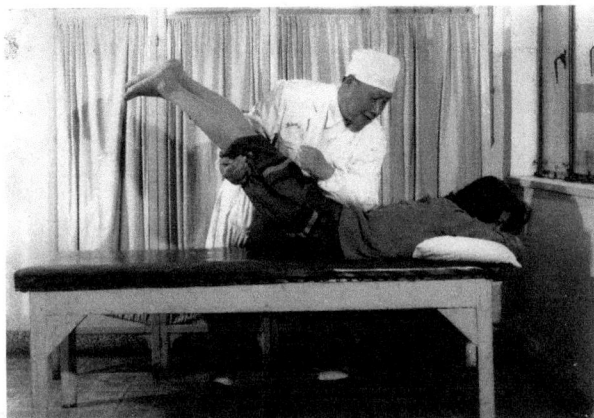

图4-7 沈老用"大推拿"术治疗腰椎间盘突出症

推拿治疗方案如下所述。

1）牵引法：仰卧位行骨盆牵引15分钟，牵引重量为50kg。

2）抬腿压腿法：患者仰卧位，助手固定骨盆，术者立于患侧，将患肢抬高至90°（图4-8），一手扶膝，一手握足底下压30次，重复3次（图4-9）。

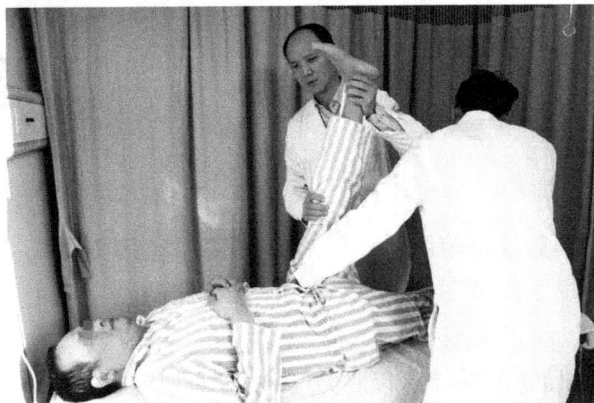

图4-8 抬腿压腿法1

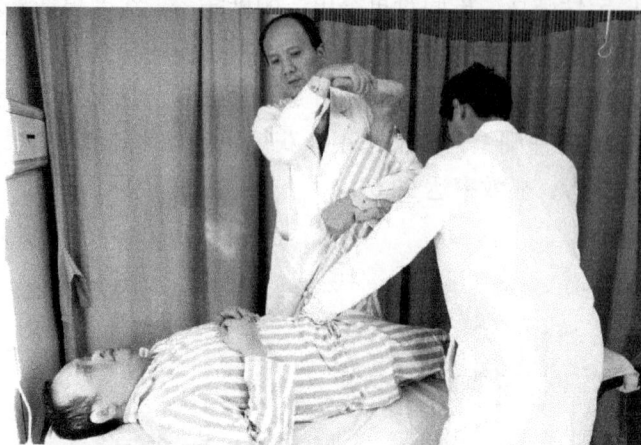

图 4-9　抬腿压腿法 2

3）脊柱旋转法：患者侧卧，助手固定患侧肩部，患者屈膝屈髋位，患侧在上，术者一手扶患侧膝部，一手扶臀部旋转腰脊 1 次（图 4-10）。

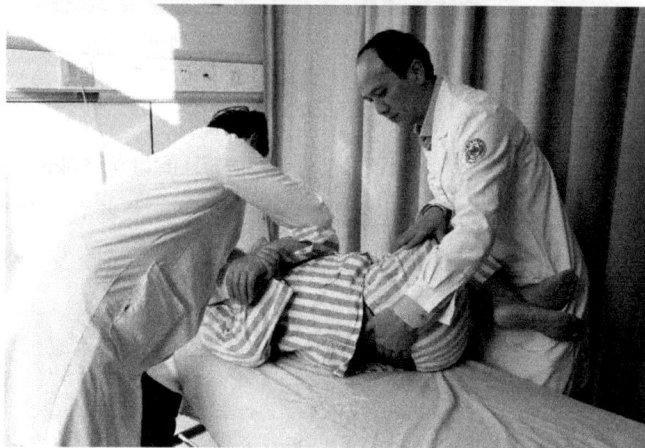

图 4-10　脊柱旋转法

4）后伸腿压腰法：俯卧位，术者以肘尖压患侧椎旁痛点，助手抱患者大腿向上提拉 1 次（图 4-11）。如有脊柱侧凸，在向上提拉的同时向凸侧方向侧扳以纠正（图 4-12）。

5）腰臀部肌筋膜痉挛者，以肘尖点弹痉挛处肌筋膜 1 分钟（图 4-13）。

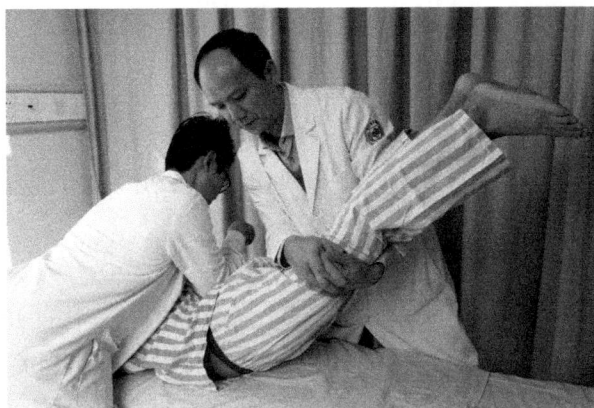

图 4-11　后伸腿压腰法 1

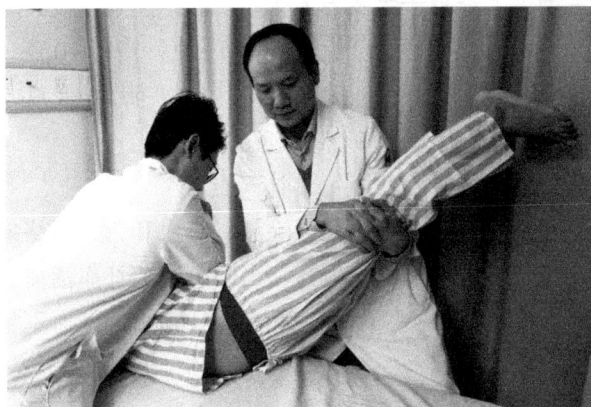

图 4-12　后伸腿压腰法 2

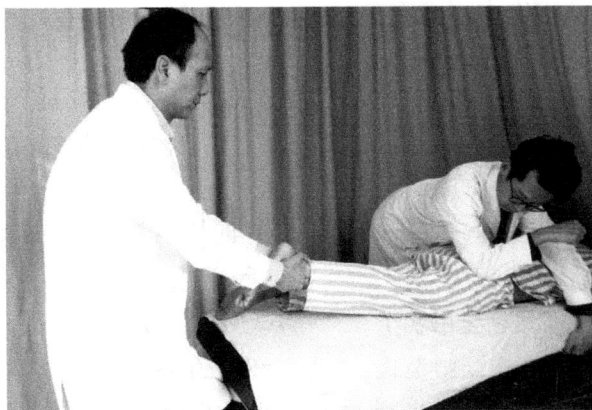

图 4-13　后伸腿压腰法 3

（七）沈老常用中药方剂

1. 身痛逐瘀汤（《医林改错》）

组成：当归 10 克，川芎 12 克，桃仁 10 克，红花 10 克，乳香 10 克，五灵脂 12 克，羌活 10 克，秦艽 10 克，制香附 12 克，川牛膝 12 克，广地龙 6 克，炙甘草 6 克。

功效：活血祛瘀，祛风除湿，通痹止痛。

临床应用：方中羌活、秦艽祛风除湿；桃仁、红花、当归、川芎活血祛瘀；乳香、五灵脂、制香附行气止痛；川牛膝、广地龙通经络利关节；炙甘草调和诸药。沈老以此方为主治疗瘀血挟湿、经络痹阻所致的颈、腰疼痛，痛势剧烈，夜间尤甚者。

2. 独活寄生汤（《备急千金要方》）

组成：独活 10 克，桑寄生 12 克，党参 12 克，当归 10 克，白芍 12 克，熟地 12 克，川芎 12 克，白术 10 克，秦艽 10 克，防风 12 克，桂枝 10 克，茯苓 15 克，杜仲 12 克，川牛膝 12 克，炙甘草 6 克。

功效：祛风湿，止痹痛，益肝肾，补气血。

临床应用：方中独活、桑寄生祛风除湿，养血和营，活络痛痹；川牛膝、杜仲、熟地补益肝肾、强筋壮骨；川芎、当归、白芍补血活血；党参、茯苓、炙甘草益气健脾。沈老以此方主治痹病日久，肝肾两虚，气血不足的腰膝疼痛，痿软，肢节屈伸不利，麻木不仁者。

3. 补阳还五汤（《医林改错》）

组成：生黄芪 30 克，当归 10 克，赤芍 12 克，川芎 12 克，地龙 10 克，红花 10 克，桃仁 10 克。

功效：补气活血通络。

临床应用：重用生黄芪大补脾胃之元气，使其气血旺盛，瘀去络通；当归养血活血；赤芍、川芎、桃仁、红花活血化瘀；地龙通经活络。沈老应用此方主治气虚血瘀所致的颈腰疼痛、麻木不仁、肌肉消瘦、软弱无力，以麻木为主者。可见皮肤干燥少泽，心烦痞闷，面色不华，倦怠少气，舌质紫暗，脉弦细或细涩。

4. 左归丸（《景岳全书》）

组成：熟地 12 克，山萸肉 12 克，怀山药 18 克，枸杞子 12 克，川牛膝 12 克，炙龟板 10 克，鹿角片 12 克，菟丝子 12 克。

功效：滋阴补肾，填精益髓。

临床应用：方中熟地、怀山药、山萸肉补益肝肾阴血，炙龟板、鹿角片为血肉有情之品，两味合用，峻补精血，调和阴阳；菟丝子、枸杞子、川牛膝补肝肾，强腰膝，健筋骨。沈老应用此方主治真阴不足、精髓亏虚所致的腰膝酸软、头晕目眩者。

5. 右归丸（《景岳全书》）

组成：当归 10 克，熟地 12 克，山萸肉 12 克，怀山药 18 克，枸杞子 12 克，制附片 10 克，桂枝 10 克，杜仲 12 克，鹿角片 12 克，菟丝子 12 克。

功效：温补肾阳，填精益髓。

临床应用：方中制附片、桂枝、杜仲、鹿角片、菟丝子温补肾阳；当归、枸杞子、熟地、怀山药、山萸肉滋阴养血。沈老应用此方主治肾阳不足，命门火衰，神疲气怯，畏寒肢冷，肢节痹痛，周身浮肿者。

（八）典型验案

验案 1　患者，男，45 岁，驾驶员。腰痛伴右侧下肢痛 1 个月。无明显诱因和外伤。既往否认其他内科疾病病史。曾到其他医院就诊，予以中药、推拿、针灸等治疗，效果欠佳。查体：旋盆翘臀，被动体位，跛行，$L_4 \sim L_5$ 右侧椎旁压痛伴下肢放射，右侧直腿抬高试验 30°，交替征（＋），右侧小腿外侧皮肤感觉减退，跟腱反射减弱。舌暗红苔薄白，脉弦紧。

X 线检查：腰部生理曲度消失，轻度骨质增生。

MRI：L_4/L_5 椎间盘右后突出，继发性椎管狭窄。

西医诊断：腰椎间盘突出症。

中医诊断：腰腿痛（气滞血瘀型）。

沈氏治疗方案：

（1）推拿疗法："大推拿"术。

1）牵引法：仰卧位行骨盆牵引 15 分钟，牵引重量为 50kg。

2）抬腿压腿法：患者仰卧位，助手固定骨盆，术者立于右侧，将患肢抬高至 90°，一手扶膝，一手握足底下压 30 次，重复 3 次。

3）脊柱旋转法：患者仰卧，助手固定患侧肩部，患者屈膝屈髋位，术者站于健侧，一手扶患侧膝部，一手扶臀部旋转腰脊 1 次。

4）后伸腿压腰法：俯卧位，术者以肘尖压右侧椎旁痛点，助手抱患者大腿向上提拉并向凸侧方向侧扳以纠正。

浙江中医临床名家・沈景允

5）腰臀部肌筋膜痉挛者，以肘尖点弹痉挛处肌筋膜 1 分钟。

（2）中药内服：身痛逐瘀汤加减。

当归 10 克，川芎 12 克，桃仁 10 克，红花 10 克，乳香 10 克，五灵脂 12 克，秦艽 10 克，制香附 12 克，川牛膝 12 克，广地龙 10 克，炙甘草 6 克。7 剂。

疗效：行"大推拿"术治疗 1 次，1 周后疼痛明显减轻，直腿抬高试验双侧为 70°，椎旁压痛减轻。1 周后每日推拿 1 次，每次 20 分钟，牵引每日 1 次，牵引重量为 25kg。2 周后症状缓解 80%。后期恢复时嘱患者加强颈肩背肌功能锻炼，中药改用独活寄生汤以巩固疗效，4 周后痊愈。

验案 2 患者，男，55 岁，个体私营主。

腰椎间盘突出症术后 3 年复发，伴右侧腰腿痛麻 3 个月。3 年前因右侧腰腿痛拟"腰椎间盘突出症"行"L_4/L_5 髓核摘除术"，术后症状缓解，平素劳累后腰部酸痛，不能胜任原先的工作。3 个月前无明显外伤及诱因下右侧腰腿痛再发。予以口服消炎药、中药、牵引推拿疗效不佳。既往否认其他内科疾病病史。查体：腰部活动功能受限，腰部生理曲度消失，L_4/L_5 右侧椎旁压痛，直腿抬高试验右侧为 40°，左侧为 70°，右侧小腿外侧皮肤感觉减退，跟腱反射减弱。舌暗苔薄黄，脉涩。

X 线检查：腰部生理曲度消失，椎体前后缘骨质增生。

MRI：L_4/L_5 椎间盘右后突出样改变，继发性椎管狭窄。

西医诊断：腰椎间盘突出症术后。

中医诊断：腰腿痛（气滞血瘀型）。

沈氏治疗方案：

（1）推拿疗法："大推拿"术。

1）牵引法：仰卧位行骨盆牵引 15 分钟，牵引重量为 50kg。

2）抬腿压腿法：患者仰卧位，助手固定骨盆，术者立于右侧，将患肢抬高至 90°，一手扶膝，一手握足底下压 30 次，重复 3 次。

3）脊柱旋转法：患者仰卧，助手固定患侧肩部，患者屈膝屈髋位，术者站于健侧，一手扶患侧膝部，一手扶臀部旋转腰脊 1 次。

4）斜扳法：右侧在上侧卧位，行 3～5 次最大幅度斜扳，以松解粘连。

5）后伸腿压腰法：俯卧位，术者以肘尖压右侧椎旁痛点，助手抱患者大腿向上提拉并向凸侧方向侧扳以纠正。

6）腰臀部肌筋膜痉挛者，以肘尖点弹痉挛处肌筋膜 1 分钟。

（2）中药内服：独活寄生汤加减。

独活 10 克，桑寄生 15 克，党参 12 克，当归 10 克，白芍 12 克，熟地 12 克，川芎 12 克，白术 10 克，秦艽 10 克，防风 12 克，黄柏 10 克，茯苓 15 克，杜仲 12 克，川牛膝 12 克，炙甘草 6 克。7 剂。

疗效：行"大推拿"术治疗 1 次，1 周后疼痛明显改善，直腿抬高试验双侧为 70°。1 周后每日推拿 1 次，每次 20 分钟，牵引每日 1 次，牵引重量为 28kg。2 周后症状缓解 90%。后期恢复时嘱患者加强颈肩背肌功能锻炼，中药续用独活寄生汤以巩固疗效，5 周后痊愈。

验案 3 患者，男，50 岁，公司职员。

腰痛伴双侧下肢交替痛半年，症状加重，并左下肢痛麻 2 周。既往否认其他内科疾病病史。查体：腰部活动功能受限，腰部生理曲度消失，L_5/S_1 左侧椎旁压痛，叩击痛（＋），伴下肢放射，双侧直腿抬高试验均为 70° 以上，肌力正常。舌淡苔薄白，脉沉细。

X 线检查：腰部生理曲度消失，椎体前后缘骨质增生，L_5/S_1 椎间隙变窄。

MRI：L_5/S_1 椎间盘中央突出，继发性椎管狭窄。

西医诊断：腰椎间盘突出症（中央型）。

中医诊断：腰腿痛（气虚血瘀型）。

沈氏治疗方案：

（1）推拿疗法："大推拿"术。

1）牵引法：仰卧位行骨盆牵引 15 分钟，牵引重量为 50kg。

2）抬腿压腿法：患者仰卧位，助手固定骨盆，术者立于左侧，将患肢抬高至 90°，一手扶膝，一手握足底下压 30 次，重复 3 次。

3）脊柱旋转法：患者仰卧，助手固定患侧肩部，患者屈膝屈髋位，术者站于右侧，一手扶患侧膝部，一手扶臀部旋转腰脊 1 次。

4）后伸压腰蹬腿法：俯卧位，术者以肘尖压左侧椎旁痛点，助手拿左侧踝关节向上提拉 2 次。

5）腰臀部肌筋膜痉挛者，以肘尖点弹痉挛处肌筋膜 1 分钟。

（2）中药内服：补阳还五汤加减。

生黄芪 30 克，当归 10 克，赤芍 12 克，川芎 12 克，地龙 10 克，红花 10 克，桃仁 10 克，党参 15 克，茯苓 15 克，熟地 15 克，白芍 15 克，甘草 6 克。7 剂。

疗效：行"大推拿"术治疗 1 次，1 周后疼痛明显改善。1 周后每日推拿 1 次，每次 20 分钟，牵引每日 1 次，牵引重量为 25kg。2 周后症状缓

浙江中医临床名家·沈景允

解 90%。后期恢复时嘱患者加强颈肩背肌功能锻炼，续用六味地黄丸 3 个月以巩固疗效，5 周后痊愈，3 年后随访未复发。

二、腰椎管狭窄症

腰椎管狭窄症（lumbar spinal stenosis，LSS）是指由于先天或后天因素所致的腰椎椎管或椎间孔狭窄，进而引起腰椎神经组织受压，血液循环障碍，出现以臀部或下肢疼痛、神经源性跛行、伴或不伴腰痛症状的一组综合征。腰椎管狭窄症是引起中老年人腰腿痛的常见原因之一，其发病率仅次于腰椎间盘突出症，居椎管内疾病第二位。随着我国人口老龄化的发展，腰椎管狭窄症的发病率逐渐增加，严重影响中老年人的生活质量。本病是临床疑难病症，首选非手术治疗，中医药在此病的治疗上有独特的优势，临床上应用甚为广泛。

（一）西医发病机制

目前普遍认为本症发生的原因是在椎管先天发育狭小的基础上，因椎骨退变增生，导致椎管容量进一步狭小，压迫其中的神经根或马尾产生病症。由于椎间盘及小关节的退变致椎间盘向后膨隆，上下关节突增生，关节囊松弛，椎体失稳、滑脱，加之椎体后缘增生，黄韧带肥厚等使主椎管、侧隐窝和椎间孔的狭窄，压迫马尾神经及神经根，造成局部微静脉和毛细血管瘀滞，静脉回流不畅，导致神经组织缺血、缺氧及代谢产物聚积而诱发疼痛等临床症状。因此，除先天发育及创伤等因素外，腰椎退行性变和失稳是其发病的主要原因。本症与椎间盘突出并存的概率很高，据文献报道为 20% ～ 60%。

腰椎管狭窄症临床分为中心型狭窄和周围部（侧隐窝及椎间孔）狭窄两类。中心型狭窄的临床症状与中央型腰椎间盘突出有相似之处，侧隐窝狭窄与后外侧型椎间盘突出相似或并存。

1. 腰椎管中心型狭窄

发病年龄在中年以上，起病缓慢。其主症是腰痛、腿痛和间歇性跛行。疼痛的特点是：腰痛主要在下腰部，站立行走时加重，坐位及侧卧屈膝屈髋位减轻；腿痛主要为腰骶神经根受压所致，常累及两侧，表现为一侧重一侧轻，咳嗽时不加重，步行时加重，伴有下肢感觉异常、乏力，又称为神经根源性间歇性跛行。

症状多，体征少是本症的特点之一。与腰椎间盘突出症常见的脊柱平坦或侧凸不同，本症少见或多较轻。直腿抬高试验为阴性。感觉障碍发生于 L_5 或 S_1 神经支配区，但不完全。跟腱反射减弱或消失是本症有价值的体征。

X 线检查示腰椎关节突增生，下关节间距缩小。CT 或 MRI 显示矢状径＜15mm。临床确诊依据为典型临床症状加上矢状径 ≤ 15mm。

2. 侧隐窝狭窄

病程长，近期加重。发病年龄较腰椎间盘突出症大。坐骨神经痛，活动在某一特定姿势时加重，可以累及一条或多条神经根，直腿抬高试验阴性，可以有间歇性跛行。一般认为，坐骨神经痛 40 岁以下者椎间盘突出多见，40～50 岁者椎间盘突出与侧隐窝狭窄骨性嵌压参半，50 岁以上者骨性嵌压刺激者多见。

侧隐窝仅见于 L_4/L_5 和 L_5/S_1 节段，其构成前位椎体及椎间盘，后为上关节突、关节囊及黄韧带，外侧为椎弓根，内为硬膜囊，向下外即为椎间孔内口，内含神经根袖和神经根。前后径正常为 ≥ 5mm，≤ 3mm 为狭窄。侧隐窝狭窄多见于三叶形椎管，因为前后径本来就小，加之关节突增生及上关节因椎间盘变窄而上移，神经根易受压。CT 可以显示关节突增生及侧隐窝狭窄的程度。

（二）中医病因病机

本病属于中医学"腰腿痛""痹病"范畴，其病因病机，《杂病源流犀烛》指出："腰痛精气虚，而邪客痛也……肾虚其本也，风寒湿热痰饮，气滞血瘀闪挫其标也"。《诸病源候论》云："夫劳伤之人，肾气虚损，而肾主腰脚，其经贯肾络脊，风邪乘虚，卒入肾经，故卒然而患腰痛。"可见此病以肾虚为内因，风寒湿邪、外伤、慢性劳损为外因。其病机以肾虚不固、痹阻经络、筋骨失衡、气滞血瘀、营卫不和为主，以致腰腿经脉痹阻不通而产生疼痛。

（1）肾气不足：肾主骨生髓，肾精气不足，无以充养骨髓，则骨骼发育异常；肾气虚弱，气虚血瘀，阻滞经络，致经脉闭阻，营卫不得宣通，经络失养则出现麻痹疼痛，久行而跛。

（2）风寒湿邪侵袭：督脉和足三阳经循行于腰背部，风寒湿邪乘虚而入，导致经络痹阻，气血凝滞，筋脉拘紧。

（3）外伤劳损：外伤失治、慢性劳损致气血瘀滞，加之肾精不足，筋骨失于濡养，则易致筋骨失衡，骨缝开错，经络受损，成为发病的关键病理环节。

综上所述，中医对此病的认识为肾精不足为本，痹阻经络、气虚血瘀、

筋骨失衡为主要病机。

（三）诊断标准

本病诊断主要依赖症状和影像学特征。本病症状重、体征轻。诊断时要结合症状、体征和影像学特征综合考虑，并排除其他疾病。特别要与血管源性间歇性跛行相鉴别。

（四）鉴别诊断

间歇性跛行常是本症的主要症状特征，但并非诊断腰椎管狭窄症的金标准，其他神经根受压、血管病变也可出现典型的间歇性跛行症状，在临床实践中，必须加以鉴别。

（1）下肢深静脉栓塞：表现为下肢疼痛，站立、行走后加剧，平卧休息后可以缓解，但通常是一侧下肢突然发生肿胀，涉及小腿或大腿。血管 B 超可以明确诊断。

（2）下肢静脉曲张：可以表现为下肢疼痛，但常伴有皮肤瘙痒、干燥，可见皮肤明显的静脉迂曲、隆起和扩张，呈蚯蚓状，甚至溃烂。

（3）闭塞性动脉硬化症：是动脉粥样硬化导致动脉管腔狭窄乃至闭塞后出现的一系列临床症状及体征，多发于股部及盆腔动脉。其危险因子包括血脂异常、血压增高、肥胖及糖尿病等，好发于 45 岁以上中老年人。早期临床表现为间歇性跛行，下肢疼痛、麻木，但伴有血运障碍，皮温降低、怕冷，下肢远端尤其是趾端皮肤苍白，足背动脉搏动微弱。股动脉 B 超和数字减影血管造影（DSA）可以协助明确诊断。

（4）血栓闭塞性脉管炎：又称 Buerger 病，好发于有吸烟史的青壮年男性，为主要侵犯下肢中小动脉的炎症性、节段性的慢性闭塞性疾病，典型临床表现为肢体发凉、麻木、运动时疼痛、休息时疼痛、皮肤苍白、动脉搏动减弱或消失、长时间出现肌肉萎缩。该病由自身免疫反应触发，吸烟在其发病和进展的整个病程中均起重要作用。可通过下肢动脉彩色多普勒超声、下肢血流分析及 DSA 等检查以鉴别。

（五）沈氏腰椎管狭窄症治疗体系

1. 肾精不足为内因，补肝肾壮筋骨是治疗之本

肾气不足包括先天不足和后天肾精失养。肾藏精，主骨生髓，主人体生长发育。《灵枢·经水》云："人始生，先成精，精成而脑髓生，骨为干，脉为营，筋为刚，肉为墙，皮肤坚而毛发长"，说明骨的生长发育要依赖于肾中精气的濡养。

《素问·上古天真论》云："三八肾气平均，筋骨劲强""四八筋骨隆盛，肌肉满壮；五八肾气衰，发堕齿槁；六八阳气衰竭于上""七八肝气衰，筋不能动，天癸竭，精少，肾脏衰，形体皆极；八八则齿发去"。随着年龄的增长，肾中精气逐渐衰竭，主骨生髓的生理功能亦见衰退。"腰者肾之府，转摇不能，肾将惫矣""骨者髓之府，不能久立，行将振掉，骨将惫矣"。以上说明年龄与肾精不足之间的重要关系，肾精不足是导致腰腿痛及不能久立就行的主要病因。

腰椎管狭窄症往往起病慢，病情迁延，易久病入络，督脉失调，表现为肾虚血瘀的病理变化，也是此症影响二便功能异常的病机。

基于上述病机，沈老在临证时强调补益肾精为要，手法轻柔点按补肝肾壮筋骨，中药内服辨证施治以六味地黄丸为基本方加减。

2. 筋骨失衡、痹阻经络是外因

由于肝肾亏虚，筋骨失于濡养，复加慢性劳损累及腰部经脉，局部出现血瘀气滞、筋骨失衡的病理状态，腰部稍有不慎则极易筋出槽，进而骨缝开错，进一步筋脉瘀滞不通，出现腰腿疼痛。久之瘀血粘连，使椎管腔进一步减小，出现症状。因此，急慢性损伤是腰椎管狭窄症出现腰腿痛的诱发因素。

本症以虚为本。《诸病源候论》云："夫劳伤之人，肾气虚损，而肾主腰脚，其经贯肾络脊，风邪乘虚，卒入肾经，故卒然而患腰痛。"对慢性腰部劳损之人，脉络空虚，正气不足，易感风寒湿邪，痹阻经络，营卫不得宣通，经络失养则出现麻痹疼痛，久行而跛。

因此，沈老认为，筋骨失衡，瘀滞、风邪痹阻经络是腰椎管狭窄症发病的重要病机。在治疗上强调活血化瘀、祛风通络的基础上，采用手法理筋正骨是沈氏推拿流派的治疗特色，取得了很好疗效。

3. 未病先防，重在壮腰、减少腰部慢性劳损

腰椎管狭窄症是临床疑难病，一旦出现下肢疼痛及典型间歇性跛行，治疗较为棘手，恢复相对缓慢。而且患者的影像学检查常表现有明显的骨赘形成、椎间盘膨（突）出、黄韧带肥厚、侧隐窝狭小等"硬性"狭窄，非手术疗法改变困难。因此，未病先防，已病防变，对防止进一步加重成肌肉萎缩、截瘫具有重要意义。

脊柱稳定性的保护和功能锻炼非常重要：①久坐是腰部慢性劳损最主要的原因。对长时间坐位工作的人群，强调定时活动、腰背部拉伸，减少腰部肌肉劳损，多做抱膝动作。正确调节工作台和电脑与眼睛的角度。坚持练习易筋经。②腰部屈曲、腰背肌功能锻炼，包括抬腿、"五点支撑""燕飞式"。腰椎屈曲可使腰椎后方间隙变大，椎管容量和横截面相对扩大，减轻椎管内压力，改善微循环。腰背肌耐力增强能提高脊柱的稳定性，减轻脊椎退行性病变的进程，也通过减轻椎间盘压力避免椎间盘膨（突）出。

改善日常习惯，加强腰部肌肉功能锻炼是预防和延缓腰椎病发生和发展的有效方法，也是治疗早期腰椎管狭窄症的有效措施。

4. 手法治疗

本症临床分型不同，临床特点和治疗方法也不同。

（1）腰椎管中心狭窄。

此类型患者的临床特点是年龄大、主诉多、体征少、典型的间歇性跛行，影像学检查示退行性改变明显，椎管腔明显狭窄。体征主要有双侧腰肌张力增高，腰部生理曲度加深。推拿疗法能缓解肌肉痉挛，腰骶角变小，恢复脊柱正常姿态；改善血液循环，减轻局部瘀血，加速局部炎性介质及致痛因子的转运，并可以扩大椎管。手法以轻柔为主。

采用"三步法"治疗中心狭窄型腰椎管狭窄症。具体步骤如下所述。第一步：俯卧位。术者在脊柱两侧足太阳膀胱经线上，来回反复施以滚法；点按两侧肾俞穴，以及三焦俞、气海俞、大肠俞、关元俞穴；弹拨腰背部两侧软组织。第二步：仰卧位屈膝屈髋，术者双手扶住双膝，缓慢用力下按，逐渐加力，配合摇双膝带动腰椎活动，直至双膝能贴近腹部。第三步：俯卧位腹部垫枕。术者双手反复按压患者骶部，以纠正腰骶角过大。

（2）侧隐窝狭窄。

此型腰椎管狭窄症患者年纪相对较轻，有典型的坐骨神经痛伴间歇性跛行临床表现。体征相对较多阳性发现，包括椎旁肌张力增高、棘突旁压痛或伴有下肢放射痛，但直腿抬高试验阴性。CT 表现为侧隐窝前后径 ≤ 3mm 为狭窄，关节突增生及上关节因椎间盘变窄而上移，神经根受压。

此型腰椎管狭窄症符合"骨错缝"病理特点，推拿治疗方法如下所述。①牵引法：仰卧位行骨盆牵引 15 分钟，牵引重量为 50kg；②抬腿压腿法：患者仰卧位，助手固定骨盆，术者立于患侧，将患肢抬高至 90°，一手扶膝，一手握足底下压 30 次，重复 3 次；③脊柱旋转法：患者侧卧，助手固定患侧肩部，患者屈膝屈髋（患侧在上），术者一手扶患侧膝部，一手扶臀部旋转腰脊 1 次；④后伸蹬腿压腰法：俯卧位，术者以肘尖压患侧椎旁痛点，助手拿住患者踝部，向后上提拉 1～2 次；⑤腰臀部肌筋膜痉挛者，以肘尖点弹痉挛处肌筋膜 1 分钟。

（六）沈老常用中药方剂

1. 六味地黄丸（《小儿药证直诀》）

组成：熟地黄 30 克，山萸肉 15 克，牡丹皮 10 克，山药 15 克，茯苓 15 克，泽泻 10 克。

功效：滋阴补肾。

临床应用：方中重用熟地黄滋阴补肾，填精益髓，为君药。山萸肉补养肝肾，山药补益脾阴，共为臣药。三药相配，可滋养肝脾肾，称为"三补"。配伍泽泻利湿泄浊，防熟地黄之滋腻恋邪；牡丹皮清泻相火，制山萸肉之温涩；茯苓淡渗脾湿，并助山药之健运。此三药为"三泻"。六味合用，三补三泻，以补为主；肝脾肾三阴并补，以补肾阴为主。沈老常以此为基本方，对腰膝酸软的腰椎管狭窄症患者，根据阴阳不足之偏颇，加减施治。如偏于真阴不足，则加枸杞子 12 克、炙龟板 10 克、菟丝子 12 克、川牛膝 12 克；如偏于肾阳不足，畏寒肢冷，则加桂枝 10 克、杜仲 12 克、鹿角片 12 克、菟丝子 12 克、制附片 10 克、淫羊藿 15 克。伴有风湿痹阻，加海桐皮 20 克、独活 10 克、鸡血藤 30 克。

2. 补阳还五汤（《医林改错》）

组成：生黄芪 30 克，当归 10 克，赤芍 12 克，川芎 12 克，地龙 10 克，红花 10 克，桃仁 10 克。

功效：补气活血通络。

临床应用：重用生黄芪大补脾胃之元气，使其气血旺盛，瘀去络通；当归养血活血；赤芍、川芎、桃仁、红花活血化瘀；地龙通经活络。沈老应用此方主治腰病气虚血瘀所致的疼痛、麻木不仁、软弱无力，以麻木为主，舌质紫暗，脉弦细或细涩。伴有明显间歇性跛行者，加僵蚕 10 克，蝉衣 6 克；下肢麻木显著者，加全虫 6 克，乌梢蛇 12 克。

（七）典型验案

患者，男，55 岁，工人。左侧腰腿痛伴间歇性跛行 1 年余。既往否认

其他内科疾病病史。查体：腰部活动功能基本正常，腰部生理曲度消失，椎旁肌张力增高，L_4/L_5 棘突旁压痛或伴有下肢放射痛，直腿抬高试验阴性。舌淡苔薄白，脉沉细。

X 线检查：腰部生理曲度消失，椎体前后缘骨质增生，L_5/S_1 椎间隙变窄。

CT：患侧 L_4/L_5 节段隐窝前后径为 3mm，神经根受压。

MRI：L_4/L_5 椎间盘左后突出，继发性椎管狭窄。

西医诊断：腰椎管狭窄症（侧隐窝狭窄）。

中医诊断：腰腿痛（气虚血瘀型）。

沈氏治疗方案：

（1）推拿疗法："大推拿"术。

1）牵引法：仰卧位行骨盆牵引 15 分钟，牵引重量为 50kg。

2）抬腿压腿法：患者仰卧位，助手固定骨盆，术者立于左侧，将患肢抬高至 90°，一手扶膝，一手握足底下压 30 次，重复 3 次。

3）脊柱旋转法：患者仰卧，助手固定患侧肩部，患者屈膝屈髋，术者站于右侧，一手扶患侧膝部，一手扶臀部旋转腰脊 1 次。

4）后伸压腰蹬腿法：俯卧位，术者以肘尖压左侧椎旁痛点，助手拿左侧踝关节向上提拉 2 次。

5）腰臀部肌筋膜痉挛者，以肘尖点弹痉挛处肌筋膜 1 分钟。

（2）中药内服：补阳还五汤加减。

生黄芪 30 克，当归 15 克，赤芍 12 克，川芎 12 克，地龙 10 克，红花 10 克，桃仁 10 克，党参 15 克，茯苓 15 克，熟地 15 克，白芍 15 克，甘草 6 克，山茱萸 15 克。7 剂。

疗效：行"大推拿"术治疗 1 次，1 周后疼痛明显改善。1 周后每日推拿 1 次，每次 20 分钟，牵引每日 1 次，牵引重量为 25kg。2 周后症状缓解 60%。后期恢复时嘱患者加强颈肩背肌功能锻炼，中药续用补阳还五汤 4 周以巩固疗效，5 周后痊愈，2 年后随访未复发。

三、急性腰扭伤

急性腰扭伤（acute lumbar back pain，ALBP）又称为腰椎小关节紊乱症，是指腰骶和腰椎两侧肌肉、筋膜、小关节结构突受闪挫、过多牵拉或超负荷承载等外力造成的损伤，引起腰部剧烈疼痛及严重功能障碍的一种急性病症。

其多见于青壮年、体力劳动者、运动员、久坐缺乏运动者。急性腰扭伤是推拿疗法的优势病种，有立竿见影的疗效。

（一）西医发病机制

急性腰扭伤累及的部位在腰部肌肉、韧带软组织，也可以在腰椎小关节，常导致软组织和小关节同时损伤。也有学者认为急性腰扭伤是腰椎软组织、腰椎小关节和骶髂关节三者同时损伤。但考虑到骶髂关节损伤有其特有的临床表现和治疗方法，一般将其分而讨论施治。

急性腰扭伤的致病原因有：①明显外伤史。常搬重物时腰骶部体位不当、两人共同抬重物时配合不佳、生活中跌跤摔倒等引起。②无明显外伤史。常因生活中突然间的腰部扭转、弯腰和挺腰等体位改变，弯腰扫地、刷牙洗脸、咳嗽、打喷嚏等不经意的动作引起。③身体疲劳。常因不良姿势久坐、长时间弯腰劳动、长途出差后，腰部肌肉疲劳，稳定性下降引发。④腰椎退变。主要是椎间盘退变后小关节的退变和韧带、关节囊等支持结构松弛，导致关节活动度增加。其中以 L_4/L_5、L_5/S_1 小关节最为明显，45 岁以上小关节炎发生率高达 60%。腰椎退变是急性腰扭伤、急性腰椎小关节紊乱的重要内因，常在做某一运动时因腰椎小关节不稳发生紊乱甚至半脱位。⑤解剖生理变异。因腰骶部解剖结构异常（23%～32% 的人腰椎小关节不对称）或女性内分泌改变（经期、妊娠、产后、哺乳期因激素水平改变致韧带、关节囊松弛）等引起。

急性腰扭伤的病理：①腰骶部肌肉等软组织不同程度撕裂伤，产生炎性反应，甚至水肿；②软组织损伤同时，由于创伤代谢产物及周围丰富的末梢神经的刺激，使局部肌肉尤其是深层次肌肉处于痉挛状态，此时，肌纤维持续收缩，代谢产物增加，加之静脉回流受阻，瘀血加重。③由于脊柱两侧小关节受到肌肉强力牵拉造成关节错动，使小关节解剖位置发生改变，甚至因关节内负压将小关节滑膜嵌顿于关节间隙，引发剧烈疼痛。

因为腰骶部位于躯干和骨盆交界处，活动多、范围最大，变异畸形也多，故腰骶部肌肉和 L_5/S_1 小关节容易遭受损伤和错位，为临床常见。

（二）中医病因病机

中医学把急性腰扭伤归属"瘀血腰痛""腰伤筋""骨错缝"范畴。其多因突然扭挫而致腰部筋经损伤，骨缝开错，气血凝滞，经脉受损，不通则痛而发病。中医对急性腰扭伤有较深刻的认识，《金匮翼》云："瘀血腰痛者，

闪挫及强力举重得之……若一有损伤，则血脉凝涩，经络壅滞，令人卒痛不能转侧"，故有"闪腰"之称。《医部全录》说："腰脊者，身之大关节也，故机关不利而腰不可以转也。"又有"椎骨错缝"之称。《诸病源候论》云："夫劳伤之人，肾气虚损，而肾主腰脚，其经贯肾络脊，风邪乘虚，卒入肾经，故卒然而患腰痛"。可见，急性腰扭伤也可见于有慢性劳损、肾气不足之人，筋骨失养，脉络亏虚，风邪入络，复加疲劳，稍有活动不慎而发急性腰痛。此类情况更符合现代人的发病特点。

（1）气滞血瘀型：多在闪挫后或暴力外伤后出现，腰部疼痛，不能转侧俯仰，活动严重受限，常呈前倾强迫位，痛苦表情，行走困难。较重者临床特征是腰部僵直剧痛，轻微的活动甚至说话、呼吸等都感到腰痛难忍，表情极其痛苦，活动和行走受限。轻微闪挫引起的急性腰扭伤则表现为当日轻微腰痛，活动伴交锁感，但次日疼痛明显加重，不能起床。舌质紫，苔薄白，脉弦滑。此类可见于骶棘肌或腰背筋膜自起止点处撕裂、断裂、腰椎后关节紊乱或关节突关节滑膜嵌顿。急性腰扭伤治疗不当，能长期疼痛不愈，后转为慢性腰痛。

（2）肾虚痹阻型：多见于中老年人，或长期久坐、活动较少人群。筋骨失养，肌肉萎缩，脊柱稳定性下降，动静力平衡失调，抗外伤能力不足；脉络空虚，痹阻经络，气血不通，则筋骨更失于濡养。稍有不慎，则气机阻滞，不通则痛，活动受限。腰痛较缓，常伴有腰膝酸软、头晕耳鸣、舌淡、苔薄白、脉沉细。此类可见于腰椎后关节紊乱、肌肉痉挛者。

（三）诊断依据

根据病史、症状和体征，并结合X线检查，诊断本病并不困难。除腰部扭伤等外伤史外，应询问有无突然改变体位、腰部疲劳等病史；其特点是腰痛并活动受限，不能翻身，弯腰或挺脊困难，常保持一定强迫姿势，改变体位时腰痛加重，一般无下肢疼痛或麻木。

检查时应注意腰部僵硬感和肌痉挛，压痛点在棘突旁、棘突上、棘突间、腰骶关节等处，偏歪的棘突有压痛。要注意可能腰痛主诉点比损伤关节偏低2～3个椎骨平面的情况。X线表现为腰部生理曲度消失或侧凸。

（四）鉴别诊断

本症主要与腰椎间盘突出症相鉴别。两者均有腰痛，活动受限，但腰椎间盘突出症外伤史并不明显，可有下肢的放射痛、麻木、肌肉萎缩等，压痛点多在椎旁，叩击痛明显，曲颈试验、直腿抬高试验及加强试验阳性，有神经缺失现象。但临床上出现反复急性腰扭伤腰痛者需要做腰椎 CT 或 MRI 检查排除腰椎间盘突出症的可能。

（五）沈氏急性腰扭伤治疗体系

1. "骨缝开错"是关键病机和治疗靶点

通过大量的临床实践，反复验证得出："骨缝开错"是急性腰痛发作的关键病机，并以此作为诊治思路和操作靶点获立竿见影之疗效。《灵枢·经筋》曰："经筋为病，寒者反折筋急，热者弛纵不收，阴痿不用。养急则反折，阴急则俯不伸。"中医认为"经筋"病与腰痛病密切相关；但《素问·痿论》中论到："宗筋主束骨而利关节也。"指出生理状态下"经筋"具有维持关节稳定的功能。病理状态下，"经筋为病"则易"骨缝必错"。《医宗金鉴·正骨心法要旨》说："先受风寒，后被跌打损伤者，瘀聚凝结，若脊筋陇起，骨缝必错，则成伛偻之形。"这些论述说明，急性腰痛患者"经筋为病"在先，但此阶段不一定有明显的腰痛、活动欠利症状，唯当累及关节，"骨缝开错"、气滞血瘀时方明显发病为患。

《医宗金鉴·正骨心法要旨》中明确提出："手法者，正骨之首务。"因此，推拿是"骨缝开错"最重要的治疗方法，是最能体现中医优势的特色疗法。

2. "筋骨失衡、痹阻经络"是发病的重要基础

中老年是急性腰痛的易发人群,这与此年龄段的生理特征相关。《素问·上古天真论》云："女子……四七筋骨坚，发长极，身体盛壮；五七阳明脉衰，面始焦，发始堕""丈夫……四八筋骨隆盛，肌肉满壮；五八肾气衰，发堕齿槁……七八肝气衰，筋不能动"。说明女子 35 岁、男子 40 岁以上，肝肾渐显亏损，阳明气血日渐不足，筋骨濡养减少，加之现代人生活工作方式的改变，久坐少动，导致伤筋少气，筋骨失衡，成为急性腰痛发作的基础。

《素问·刺法论》说："正气存内，邪不可干"，《素问·评热病论》云："邪之所凑，其气必虚"。《灵枢·百病始生》也说："此必因虚邪之风，与其身形，两虚相得，乃客其形。"中年气血渐显不足，脉络空虚，则风邪乘虚而入，痹阻腰背经络，故急性腰痛患者常诉有腰部酸胀不适，受凉、劳累时明显，

热敷、活动后缓解。"痹阻经络"，筋脉不舒亦成为急性腰痛的重要基础，也是沈老对急性腰痛发病机制的独到见解，对急性腰痛预防具有重要的指导意义。

3."动静结合，以动为主"是加快康复和防止复发的重要措施

"动静结合"是中医骨伤疾病康复的重要原则。沈老在急性腰痛中运用这一原则时体现了其深厚的中医理论功底和丰富的临床经验，有些经验颠覆了传统的观念，加快了疾病的恢复进程。

首先，在治疗上，传统观念认为，急性腰痛需要绝对的卧床休息，直至腰痛缓解，功能恢复。但沈老通过临床经验认为，绝对卧床休息需要的时间更短，只有在疼痛剧烈、活动严重受限的情况下需要卧床，而且卧床的同时仍然要强调力所能及的下肢、腰部活动，保持腰部关节肌肉功能的适应性。一般情况下，卧床休息不超过3天。一旦疼痛有所好转，鼓励患者立即下地行走，尝试各种不同的日常活动姿势，减少卧床时间，促进腰痛康复。实践证明，"尽早活动"的理念可以明显缩短腰痛病程，从十天半个月的康复时间减少到不超过1周的时间，做到了快速康复的效果。同样，这种理念也适用于腰椎间盘突出症患者的康复。

其次，沈老在急性腰痛预防上的理念与有关卧床与脊柱稳定的最新研究成果一致。研究表明，正常人绝对卧床1周，腰部稳定肌尤其是多裂肌的横截面有明显萎缩，意味着腰椎的稳定性下降，不利于腰痛的康复和预防。沈老认为，腰部制动、活动减少，或保持某个姿势过久会使腰部的肌肉关节退化，内外平衡失调，是急性腰痛发作的基础。因此，沈老非常推荐日常功能锻炼，首推中医易筋经、少林内功，做到日日练，持之以恒。

4.手法治疗

急性腰痛治疗以"一牵二扳三蹬腿"为特色。

患者俯卧位，在腰背部施以轻柔的揉法、滚法，放松患者紧张心理和局部肌肉，在痛点或局部痉挛处施以由轻到重的点法，约10分钟，再予以"一牵二扳三蹬腿"手法。"一牵"：以骨盆牵引法牵引腰椎15分钟左右，或患者仰卧位，助手将双手固定患肩，术者握患者双踝关节作对抗牵引3分钟。"二扳"：患者侧卧，采用斜扳法，使腰脊柱得以旋转。"三蹬腿"：患者俯卧位，术者以肘压腰椎棘旁痛点，助手握同侧下肢踝部用力向上蹬3次，医者与助手同时用力。此法若能听到患者关节弹响声，则表明腰椎小关节紊乱（微错位）已得到纠正。

若患者疼痛较剧,无法完成上述手法者,可以先选用背法:医者与患者背靠背站立,医者双足分开与肩同宽站稳,双肘勾套住患者肘窝处,屈膝、屈髋、弯腰、挺臀,将患者反背,使其双足离地悬空。患者后仰贴靠于医者后背,全身放松,利用自身重量,使腰骶部脊柱牵伸。医者通过身体左右摇摆和上下顿挫动作使错位关节纠正。

(七)沈老常用中药方剂

1. 身痛逐瘀汤(《医林改错》)

组成:当归 10 克,川芎 12 克,桃仁 10 克,红花 10 克,乳香 10 克,五灵脂 12 克,羌活 10 克,秦艽 10 克,制香附 12 克,川牛膝 12 克,广地龙 6 克,炙甘草 6 克。(治急性腰痛时常去羌活,秦艽)。

功效:活血祛瘀,通痹止痛。

临床应用:方中桃仁、红花、当归、川芎活血祛瘀;乳香、五灵脂、制香附行气止痛;川牛膝、广地龙通经络利关节;炙甘草调和诸药。沈老以理筋正骨手法辅以此方治疗气滞血瘀、"骨缝开错"之急性腰痛,痛势剧烈,转侧困难者。

2. 独活寄生汤(《千金要方》)

组成:独活 10 克,桑寄生 12 克,党参 12 克,当归 10 克,白芍 12 克,熟地 12 克,川芎 12 克,白术 10 克,秦艽 10 克,防风 12 克,桂枝 10 克,茯苓 15 克,杜仲 12 克,川牛膝 12 克,炙甘草 6 克。

功效:祛风湿,止痹痛,益肝肾,补气血。

临床应用:方中独活、桑寄生祛风除湿,养血和营,活络痛痹;川牛膝、杜仲、熟地补益肝肾、强筋壮骨;川芎、当归、白芍补血活血;党参、茯苓、炙甘草益气健脾。沈老以此方用于急性腰痛缓解、活动改善后的康复,以及用于强筋壮骨,预防腰痛反复者。

(八)典型验案

患者,男,35 岁,公务员。晨起刷牙时闪腰致腰痛伴活动不利半天。1 周前持续加班,身体较为疲惫。既往否认其他内科疾病病史。查体:痛苦貌,旋盆翘臀,被动体位,弯腰困难,L_4/L_5 椎旁压痛,直腿抬高试验(-),舌暗苔薄白,脉涩。

X 线检查:腰部生理曲度消失,轻度骨质增生。

MRI：L_4/L_5 椎间盘膨出。

西医诊断：急性腰扭伤（小关节紊乱）。

中医诊断：腰痛（气滞血瘀型）。

沈氏治疗方案：

（1）推拿疗法："一牵二扳三蹬腿"手法。

患者俯卧位，在腰背部施以轻柔的揉法、搓法，放松患者紧张心理和局部肌肉，在痛点或局部痉挛处施以由轻到重的点法，约10分钟，再予以"一牵二扳三蹬腿"手法。"一牵"：以骨盆牵引法牵引腰椎15分钟左右，或患者仰卧位，助手将双手固定患肩，术者握患者双踝关节作对抗牵引3分钟。"二扳"：患者侧卧，采用斜扳法，使腰脊柱得以旋转。"三蹬腿"：患者俯卧位，术者以肘压腰椎棘旁痛点，助手握同侧下肢踝部用力向上蹬3次，医者与助手同时用力。

（2）中药内服：身痛逐瘀汤加减。

当归10克，川芎12克，桃仁10克，红花10克，乳香10克，五灵脂12克，制香附12克，川牛膝12克，广地龙10克，炙甘草6克。3剂。

疗效：推拿1次后，疼痛明显减轻，活动改善。3天后症状减轻90%。后期恢复时嘱患者加强腰肌功能锻炼，中药改用独活寄生汤以巩固疗效。

第四节　生将痛弱成康宁

一、肠梗阻

肠梗阻（intestinal obstruction）指由于病理因素发生肠内容物在肠道内通过受阻，为临床常见急腹症之一。肠梗阻不仅会损害肠管自身的解剖结构及功能，还会导致人体各系统新陈代谢的紊乱，最后可致毒血症、休克、死亡。如能及时治疗，大多能逆转病情的发展，最终治愈。在临床上，根据梗阻的程度可将肠梗阻分为完全性肠梗阻（complete intestinal obstruction）和不完全性肠梗阻（incomplete intestinal obstruction）两大类型。完全性肠梗阻多为急性发作，呕吐频繁，腹胀明显，完全停止排气排便，X线检查示肠腔充气扩张明显。不完全性肠梗阻则多为慢性梗阻，腹痛、腹胀、恶心、呕吐等临床症状相对于完全性肠梗阻程度较轻，往往为间歇性发作，可排气、排便，X线检查示肠腔充气扩张不明显。不完全性肠梗阻是肠梗阻的初期阶段，西医治疗此病手段较少，且效果欠佳，中医则具有一定的优势。

（一）西医病因和分类

按肠梗阻发生的基本原因可以分为三类。

（1）机械性肠梗阻：最为常见。其是由于各种原因引起肠腔变狭小，使肠内容物通过障碍。引起肠腔变小的原因为：①肠腔堵塞，如寄生虫、粪块、大胆石、异物等；②肠管受压，如粘连带压迫、肠管扭转、嵌顿疝或受肿瘤压迫等；③肠壁病变，如先天性肠道闭锁、炎症性狭窄、肿瘤等引起。

（2）动力性肠梗阻：发病较机械性肠梗阻少。其是由于神经反射或毒素刺激引起肠壁肌功能紊乱，使肠蠕动丧失或肠管痉挛，以致肠内容物不能正常运行，但无器质性肠腔狭窄。常见的如急性弥漫性腹膜炎、腹部大手术、腹膜后血肿或感染引起的麻痹性肠梗阻。痉挛性肠梗阻甚少见，可见于如肠道功能紊乱和慢性铅中毒引起的肠痉挛。

（3）血运性肠梗阻：是由于肠系膜血管栓塞或血栓形成，使肠管血运障碍，继而发生肠麻痹而使肠内容物不能运行。随着人口老龄化，动脉硬化等疾病增多，现已不属少见。

肠梗阻又可按肠壁有无血运障碍，分为单纯性和绞窄性两类。①单纯性肠梗阻：只是肠内容物通过受阻，而无肠管血运障碍。②绞窄性肠梗阻：指梗阻并伴有肠壁血运障碍者，可因肠系膜血管受压、血栓形成或栓塞等引起。这类肠梗阻预后严重，需及早手术治疗。

肠梗阻还可按梗阻的部位分为高位（如空肠上段）和低位（如回肠末段和结肠）两种；根据梗阻的程度，又可分为完全性肠梗阻和不完全性肠梗阻。此外，按发展过程的快慢还可分为急性肠梗阻和慢性肠梗阻。倘若一段肠两端完全阻塞，如肠扭转、结肠肿瘤等，则称为闭性肠梗阻。结肠肿瘤引起肠梗阻，由于其近端存在回盲瓣，故易致闭祥性肠梗阻。

肠梗阻在不断变化的病理过程中，上述有的类型在一定条件下是可以互相转化的。

（二）病理生理

肠梗阻发生后，肠管局部和机体将出现一系列复杂的病理和生理变化。

各类型的病理变化不完全一致。单纯性机械性肠梗阻一旦发生，一方面，梗阻以上肠蠕动增加，以克服肠内容物通过障碍；另一方面，肠管因气体和

液体的积贮而膨胀。肠梗阻部位越低，时间越长，肠膨胀越明显。梗阻以下肠管则瘪陷、空虚或仅存积少量粪便。扩张肠管和瘪陷肠管交界处即为梗阻所在，这对手术中寻找梗阻部位至为重要。急性完全性肠梗阻时，肠管迅速膨胀，肠壁变薄，肠腔压力不断升高，到一定程度时可出现肠壁血运障碍。最初主要表现为静脉回流受阻，肠壁的毛细血管及小静脉瘀血，肠壁充血、水肿、增厚，呈暗红色。由于组织缺氧，毛细血管通透性增加，肠壁上有出血点，并有血性渗出液渗入肠腔和腹腔。随着血运障碍的发展，继而出现动脉血运受阻，血栓形成，肠壁失去活力，肠管变成紫黑色。又由于肠壁变薄、缺血和通透性增加，腹腔内出现带有粪臭的渗出物。最后，肠管可因缺血坏死而破溃穿孔。

（1）慢性肠梗阻多为不完全性梗阻，梗阻以上肠腔有扩张，并由于长期肠蠕动增强，肠壁呈代偿性肥厚，故腹部视诊常可见扩大的肠型和肠蠕动波。痉挛性肠梗阻多为暂时性，肠管多无明显病理改变。

（2）全身性病理生理改变主要由体液丧失、肠膨胀、毒素的吸收和感染所致。

1）体液丧失：体液丧失及因此而引起的水、电解质紊乱与酸碱失衡，是肠梗阻很重要的病理生理改变。胃肠道的分泌液每日约为 8000ml，在正常情况下绝大部分被再吸收。急性肠梗阻患者，由于不能进食且频繁呕吐，胃肠道液大量丢失，使水分及电解质大量丢失，尤以高位肠梗阻为甚。低位肠梗阻时，这些液体不能被吸收而留在肠腔内，也等于丢失体外。另外，肠管过度膨胀，影响肠壁静脉回流，使肠壁水肿和血浆向肠壁、肠腔和腹腔渗出。如有肠绞窄存在，更丢失大量血液。这些变化可以造成严重的缺水，并导致血容量减少和血液浓缩，以及酸碱平衡失调。但其变化也因梗阻部位的不同而有差别，如十二指肠第一段梗阻，可因丢失大量氯离子和酸性胃液而产生碱中毒。一般小肠梗阻，丧失的体液多为碱性或中性，钠、钾离子的丢失较氯离子多，以及在低血容量和缺氧情况下酸性代谢物剧增，加之缺水、少尿可引起严重的代谢性酸中毒。严重的缺钾可加重肠膨胀，并可引起肌无力和心律失常。

2）感染和中毒：在梗阻以上的肠腔内细菌数量显著增加，细菌大量繁殖，而产生多种强烈的毒素。由于肠壁血运障碍或失去活力，肠道细菌移位，细菌和毒素透至腹腔内引起严重的腹膜炎和中毒。

3）休克：严重的缺水、血液浓缩、血容量减少、电解质紊乱、酸碱平衡失调、细菌感染、中毒等，可引起严重的休克。当肠坏死、穿孔及发生腹膜炎时，全身中毒尤为严重，最后可因急性肾功能及循环、呼吸功能衰竭而死亡。

4）呼吸和循环功能障碍：肠腔膨胀使腹压增高，膈肌上升，胸式呼吸减弱，影响肺内气体交换，同时妨碍下腔静脉血液回流，而致呼吸、循环功能障碍。

（三）临床表现

尽管由于肠梗阻的原因、部位、病变程度、发病急慢的不同，可有不同的临床表现，但肠内容物不能顺利通过肠腔则是一致具有的，其共同表现是腹痛、呕吐、腹胀及停止肛门排气排便。

（1）腹痛：机械性肠梗阻发生时，由于梗阻部位以上肠蠕动强烈，表现为阵发性绞痛，疼痛多在腹中部，也可偏于梗阻所在的部位。腹痛发作时可伴有肠鸣，自觉有"气块"在腹中窜动，并受阻于某一部位。有时能见到肠型和肠蠕动波。听诊为连续高亢的肠鸣音，或呈气过水音或金属音。如果腹痛的间歇期不断缩短，以至于成为剧烈的持续性腹痛，则应该警惕可能是绞窄性肠梗阻。

（2）呕吐：在肠梗阻早期，呕吐呈反射性，呕出物为食物或胃液。此后，呕吐随梗阻部位的高低而有所不同，一般是梗阻部位越高，呕吐出现得越早、越频繁。高位肠梗阻时呕吐频繁，呕出物主要为胃及十二指肠内容物；低位肠梗阻时，呕吐出现迟而少，呕出物可呈粪样。结肠梗阻时，呕吐到晚期才出现，呕出物如呈棕褐色或血性，是肠管血运障碍的表现。麻痹性肠梗阻时，呕吐多呈溢出性。

（3）腹胀：一般梗阻发生一段时间后出现，其程度与梗阻部位有关。高位肠梗阻腹胀不明显，但有时可见胃型。低位肠梗阻及麻痹性肠梗阻腹胀显著，遍及全腹。结肠梗阻时，如果回盲关闭良好，梗阻以上结肠可成闭袢，则腹周膨胀显著。腹部隆起不均匀对称，是肠扭转等闭性肠梗阻的特点。

（4）停止肛门排气排便：完全性肠梗阻发生后，患者多不再排气排便；但梗阻早期，尤其是高位肠梗阻，可因梗阻以下肠内尚残存的大便和气体，仍可自行或在灌肠后排出，不能因此而否定肠梗阻的存在。某些绞窄性肠梗阻，如肠套叠、肠系膜血管栓塞或血栓形成，则可排出血性黏液样粪便。

（四）中医病因病机

肠梗阻属于中医学"肠结病"范畴，主要由燥热内结、寒邪凝滞导致气机郁滞，大肠传导功能失常所致。其病机为浊毒蕴结肠胃，胃肠通降失常，兼有气滞、寒凝、热结、瘀血之不同。

（1）外感寒邪，寒性凝滞易阻滞气机，气不畅则生瘀，瘀久则浊化毒生；贪凉饮冷则损伤脾阳，导致水湿内生，脾失运化，水湿停久化浊，下趋肠腑则致肠道发生阻塞。

（2）情志不舒或焦虑忧思致肝气郁结，气郁化火，肝失疏泄，机体气机运行失常，而致肠腑气机不畅，肠道不通，浊物无法下降，日久导致各脏腑功能失司，浊生毒聚，化积成形，浊毒蕴结肠胃，则肠道发生阻塞。

（3）燥热内结，挟热犯肠，蕴结肠腑，湿热久蕴，化为浊毒，凝聚成形，阻滞肠腑，则肠道发生阻塞。

（4）瘀血内阻，致气机不畅，气为血之帅，血为气之母。气滞致血瘀，血瘀则进一步加重气滞。气滞血瘀相互为患，蕴久则浊毒内生，阻滞肠腑发生阻塞。

气滞、寒凝、热结、瘀血致使大肠向下传导糟粕的功能失司，不通则痛而见腹痛剧烈，而且还影响胃气的通降、肺气的肃降、脾气的运化及肾气的推动和固摄作用，导致整体功能活动的失常，症见腹痛、腹胀、恶心、呕吐、肛门停止排便排气等。

（五）不完全性肠梗阻诊断要点

（1）症状：腹痛、呕吐、腹胀和少量排便、排气。

（2）体征：①望诊，可有不同的腹部膨胀。②触诊，有轻度压痛，但无腹膜刺激征。③叩诊，可出现移动性浊音。④听诊，肠鸣音亢进，有气过水声和金属音，是机械性肠梗阻的表现。肠鸣音减弱或消失则是麻痹性肠梗阻的特征。

（3）实验室检查：肠梗阻早期实验室检查对诊断意义不大，晚期可有白细胞计数、血红蛋白、血细胞比容及血清磷等指标显著增高的改变。

（4）影像学检查：包括 X 线检查、CT 检查等。

1）X 线检查是诊断不完全性肠梗阻最有效的检查手段，检出率为 50%～80%，主要表现有：①梗阻近段肠管明显扩张，肠腔内充满气体及液体。②扩张的小肠呈阶梯排列，主要位于腹中部。③麻痹性肠梗阻时，小肠和大肠均胀气。④绞窄性肠梗阻时，小肠内液平面一般较长，积液多，积气少，有时由于小肠内被血性液体充盈，X线片上也可无显示。

2）CT检查对肠梗阻的诊断有较高的敏感性和特异性。CT能显示出肠管充气扩张、液平面、肠壁增厚及肠外变化、腹水等相应改变。

（六）临床分型

（1）气机壅滞证：腹胀如鼓，腹中转气，腹痛时作时止，痛无定处，恶心，呕吐，无矢气，便闭。舌淡，苔薄白，脉弦紧。

（2）实热内结证：腹胀，腹痛拒按，口干口臭，大便秘结，或有身热烦渴引饮，小便短赤。舌红，苔黄腻或燥，脉滑数。

（3）脉络瘀阻证：发病突然，腹痛拒按，痛无休止，痛位不移，腹胀如鼓，腹中转气停止，无矢气，便闭。舌红有瘀斑，苔黄，脉弦涩。

（4）气阴两虚证：腹部胀满，疼痛，忽急忽缓，恶心呕吐，大便不通，乏力，面白无华，或有潮热盗汗，舌淡或红，苔薄，脉细弱或细数。

（七）绝对手术适应证

各种类型的绞窄性肠梗阻、肿瘤及先天性肠道畸形引起的肠梗阻，以及非手术治疗无效的患者，适应手术治疗。由于急性肠梗阻患者的全身情况常较严重，所以手术的原则和目的为：在最短手术时间内，以最简单的方法解除梗阻或恢复肠腔通畅。

（八）沈氏不完全性肠梗阻治疗体系

首先在手法治疗前无论是急性还是慢性肠梗阻，需外科医生明确诊断为不完全性肠梗阻；病种以单纯性机械性不完全性肠梗阻为主，如肠蛔虫堵塞、腹腔手术后粘连性肠梗阻等。不完全性肠梗阻的中医治疗方法多样，沈老的治疗无明显副作用，无论单独使用，还是多疗法共用，相对于胃肠减压、静脉补液、抗感染等基础疗法而言，都更具成效。

1. 病机以"浊毒蕴结肠胃，胃肠通降失常"为核心

毒邪致病理论，是中医学特有的、重要的病因病机理论之一，浊毒作为毒邪的一种，历代医家鲜见论述。学者认为浊毒既是一种致病因素，也是一种病理产物。浊毒之病理特性兼"浊""毒"两者之长，胶固难解，其致病

更加广泛、凶险、怪异、繁杂、缠绵难愈、变证多，甚至转为重症坏病，具有"易耗气伤血、入血入络；易阻碍气机、胶滞难解；易积成形、败坏脏腑"的特点。现代医学认为，不完全性肠梗阻有多种病因，最后造成腹腔肠道粘连，肠内容物阻塞，肠道不能正常蠕动。临床上主要表现为腹肌紧张、腹胀腹痛、排气排便减弱或消失等。中医学认为该病病位在肠道，究其成因，不外乎燥热内结、寒邪凝滞导致气机郁滞，大肠传导功能失常。《素问·六微旨大论》说："非出入，则无以生长壮老矣；非升降，则无以生长化收藏。是以升降出入，无器不有。"机体正常的升清降浊是气血津液得以正常代谢的基础。六腑以通为用，大肠属六腑之一，主传导糟粕，胃主受纳腐熟水谷，两者皆以降为和。肠道瘀滞，浊气不降，则胃气受累，通降受阻，肠胃失司，升降失常，两者相互影响。若情志不舒，生气恼怒，或焦虑忧思致肝气郁结，气郁化火，肝失疏泄，机体气机运行失常，而致肠腑气机痞塞，肠道不通，浊气不降，累及胃腑，胃气不降，气阻于中，水谷精微不能上达，浊物无法下降，日久导致各脏腑功能失司，浊生毒聚，化积成形，浊毒蕴结肠胃，则诱发不完全性肠梗阻。

2. 治以泻浊通腑为主，内服和外治相结合

中医学认为六腑是传化之府，"传化物而不藏，故实而不能满"。后世医家将此概括为"六腑以通为用"。六腑通降下行则安，涩滞上逆则病。六腑必须保持畅通，糟粕才能按时排泄，故治当泻浊通腑。诚如《临证指南医案·脾胃》所说："脏宜藏，腑宜通，脏腑之用各殊也""六腑宜通，以通为用""六腑为病，以通为补"。沈老治疗不完全性肠梗阻以泻浊通腑为主，梗阻发生时，病情常为紧急，故无论何种病因所致，解除梗阻乃首要问题。常以菜籽油 10 ～ 20ml 口服以润滑肠道，以大承气汤加减灌肠，使蕴结中焦脾胃和下焦肠腑的湿热浊毒随大便而去，再运用摩腹、按揉天枢等手法。在内服、外用、结合手法的共同作用下，使机体气机运行恢复正常，肠腑浊去毒散，积滞得除，功能得以恢复。

（九）沈老常用中药方剂

大承气汤加减（《伤寒论》）

组成：大黄（后下）10克，芒硝（冲服）10克，枳实10克，厚朴10克。

功效：峻下热结。

临床应用：方中大黄泻热通便，荡涤肠胃，为君药。芒硝助大黄泻热通便，并能软坚润燥，为臣药，两药相须为用，峻下热结之力甚强；积滞内阻，则腑气不通，故以厚朴、枳实行气散结、消痞除满，并助硝、黄推荡积滞以加速热结之排泄，共为佐使。气机壅滞者可加炒莱菔子、砂仁等行气导滞、理气通便；脉络瘀阻者加桃仁、当归活血化瘀、行气通便；气阴两虚者加黄芪、生地、麦冬益气养阴、润肠通便。

在禁食、胃肠减压、提高免疫力、调节机体平衡的基础上使用大承气汤加减以泻热、润燥、通腑。用法：中药水煎后取 100 ～ 200ml，每日 2 次，保留灌肠，连续 3 日。

（十）典型验案

1. 蛔虫性肠梗阻病案

谢某，女，5 岁。1963 年因"阵发性腹痛 36 小时，呕吐 12 小时"急诊入院。脐周疼痛明显，呈阵发性，每次持续 4 ～ 5 分钟，腹部拒按，呕吐频繁，吐出胃内容物及清水，未见粪性吐物，疼痛时呕吐更频。患儿烦躁，啼哭不安。发病前无不洁饮食史，但有大便排出蛔虫史；发病后无寒热，大便不解，小便少。检查：白细胞计数为 24.8×10⁹/L。全腹膨隆，右下腹可触及 7cm×8cm 包块，压痛明显。外科医生建议手术治疗，患儿家属拒绝，寻求推拿治疗。

具体操作：医者掌心置于患儿脐部，沿中脘、神阙、气海、关元穴运气摩腹 15 分钟后患儿情绪较前平稳。后运用推摩法（拇指指间关节跪推，其余四指指腹顺时针方向摩腹）沿中脘、神阙、气海穴推至关元穴后再沿气海、神阙穴返回至中脘穴，如此循环 10 余分钟。再取双侧天枢穴用拇指指间关节同时轻柔弹压 3 ～ 4 次，再行运气摩腹。以上治疗时间共 40 分钟。患儿腹痛止，入睡。次日化验：白细胞计数为 8.8×10⁹/L，大便解出蛔虫 70 余条，腹痛等症状消失，梗阻解除。

2. 癌性肠梗阻病案

陈某，男，80 岁，1988 年因结肠癌晚期在肿瘤科住院。结肠癌冷冻术后患者出现排便困难，予以服用番泻叶 6g 后出现大便梗阻，腹痛腹胀剧烈，腹痛以钝痛为主，呈持续性，部位在中下腹，无恶寒发热，无恶心呕吐。

具体操作：嘱患者口服菜籽油 20ml，20 分钟后以掌心运气摩腹 15 分钟，患者腹痛缓解。后运用顺时针推摩法沿中脘、神阙、气海穴推至关元穴后再沿气海、神阙穴返回至中脘穴，如此循环 30 分钟后患者造瘘管可见大量大便

解出，肠梗阻解除。

二、慢性鼻炎

慢性鼻炎（chronic rhinitis）是指鼻腔黏膜或黏膜下的炎症持续数月以上或炎症反复发作，间歇期内亦不能恢复正常，且无明确的致病微生物感染，伴有不同程度的鼻塞，分泌物增多，鼻黏膜肿胀或增厚等功能障碍的一种鼻部疾病。小儿一旦患有慢性鼻炎，可导致鼻腔狭窄而影响通气，进而导致氧气吸入受阻引起血氧饱和度下降，使全身各组织器官不同程度缺氧。因此小儿鼻炎需引起重视，及早就医诊治。目前国内尚缺少慢性鼻炎的定义及分类的统一标准，一般将慢性鼻炎分为慢性单纯性鼻炎和慢性肥厚性鼻炎两种，其病因基本相同，且后者多由前者发展、转化而来，在组织学上两者间缺少绝对的界限，常有过渡型存在。

（一）西医病因

1. 局部原因

（1）急性鼻炎反复发作或发作后未获彻底治疗，鼻黏膜未能恢复正常，而演变为慢性鼻炎。

（2）局部解剖异常，如鼻中隔偏曲或嵴突，鼻腔狭窄，下鼻甲向内偏伸，鼻翼塌陷，鼻小柱脱位，硬腭高拱，腭裂等，长期妨碍鼻腔的通气引流，黏膜容易反复发生炎症，且不易彻底恢复。先天性呼吸道黏膜纤毛运动不良亦与本病有关。

（3）鼻腔及鼻窦慢性疾病的影响，如慢性化脓性鼻窦炎时，鼻黏膜长期受到脓液的刺激；严重的鼻中隔偏曲或嵴突，因长期妨碍鼻腔的通气引流，以致鼻黏膜容易反复发生炎症，不易彻底恢复。

（4）邻近感染病灶的影响，如慢性扁桃体炎、腺样体肥大等。

（5）鼻腔用药不当或全身用药的影响，均可引起药物性鼻炎。

2. 职业和环境因素

如长期或反复吸入粉尘（如水泥、面粉、煤尘等）或有害的化学气体（如二氧化硫、甲醛等），生活或生产环境中温度和湿度的急剧变化（如炼钢、烘、熔、冷冻等作业），均可导致本病。

3. 全身因素

慢性鼻炎常为全身疾病的局部表现，与整体健康情况有密切关系。

（1）许多慢性疾病，如贫血、糖尿病、风湿病、结核、痛风、急性传染病，以及心、肝、肾脏疾病和自主神经功能紊乱、慢性便秘等，可引起鼻黏膜血管长期瘀血或反射性充血。

（2）营养不良，如维生素 A 及维生素 C 缺乏，可致鼻黏膜肥厚，腺体退化。

（3）内分泌改变，如甲状腺功能减退、青春期和妊娠后期、绝经期、肢端肥大症等。

（4）烟酒嗜好或长期过度疲劳，可致鼻黏膜血管正常的舒缩功能障碍。

（5）免疫功能障碍，如自身免疫性疾病、艾滋病脉管炎及囊性纤维化等。

此外，细菌和病毒与本病的病因学关系，目前尚有争论。一般认为，慢性鼻炎不是一种感染性疾病，即使发生感染，也是继发性的。有报道变态反应是慢性鼻炎的原因之一，但其病理变化与变态反应者多不一致。

（二）西医分类

慢性鼻炎主要分为慢性单纯性鼻炎和慢性肥厚性鼻炎。

1. 慢性单纯性鼻炎

慢性单纯性鼻炎（chronic simple rhinitis）是以鼻黏膜肿胀、分泌物增多为特点的鼻黏膜慢性炎症。其病理为鼻腔黏膜深层动脉和静脉，特别是下鼻甲海绵状组织呈慢性扩张，血管和腺体周围有以淋巴细胞和浆细胞为主的炎性细胞浸润；黏液腺功能活跃，分泌增多。其症状特点如下所述。

（1）鼻塞特点：①间歇性。白天、夏季、劳动或运动时鼻塞减轻，而夜间、静坐或寒冷时鼻塞加重。②交替性。侧卧时，下侧之鼻腔阻塞，上侧鼻腔通气良好，当转向另侧卧后，鼻塞又转而出现于另一侧鼻腔。由于鼻塞，间或有嗅觉减退，头痛、头昏、说话时出现闭塞性鼻音等症状。

（2）流涕多为半透明的黏液性鼻涕，继发感染时可有脓涕。鼻涕向后经后鼻孔流入咽喉部，可出现咽喉不适、多"痰"及咳嗽等症状。小儿由于鼻涕的长期刺激，鼻前庭和上唇皮肤发红，可发生湿疹和毛囊炎。

2. 慢性肥厚性鼻炎

慢性肥厚性鼻炎（chronic hypertrophic rhinitis）是以黏膜、黏膜下层，甚至骨质的局限性或弥漫性增生肥厚为特点的鼻腔慢性炎症。其病理为黏膜固有层内的动、静脉扩张，静脉及淋巴管周围有淋巴细胞和浆细胞浸润，静脉

及淋巴回流受阻，静脉的通透性增高，黏膜固有层水肿，继而在血管周围发生纤维组织增生，黏膜肥厚。如病变继续发展，由于纤维组织的压迫而血液循环障碍，可形成局限性黏膜水肿，发展为息肉样变，甚至形成息肉。黏膜上皮纤毛脱落，变为假覆层立方上皮。病变如向深层发展，累及骨膜，产生成骨细胞，下鼻甲骨可增生肥大。黏膜增厚的程度在鼻腔各处不同，通常以下鼻甲最重，下鼻甲前、后端和下缘，以及中鼻甲前端可呈结节状或桑椹状肥厚或息肉样变。鼻中隔黏膜亦可肥厚，多发生在与中鼻甲及下鼻甲相对的部位。其症状特点如下所述。

（1）局部症状与单纯性鼻炎相同，但鼻塞较重，多为持续性。有闭塞性鼻音，嗅觉可减退。

（2）鼻涕不多，为黏液性或黏脓性，不易擤出。

（3）肥大的下鼻甲后端压迫咽鼓管咽口，可出现耳鸣，听力减退。下鼻甲前端黏膜肥厚时，可阻塞鼻泪管开口，引起溢泪或继发性泪囊炎，结膜炎。

（4）由于经常张口呼吸及鼻腔分泌物的长期刺激易引起慢性咽喉炎。

（5）头痛、头昏、失眠及精神萎靡等。

（三）中医病因病机

1. 病因

本病多为脏腑虚弱、邪滞鼻窍所致，尤以肺脾虚弱及气滞血瘀为多。本病多因素体肺脾虚弱，伤风鼻塞反复发作，或因鼻窍附近病灶或自身的异常累及其功能所致；也可因邪气久滞，肺经伏热致病。

2. 病机

（1）肺经蕴热，壅塞鼻窍。伤风鼻塞失治误治，迁延不愈，浊邪伏肺，久蕴不去，肺经蕴热，失于宣降，熏蒸鼻窍，肌膜肿胀，鼻窍不通而为病。

（2）肺脾气虚，邪滞鼻窍。肺卫不足，或久病体弱，肺气耗伤，肺失清肃，邪毒留滞鼻窍；或饮食劳倦，病久失养，损伤脾胃，水湿失运，浊邪滞留鼻窍而为病。

（3）邪毒久留，血瘀鼻窍。素体虚弱，或伤风鼻塞失治，邪毒久犯，正虚邪滞，气血不行，浊邪久滞，壅阻鼻窍，气滞血瘀而为病。

（四）诊断标准

（1）以长期持续鼻塞，或间歇性、交替性鼻塞，鼻涕量多为主要症状。

或伴有头昏、记忆力下降、失眠、耳鸣、耳内闭塞感等症。

（2）病程较长，疲劳、感寒后症状加重。易并发耳胀、耳闭。

（3）鼻腔检查黏膜充血，呈红色或暗红色，鼻黏膜肿胀以下鼻甲为主。

（五）临床分型

（1）肺脾气虚，邪滞鼻窍：鼻塞多为间歇性，时轻时重，鼻涕白黏、量多，遇寒加重。或伴气短乏力、大便溏薄等症。鼻黏膜肿胀，色淡红。舌苔薄白，脉细弱。

（2）邪毒久留，血瘀鼻窍：鼻塞多为持续性，鼻涕黏稠，不易擤出，嗅觉迟钝。伴头昏、耳鸣、记忆力减退等症。鼻黏膜充血，呈暗红或深红色。鼻甲肿大，表面不平滑，如桑椹样，触之较硬，缺乏弹性，对一般滴鼻剂收缩反应较差。舌质紫暗或有瘀点，脉涩。

（六）绝对手术适应证

（1）中鼻甲肥大或息肉样变，引起鼻塞、嗅觉障碍或妨碍鼻窦通气引流者。

（2）中鼻甲肥大与鼻中隔接触或压迫鼻腔外侧壁引起反射性头痛，或中鼻甲后端肥大而刺激蝶腭神经者。

（3）作为鼻内筛窦开放术、额鼻管扩大术、蝶窦自然开口扩大术等的前置手术。

（4）中鼻甲后端肥大形成息肉样变，突向后鼻孔者。

（5）来自中鼻甲的多发性鼻息肉。

（七）沈氏慢性鼻炎治疗体系

慢性鼻炎反复发作常影响小儿生活学习，故需及时诊治，切不可拖延。疾病早期以肺脾气虚、邪滞鼻窍多见，病程短，故其预后较好。沈老常运用此方加减结合手法推拿疗效甚好。

1. 湿热调脾，除热痹阻

脾胃脉络相连，阳明胃经起于鼻旁，行至鼻根。若脾胃蕴湿积热，湿热循经脉上，留滞鼻窍，痹阻脉络，稽结不去，则每致鼻腔肌膜潮红肿厚，鼻甲肥大，鼻塞不通或时轻时重，或此通彼塞，缠绵不愈，鼻涕色黄黏稠，或牵拉成丝，量较多，嗅觉减退或失灵，头重而闷，脘痞纳呆，大便黏滞不爽，

苔黄而腻等。沈老认为阳明湿热循脉留滞鼻窍，痹阻脉络，则亦致鼻塞久窒不通，其症如风湿热痹也，缠绵不已。化其湿，清其热，通其痹而鼻自利。治宜清化湿热、调理脾胃、蠲痹通窍。手法上常配合清天河水，补脾经，运内八卦，按揉迎香等穴。

2. 活气血散瘀结，疏通脉络阻滞

鼻为血脉多聚之处，乃多气多血之窍。故若邪毒袭滞，最易壅遏脉络，瘀阻气血而发为鼻窒之患。其症鼻窍肌膜暗红或紫红肿厚，鼻甲肥大稍硬，或肿实质硬，表面凹凸不平，状如桑椹，鼻塞，但活动后减轻，嗅觉减退或失灵，涕痰量多，色白或黄，头痛而闷，语声重浊，胸闷胁痛，舌暗或生瘀点，脉缓或涩等。治宜活血化瘀、通络散结。沈老常以血府逐瘀汤合苍耳散加减治之。瘀有寒瘀、热瘀之不同，故沈老强调治疗时需注意辨别寒热之异而酌情加减。寒瘀者，涕痰色白，遇寒冷则诸症加重，苔白，宜加当归、桂枝、细辛以助温通散寒之力；热瘀者，涕痰色黄、口咽干燥、苔黄，宜加丹参、丹皮、通草以助清热活血之功。凡见瘀证以鼻塞甚，鼻甲肿实者，皆宜加三棱、莪术、地龙、僵蚕、土鳖虫以增加化瘀散结通窍之效。

3. 温补脾肺，祛湿升清

肺主气而通于鼻，鼻属清阳之窍。倘若脾肺虚损，气不上达，鼻失温养，则寒湿邪浊易于结滞鼻窍而致鼻窒之患。其症鼻肌膜淡白或淡红肿厚，鼻甲肥大质软或稍硬，鼻塞不通，或时轻时重，或两鼻交替窒塞，卧则上通下塞（阳气浮上，寒湿沉下），涕痰白黏或清稀，少气懒言，倦怠厌动，纳差便溏，易患感冒，舌淡苔白，脉缓弱等。沈老认为此乃虚实错杂证，其虚为本，实为标，虚于脏腑亏损，实于寒湿滞鼻，故治宜攻补兼施、标本兼顾。每用温肺止流丹加减。

4. 手法整体与局部兼顾

捏脊既能培补元气，又能调阴阳、理气血、和脏腑、通经络；补肺、脾、肾经，擦膻中、肺俞、脾俞、肾俞穴，补肺益气、健脾和胃、益肾填精，增强各脏腑器官的功能。现代医学认为，适当刺激脊柱可兴奋中枢，使脊髓参与活动的神经元数量增多，提高同步程度，脊髓机能活动增加，有效提高患儿机体的整体抗病能力。脊神经后根属感觉神经，选择性刺激脊神经后根体表投影部位，对病变部位有神经调节的作用。

运用开天门、推坎宫、揉太阳，黄蜂入洞，按揉印堂、攒竹、睛明、迎香、人中、承浆穴，搓擦鼻翼两旁等局部，通调鼻息、开窍醒神，快速减缓局部症状。选择脊柱推拿兼顾整体与局部，提高机体整体抗病能力，有通调鼻息、开窍醒神的局部效应。

沈老常用的推拿治疗方案如下所述：

（1）肺脾气虚，邪滞鼻窍。

治则：补益肺脾，散邪通窍。

处方：推上三关300次，揉外劳宫穴50次，补肺经300次，补脾经300次，运内八卦100次，开天门300次，推坎宫300次，揉太阳50次，揉耳后高骨50次，按揉迎香穴、鼻通穴各100次，拿风池穴5次，捏脊5遍。

方义：开天门、推坎宫、揉太阳、揉耳后高骨、拿风池穴疏风解表，发散外邪；推三关、揉外劳宫穴可温中散寒，补肺经、补脾经益气健脾，运内八卦宽胸理气，按揉迎香、鼻通穴局部宣通鼻窍；捏脊温阳健脾益肺，促进气血运行。

（2）邪毒久留，血瘀鼻窍。

治则：行气活血，化瘀通窍。

处方：推上三关300次，退六腑100次，补肺经300次，补脾经300次，补肾经300次，揉板门100次，顺运内八卦100次，开天门300次，推坎宫300次，揉太阳50次，揉耳后高骨50次，按揉迎香穴100次，点揉鼻通穴100次，揉足三里穴50次，捏脊5遍。

方义：开天门、推坎宫、揉太阳、揉耳后高骨疏风通络，发散邪毒；推三关佐以退六腑调和阴阳，温阳活血；补肺经、补脾经、补肾经、揉足三里益气补脾肾，运内八卦、揉板门理气活血，按揉迎香穴，点揉鼻通穴局部宣通鼻窍；捏脊疏通经络、温补脾肺，促进气血运行。

慢性鼻炎推拿治疗每日1次，5次为1个疗程。一般2～3个疗程即可痊愈。若隔日治疗，则疗程延长，可影响疗效。治疗期间，未免加重病情，影响疗效，嘱忌肥甘厚腻、鱼腥生冷之食，尤其是晚上以清淡饮食为好。并重点预防感冒，防止鼻炎反复发作。

（八）沈老常用中药方剂

1. 温肺止流丹加减（《辨证录》卷三）

组成：人参10克，甘草3克，诃子10克，细辛3克，荆芥10克，桔梗10克，辛夷10克，苍耳子10克，五味子6克，白术10克，黄芪10克。

功效：补益肺脾，散邪通窍。

临床应用：方中人参、黄芪温补肺气，白术补气健脾；苍耳子、辛夷祛风通鼻、散寒止痛，三者相须配伍，具有较强的疏散风寒、宣通鼻窍的作用；细辛散寒、温肺化饮、宣通鼻窍；荆芥祛风散寒；桔梗开宣肺气、化痰止涕；佐以五味子敛肺固表。诸药合用共奏温补肺气、疏风散寒、祛邪通窍之功。

2. 苍耳子散合血府逐瘀汤加减（《济生方》卷五，《医林改错》）

组成：苍耳子6克，辛夷6克，白芷6克，细辛3克，薄荷（后下）6克，桃仁6克，红花6克，牛膝3克，当归6克，生地6克，川芎4.5克，桔梗4.5克，赤芍6克，枳壳6克，甘草6克，柴胡3克。

功效：行气活血，化瘀通窍。

临床应用：方中苍耳子、辛夷、白芷、细辛四药共用可祛风疏表、宣通鼻窍，薄荷既可助上药祛风通窍，又能制其辛燥化热之弊，还可宣散壅遏之热邪，一药三用。桃仁破血行滞而润燥，红花活血祛瘀以止痛，与苍、辛、芷共为君药。赤芍、川芎助君药活血祛瘀；牛膝活血祛瘀通经、引血下行，共为臣药。生地、当归养血益阴，清热活血；桔梗、枳壳，一升一降，宽胸行气；柴胡疏肝解郁，升达清阳，与桔梗、枳壳同用，尤善理气行滞，使气行则血行，以上均为佐药。桔梗并能载药上行，兼有使药之用；甘草调和诸药，亦为使药。诸药合用，共奏活血化瘀、行气通窍之功。

（九）典型验案

患儿，女，14岁，自幼即有交替性鼻塞，近2年加重，多呈持续性鼻塞，早晚稍轻，活动后反而加重，闭塞性鼻音重，很少有涕，无鼻干，严重时伴头痛，影响睡眠，时有治疗，效果不理想。胃纳一般，二便正常，检查：见两下鼻甲肿实暗红，表面光滑，弹性可，对1%麻黄素收缩反应欠敏感。舌质前部有多数小红点，苔薄微黄，脉弦细缓。

西医诊断：慢性鼻炎。

中医诊断：鼻窒（气滞血瘀型）。

沈氏治疗方案：

（1）推拿疗法：患儿仰卧位，用按摩油推上三关300次，退六腑100次，补肺经300次，补脾经300次，补肾经300次，揉板门100次，顺运内八卦100次，开天门300次，推坎宫300次，揉太阳穴50次，揉耳后高骨50次，按揉迎香穴100次，点揉鼻通穴100次，揉足三里穴50次，捏脊5遍。在大椎穴和肺俞穴处各闪罐5次，治疗结束。

（2）中药内服：治以行气活血，化瘀通窍。苍耳子散合血府逐瘀汤加减。

苍耳子9克，辛夷9克，白芷9克，细辛3克，薄荷（后下）6克，桃仁6克，红花6克，牛膝6克，当归9克，生地黄9克，川芎6克，桔梗6克，赤芍6克，枳壳6克，甘草6克，柴胡6克。7剂。

（3）疗效：推拿1周3次，每次20分钟，5次为1个疗程。治疗1个疗程后患儿自觉鼻塞明显好转，夜间睡眠安，食欲增强。治疗3个疗程后，鼻塞症状基本消失。

三、小儿发热

小儿发热，也称小儿发烧，是指致热源直接作用于体温调节中枢，体温中枢功能紊乱或各种原因引起的产热过多、散热减少，导致体温升高超过正常范围的情形。每个人的正常体温略有不同，而且受时间、季节、环境等因素的影响。小儿发热是临床上最常见的症状，是疾病进展过程中的重要临床表现，可见于多种感染性疾病和非感染性疾病。但有时小儿体温升高不一定都是疾病引起的，某些情况可有生理性体温升高，如小儿出牙期，进入高温环境或热水浴等均可使体温较平时略高，这些通过自身调节可恢复正常。

（一）西医发病机制

致热源性发热，致热源包括外源性和内源性两大类。

（1）外源性致热源：种类甚多，主要包括以下几种。①各种微生物病原体及其产物，如细菌、病毒、真菌及细菌毒素等；②炎性渗出物及无菌性坏死组织；③抗原抗体复合物；④某些类固醇物质，特别是肾上腺皮质激素的代谢产物原胆烷醇酮；⑤多糖体成分及多核苷酸、淋巴细胞激活因子等。外源性致热源多为大分子物质，特别是细菌内毒素分子量非常大，不能通过血脑屏障直接作用于体温调节中枢，而是通过激活血液中的中性粒细胞、嗜酸性粒细胞和单核—吞噬细胞系统，使其产生并释放内源性致热源，引起发热。

（2）内源性热源：又称白细胞致热源，如白细胞介素-1（interleukin-1，IL-1）、肿瘤坏死因子（tumor necrosis factor，TNF）和干扰素等。一方面通过血-脑脊液屏障直接作用于体温调节中枢的体温调定点，使调定点（温阈）上升，体温调节中枢必须对体温加以重新调节发出冲动，并通过垂体内分泌因素使

代谢增加或通过运动神经使骨骼肌阵缩（临床表现为寒战），使产热增多；另一方面可通过交感神经使皮肤血管及竖毛肌收缩、停止排汗，散热减少。这一综合调节作用使产热大于散热，体温升高引起发热。

（3）非致热源性发热：常见于以下几种情况。①体温调节中枢直接受损，如颅脑外伤、出血、炎症等。②引起产热过多的疾病，如癫痫持续状态、甲状腺功能亢进症等。③引起散热减少的疾病，如广泛性皮肤病、心力衰竭等。

（二）西医发病病因

（1）感染性发热：①呼吸系统感染最多见，病原体包括病毒、支原体、细菌及结核菌等。②其他系统感染，如肠道感染、泌尿系统感染、中枢神经系统感染、心血管系统感染。③全身性感染。④脓肿或局限性感染。

（2）非感染性发热：①风湿性疾病。②组织破坏或坏死。③产热过多或散热减少。④下丘脑体温调节中枢疾患。⑤自主神经功能紊乱。⑥其他如药物热、药物中毒、输血或输液反应、高钠血症、炎性肠病及免疫缺陷病等。

（三）中医病因病机

根据小儿"阳常有余，阴常不足"的生理特点，很多小儿急慢性病症都有发热症状，故朱丹溪的《格致余论》中曰："凡小儿有病皆热。"明代王肯堂提到："小儿之病，惟热居多。"本病任何年龄都可发生，无季节性，冬春季节易感风寒，秋季易感暑热，肺胃实热多与饮食不节相关，而阴虚内热则与先天不足、后天失养有关。其具体病因病机分为以下几种。

（1）外感发热：由于小儿体质偏弱，抗邪能力不足，加之冷热不知调节，家长护理不周，易为风寒外邪所侵，邪气侵袭体表，卫外之阳被郁而致发热。

（2）阴虚内热：小儿体质素弱，先天不足或后天营养失调或久病伤阴致津液亏损，水不能制火引起发热。

（3）肺胃实热：多由于外感误治或乳食内伤，造成肺胃壅实，郁而化热。

（四）诊断要点

（1）病史：患儿有感受外邪、乳食不节或先天禀赋不足等病史。

（2）临床表现：正常小儿腋表体温为36℃～37℃（肛表测得的体温比口表约高0.3℃，口表测得的体温比腋表约高0.4℃），一般认为当口腔温度高于37.5℃,或腋窝温度高于37.4℃,或一日之间体温相差在1℃以上,即为发热,伴有呼吸、心率相应加快,精神疲惫、食欲不振、口渴欲饮水、小便黄、舌红、脉数等症状。

（五）临床分型

（1）外感发热:发热,无汗,头痛,怕冷,鼻塞,流涕,苔薄白,指纹鲜红,为外感风寒;发热,微汗出,口干,咽痛,鼻流黄涕,苔薄黄,指纹红紫,为外感风热。

（2）阴虚发热:午后发热,手足心热,形瘦,盗汗,食欲减退,舌红苔剥,指纹淡紫,脉细数。

（3）肺胃实热:高热,面红,气促,不思饮食,便秘烦躁,渴而引饮,舌红苔燥,指纹深紫。

（六）沈氏小儿发热治疗体系

1. 外感发热需"辨六气从化而治"

虽有四时气运不齐,但外感发热与小儿纯阳之体关系密切。盖小儿纯阳之体,六气外感皆可从而化火。虽属火证,但当辨其在何脏腑经络、气分血分,并参以兼症。然后根据患儿体虚实,斟酌使用甘寒苦寒之味。对热病治疗当求其本而治之, "风化为火,火静则风熄;暑化为火,火退则暑平,若专事疏解则火势愈甚而惊作矣"。因于风者,宜疏散;因于寒者,宜温散;因于暑者,从暑治;因于湿者,主平胃;因于燥者,或清燥解肌,或甘寒滋润;并认为丹疹、麻痘、疮疥之类乃一类特殊湿热之邪,其往往郁滞于营卫之间,故发热久久不去。治宜疏托之中,加以和营利湿之品。

2. 疗内伤发热,诊致病之源,分积滞惊恐

小儿脏腑未实,神气未全,内伤发热多由乳食积滞或卒受惊恐,致胃气或神气浮越而发热,或积滞郁久而发热,故当详诊致病之源,于其中推而求之,治疗方能应手。因于伤乳过饱而作吐,吐则胃气浮,浮则生热,故禁用发散,当予以节乳消导;因于伤乳而泄泻发热者,当辨有无火热郁积,有者消乳之中佐以清热解毒,无者但行和中。因于伤食发热者,当辨新久,新者消导,久而渐伤积久,生寒生热,时困时好,肌瘦肤枯,痞结腹大或渴或利,或雀目生翳,或颈项生核等,以致午后潮热,清晨指冷,最为难治;沈老指出此等发热当先益其气而后磨其积。因于惊恐而发热者,惊则气散,气散则神浮,

其热必夜甚，且无外感内伤之症，治当分辨虚实，虚者济养，实者定镇。

3. 兼顾护阴津

热病易致阴伤，乃因毒邪致热，逼津外泄而消阴津，最易耗伤机体阴液，故古人曰："温热，阳邪也，阳盛，伤人之阴也"；又曰："湿热为病，法在救阴"。鉴于小儿为纯阳之体，患病易化热，故医家大多主张治以清热解毒除热。而小儿具有"稚阴稚阳""阳常有余，阴常不足"的生理特点，病邪入里易生热化火伤阴，加之气血不足又易致阴虚发热，故沈老治疗小儿热病，重视顾护阴津，或祛邪佐以扶正，或扶正佐以祛邪，总以扶助正气、祛除毒邪为要。滋阴退热可从根本上调节阴阳失调，使机体恢复平衡而达到退热之目的。"留得一分津液，便有一分生机"，阴液耗伤的轻重直接关系到热证转归和预后，因此治疗小儿热证应时时顾护阴津，且贯穿始终。毒邪留滞伤及阴津而生虚热，治以滋阴退热，选用柴胡、地骨皮、青蒿、生地黄、白薇等，使阴津滋补有源，虚热得清。沈老强调，治疗小儿发热必须注重解毒，致病因素不清除，只养阴增液，亦难达保津养阴之目的，而阴津势必难存。解毒法可祛除伤津之热，从而预防和终止阴液损伤，毒去热退又可使已伤阴液通过养阴护津和人体阴阳调节得到恢复，故解毒是保存人体津液的有效治法。在使用清热解毒法时，即使阴伤并不明显，也常可选加生地黄、知母、葛根等清热养阴之品。而且在解毒清热之剂中选加苦寒之品青蒿以养阴退热，既助清热，又防伤阴。在推拿手法上，体现在"清天河水"，此为清热且不伤阴的手法，另加二人上马、揉内劳宫均为养阴清热的方法。

4. 手法治疗

（1）治疗注意事项。

1）发热是疾病的一种表现，而不是一种独立的疾病。因此，对小儿发热不能单纯地着眼于退热，必须详细检查，明确诊断，积极治疗原发病。

2）高热患儿可每日治疗2次，一般发热者可每日推拿治疗1次，且早期治疗为宜。

3）发热小儿出现以下情况需警惕或紧急处理：①出现热性惊厥；②3个月内婴儿发热；③发热持续超过5天；④发热＞40℃且通过使用对乙酰氨基酚或布洛芬不能在2小时内有效降温；⑤小儿行为明显改变，如不爱玩耍、没有食欲、很少说话、对周围事物漠不关心或突然出现以前从没有过的特殊表现；⑥尿少，提示脱水，如婴儿每天尿湿尿布＜3块，或大一些儿童 8 ～ 12 小时没有小便。

4）提供舒适的降温环境，将患儿置于环境安静、阴凉、空气流通处，衣着要凉爽透气，切忌采用捂被子发汗。发热时宜食容易消化的食物，不要食肉、鱼、虾、蛋等肥甘厚味。及时补充水分和电解质，保持大小便通畅。

（2）外感发热的治疗方法。

治则：清热解表，发散外邪。

处方：开天门 300 次，推坎宫 300 次，揉太阳 50 次，揉耳后高骨 50 次，清肺经 300 次，清天河水 300 次，推天柱骨 300 次。

寒者加推三关 300 次，揉外劳宫穴 50 次，掐揉二扇门 50 次，拿风池穴 5 次；风热者加揉内劳宫穴 100 次，推脊 100 次，加打马过天河 50 次。以上操作介质用姜汁和热水按 1 ：5 比例调制而成。

方义：开天门、推坎宫、揉太阳、揉耳后高骨可疏风解表、发散外邪；清肺经、清天河水、推天柱骨为清热效法。风寒者，推三关、揉外劳宫穴可温中散寒；拿风池穴可散寒解表；掐揉二扇门可发汗解表。风热者，加推脊、揉外劳宫穴以加强疏散风热之效。

加减：若兼咳嗽、痰鸣气急者，加推揉膻中穴、揉肺俞穴、揉丰隆穴、运内八卦；兼脘腹胀满、不思乳食、呕吐者，加揉中脘穴、推揉板门、分腹阴阳、推天柱骨；兼烦躁不安、睡卧不宁、惊惕不安者，加清肝经、掐揉小天心、掐揉五指节。

（3）阴虚内热的治疗方法。

治法：滋阴清热。

处方：补脾经 300 次，补肺经 300 次，揉二人上马 300 次，清天河水 300 次，运内劳宫穴 50 次，推涌泉穴 100 次，按揉足三里穴 300 次。

方义：补脾经、补肺经、按揉足三里穴可健脾补肺、益气养阴；清天河水、运内劳宫清退虚热；揉二人上马滋阴，与运内劳宫相配可达滋阴清热之功。

加减：烦躁不眠者，加清肝经、清心经、按揉百会穴；自汗盗汗者，加揉肾顶、补肾经。

（4）肺胃实热的治疗方法。

治法：清泻里热，理气消食。

处方：清肺经 300 次，清胃经 30 次，清大肠 300 次，揉板门 100 次，运内八卦 300 次，清天河水 300 次，退六腑 300 次，揉天枢穴 50 次。

方义：清肺经、清胃经可清泻肺胃实热；清天河水、退六腑清热除烦；

浙江中医临床名家·沈景允

揉板门、运内八卦理气消食导滞；清大肠、揉天枢穴可疏导肠腑积滞热邪，上穴相配可达消食导滞、清泻里热之功。

加减：呕吐者，加推天柱骨、顺时针方向摩腹；腹痛者，加顺时针方向摩腹、分腹阴阳、拿肚角；食积甚者，可加搓摩胁肋。

（七）沈老常用中药方剂

1. 银翘散（《温病条辨》）

组成：连翘 9 克，银花 9 克，苦桔梗 6 克，薄荷 6 克，淡竹叶 6 克，生甘草 6 克，荆芥穗 6 克，淡豆豉 6 克，牛蒡子 6 克，鲜芦根 15 克。

功效：辛凉透表，清热解毒。

临床应用：温病初起，邪在卫分，卫气被郁，开阖失司，故发热、微恶风寒、无汗或有汗不畅；方中银花、连翘气味芳香，既能疏散风热、清热解毒，又可辟秽化浊，在透散卫分表邪的同时，兼顾了温热病邪易蕴结成毒及多夹秽浊之气的特点，故重用为君药。薄荷、牛蒡子辛凉，疏散风热、清利头目，且可解毒利咽；荆芥穗、淡豆豉辛而微温，解表散邪，此两者虽属辛温，但辛而不烈，温而不燥，配入辛凉解表方中，增强辛散透表之力，是为去性取用之法，以上四药俱为臣药。芦根、竹叶清热生津；桔梗开宣肺气而止咳利咽，同为佐药。甘草既可调和药性，护胃安中，又合桔梗利咽止咳，是属佐使之用。本方所用药物均为清轻之品，加之用法强调"香气大出，即取服，勿过煎"，体现了"治上焦如羽，非轻莫举"的用药原则。

2. 荆防败毒散（《摄生众妙》）

组成：荆芥 9 克，防风 9 克，羌活 6 克，独活 6 克，柴胡 6 克，前胡 6 克，枳壳 6 克，茯苓 6 克，桔梗 6 克，川芎 6 克，甘草 3 克，生姜 3 片。

功效：发散风寒，解表祛湿。

临床应用：此方适用于外感病初起之表寒证。方中荆芥、防风为君，取辛温而收、散风解表之功，增发汗之力；羌活、独活、川芎、生姜发散风寒湿邪，又除头痛身痛；柴胡、薄荷升清透表，散肌表之热；前胡、枳壳、桔梗下气化痰，可治咳嗽胸闷；茯苓、甘草益气健脾，以顾胃气。

3. 柴葛解肌汤加减（《医学心悟》）

组成：柴胡 16 克，葛根 9 克，甘草 3 克，赤芍 6 克，黄芩 6 克，知母 5 克，生地 9 克，丹皮 3 克，生石膏 15 克，连翘 6 克。

功效：解肌清热。

临床应用：此方主治外感风寒，郁而化热证。恶寒渐轻，身热增盛，无汗头痛，目疼鼻干，心烦不眠，咽痛，眼眶痛，舌苔薄黄，脉浮微洪。小儿常外感风寒后出现发热，由于病情变化较快，太阳风寒未解，而又化热入里，身热增盛，此为寒郁肌腠化热所致。

此方以葛根、柴胡为君。葛根味辛性凉，辛能外透肌热，凉能内清郁热；柴胡味辛性寒，既为"解肌要药"，且有疏畅气机之功，又可助葛根外透郁热。黄芩、石膏清泻里热，为臣药。佐以赤芍、丹皮清热凉血；知母、生地养阴清热；连翘清热解毒，疏散风热。甘草调和诸药而为使药。诸药相配，共成辛凉解肌，兼清里热之剂。由于患儿出现高热，此方结合推拿可快速解肌退热，这是沈老最喜欢用的方药之一。

4. 青蒿鳖甲汤（《温病条辨》）

组成：青蒿 6 克，鳖甲 15 克，细生地 12 克，知母 6 克，丹皮 9 克。

功效：养阴透热。

临床应用：方中鳖甲直入阴分，咸寒滋阴，以退虚热，青蒿芳香清热透毒，引邪外出。两药合用，透热而不伤阴，养阴而不恋邪，共为君药。生地甘凉滋阴，知母苦寒滋润，助鳖甲以退虚热。丹皮凉血透热，助青蒿以透泻阴分之伏热。现代研究证实，本方具有解热、镇静、抗菌、消炎、抑制导化作用和滋养强壮的作用。

（八）典型验案

周某，女，4 岁，发热伴咳嗽 2 天。患儿发热，最高体温为 39.6℃。服用布洛芬后体温下降，但仍在 38℃以上，面赤心烦，唇红口干，伴咳嗽，呈阵发性，少痰，质黏不易咳，流涕少量，色浊，鼻塞，咽痛，汗出不多，纳差，尿少色赤，大便偏干。查体：神清，精神疲倦，听诊双肺呼吸音粗，未闻及干湿啰音；咽红充血，扁桃体无肿大，舌质红，苔薄白，脉浮数。查血常规+CRP 示：WBC 为 12×10^9/L，CRP 为 10mg/L。

西医诊断：急性上呼吸道感染。

中医诊断：发热（风热犯肺型）。

沈氏治疗方案：

（1）推拿疗法：患儿仰卧位，蘸热水，开天门 300 次，推坎宫 300 次，揉太阳 50 次，揉耳后高骨 50 次，揉小天心 50 次，清肺经 300 次，清天河水 300 次，退六腑 300 次，推天柱骨 300 次，直至皮肤发红起痧，在大椎、肩

井处针刺拔罐放血 10 秒，治疗结束。

（2）中药内服：治以疏风解表，宣肺止咳。银翘散加减。

连翘 9 克，金银花 9 克，苦桔梗 6 克，薄荷（后下）6 克，淡竹叶 6 克，生甘草 6 克，荆芥（后下）6 克，淡豆豉 6 克，牛蒡子 6 克，鲜芦根 15 克，浙贝 6 克，杏仁 6 克，射干 5 克。服用 3 剂后，患儿热渐退，咳嗽好转，有痰易咳，色黄，去金银花、淡竹叶、淡豆豉，加黄芩 6 克、鱼腥草（后下）9 克，蜜紫菀 6 克，再服 5 剂，痊愈。

（3）疗效：连续推拿 3 次，每天 1 次，每次 20 分钟，1 次后患儿体温下降，微微出汗，夜间不需服用布洛芬，体温控制在 38.5℃以内；2 次后热已退，咳嗽频率下降，开始有痰；3 次后胃纳好转，精神明显好转，咽痛消失，咳嗽有痰可咳出，鼻塞、流涕缓解，大便通畅。结合中药治疗第 8 天痊愈。

四、小儿腹泻

小儿腹泻，是多病原、多因素引起的以腹泻为主的一组疾病。其主要特点为大便次数增多和性状改变，可伴有发热、呕吐、腹痛等症状及不同程度水、电解质、酸碱平衡紊乱。病原可由病毒（主要为人类轮状病毒及其他肠道病毒）、细菌（致病性大肠杆菌、产毒性大肠杆菌、出血性大肠杆菌、侵袭性大肠杆菌，以及鼠伤寒沙门菌、空肠弯曲菌、耶氏菌、金黄色葡萄球菌等）、寄生虫、真菌等引起。肠道外感染、滥用抗生素所致的肠道菌群紊乱、过敏、喂养不当及气候因素也可致病。小儿腹泻是 2 岁以下婴幼儿的常见病。

（一）西医病因及机制

1. 感染性腹泻

（1）病毒性肠炎：各种病毒侵入肠道后，在小肠绒毛顶端的柱状上皮细胞上复制，使细胞发生空泡变性和坏死，其微绒毛肿胀，排列紊乱和变短，使受累的肠黏膜上皮细胞脱落，陷窝上皮迅速增生，自陷窝向外发展，覆盖小肠腔表面，这些增生上皮不能很快分化，无消化吸收功能，致小肠黏膜吸收水分和电解质的能力受到损害，肠液在肠腔里大量积聚而引起腹泻。同时，发生病变的肠黏膜细胞分泌双糖酶不足，活性降低，使食物中糖类消化不良而积滞在肠内，并被细菌分解成小分子的短链有机酸，使肠液的渗透压增高；

双糖的分解不全导致微绒毛上皮细胞钠转运功能障碍，两者均造成水和电解质的进一步丧失。

（2）细菌性肠炎肠道感染的病原菌不同，发病机制亦不同。①肠毒素性肠炎：各种产毒素的细菌可引起分泌性腹泻，如霍乱弧菌、空肠弯曲菌、产毒性大肠杆菌、金黄色葡萄球菌等。病原体侵入肠道后，先黏附在肠上皮细胞刷状缘，并在其表面定居、繁殖，不侵入肠黏膜，然后细菌在肠腔中释放毒素，一种为不耐热肠毒素，与小肠细胞膜上的受体结合后激活腺苷酸环化酶，使三磷酸腺苷转变为环磷腺苷，使细胞内环磷腺苷增多，抑制小肠绒毛上皮细胞吸收钠、氯和水，并促进肠腺分泌氯；另一种为耐热肠毒素，它通过激活鸟苷酸环化酶，使三磷酸鸟苷转变为环磷酸鸟苷，环磷酸鸟苷增多后亦使肠上皮细胞减少钠、氯和水的吸收，促进氯分泌。两者均使小肠液总量增多，超过结肠的吸收限度而发生腹泻，排出大量的无脓血的水样便，可导致患儿水、电解质紊乱。②侵袭性肠炎：各种侵袭性细菌感染可引起渗出性腹泻，如志贺菌属、沙门菌、侵袭性大肠杆菌、耶尔森菌等可直接侵袭小肠或结肠肠壁，穿入上皮细胞内，使细胞蛋白溶解并在其中生长繁殖，使黏膜充血、水肿，炎症细胞浸润引起渗出和溃疡等病变。患儿排出含有大量白细胞和红细胞的菌痢样粪便；结肠由于炎症而不能充分吸收来自小肠的液体，且某些致病菌还能产生肠毒素，故也可同时发生水泻。

2. 非感染性腹泻

非感染性腹泻主要由饮食不当引起，当进食过量或食物成分不恰当时，消化过程发生障碍，食物不能充分消化和吸收而积滞在小肠上部，使肠腔内酸度下降，有利于肠道下部的细菌上移和繁殖，致使食物发酵和腐败（内源性感染），使消化功能更为紊乱。糖类消化不良被细菌分解产生的短链有机酸使肠腔内渗透压增高（渗透性腹泻），并协同腐败性毒性产物刺激肠壁使肠蠕动增加导致腹泻、脱水和电解质紊乱。过敏性腹泻主要是变态反应所致。

（二）中医病因病机

中医学认为，脾胃为后天之本，主运化水谷和输布精微,为气血生化之源。小儿运化功能尚未健全，而生长发育所需水谷精气却较成人更为迫切，故易为饮食所伤；加之小儿对疾病的抵抗力较差，寒暖不能自调，乳食不知自节，一旦调护失宜，则外易为六淫所侵，内易为饮食所伤，故以脾胃病症较为多见。《育婴家秘》所说的小儿"脾常不足"，即是古代医家对小儿多见脾胃疾病

这一生理、病理特点的概括。

引起小儿腹泻的原因主要有以下 4 种。

（1）感受外邪：中医学认为，感受外邪及气候变化与泄泻的发生有密切关系，如"春伤于风，夏生飧泄""夏伤暑，秋伤湿"，明确指出了感受外邪，以及温度、湿度变化与疾病的关系。小儿脏腑娇嫩，藩篱不密，易为外邪所侵，且因脾胃薄弱，不耐受邪，若脾受邪困，运化失职，升降失调，水谷不分，合污而下，则为泄泻。外感风寒暑湿均可致病，盖脾喜燥而恶湿，湿易伤脾，所以有"湿多成五泄"之说。故泄泻虽有多种不同因素，但未有不源于湿者。夏秋季节，暑气当令，气候炎热，雨水较多，湿热交蒸，小儿更易感触而发病。暑热之邪，伤人最速，易耗津气，故每致热迫大肠，骤成暴泻；湿胜而濡泻，故夏秋季节之泄泻，多见者为湿热泻。

（2）内伤饮食：乳食不节是小儿泄泻的重要原因之一。由于调护失宜，乳哺不当，饮食失节，或过食生冷瓜果或不消化食物，皆能损伤脾胃，脾伤则运化功能失职，胃伤则不能消磨水谷，宿食内停，清浊不分，并走大肠，因成泄泻。

（3）脾胃虚弱：先天禀赋不足，后天调护失宜，或久病迁延不愈，皆可致脾胃虚弱。脾虚则运化失司，胃弱则不能腐熟水谷，因而水反为湿，谷反为滞，清阳不升，易致合污而下，成为脾虚泄泻。

（4）脾肾阳虚：脾以阳为运，肾寄命门真火。若小儿禀赋不足，或久病、久泻，均可伤损脾肾之阳。命门火衰，水不暖土，阴寒内盛，水谷不化，并走大肠，而致澄澈清冷、洞泄不禁。盖肾为胃关，开窍于二阴，司二便，如肾中阳气不足，则阴寒独盛，故令洞泄不止。

此外，脾虚久泻尚可引起肝气犯脾，出现烦躁易怒、哭而便泄等肝气横逆、脾失健运的证候；如久泻不止，脾土受伤，肝木无制，往往可因脾虚肝旺而出现慢惊风证；脾虚肺弱，肺易受邪则可出现面色苍白、咳嗽及便溏等。

（三）诊断标准

（1）病史：有乳食不节、饮食不洁或感受外邪等病史。

（2）临床表现：大便次数增多，日行 3～5 次，甚至 10 余次。大便颜色淡黄、黄绿或褐色。大便质地呈蛋花样或水样，可夹黏液、奶片或不消化物。可伴有发热、恶心、呕吐、腹痛、纳差、口渴、尿少等症状。

（3）实验室检查：大便镜检可有少量脂肪球、白细胞或红细胞，大便病原学检查可有轮状病毒阳性或细菌培养阳性。

（四）临床分型

1. 伤食泻

伤食泻主要是因患儿喂养不当伤食后停滞不化，腐浊之物壅积胃肠，致使脘腹胀满疼痛，哭闹不安，厌食，痛则欲泻，泻后痛减，腹胀呕吐，或嗳气酸馊，纳差食少，腹痛拒按，舌苔厚腻或黄腻，脉滑或弦。此类泄泻必须控制饮食，轻者可减少饮食的次数、数量、质量，以清淡有营养的为好；重者需禁食 6～8 小时。患儿不想吃东西时，切忌勉强喂食，可以喂水。

2. 湿热泻

湿热泻主要表现为大便稀薄呈水样蛋花状，酸臭，每天数次甚至可达 10 余次，肛门灼热，小便短赤，或伴发热、呕吐、口渴、烦躁等症状。舌苔黄腻或薄黄，舌质红，脉滑数。饮食应忌刺激性食品、乳食及助湿生热的食物。

3. 寒湿泻

寒湿泻主要表现为恶心呕吐，腹痛腹泻，大便色淡，清稀有泡沫，臭气不重，或伴有形寒身热、鼻塞流涕等症状。舌苔薄白或白腻，舌质淡，脉浮或濡。此证多因腹部受寒或食后吹风，或过食生冷，或食物属性过寒引起。饮食上应避免再进食属性寒凉和难消化的食物。

4. 脾虚泻

脾虚泻主要表现为大便稀薄色淡，臭味不甚，食后则泻，伴有不消化食物残渣，呕吐腹胀，面色萎黄、神疲倦怠。久则形体消瘦，睡时露睛，舌苔薄白或腻，脉细沉或无力。

5. 脾肾阳虚泻

脾肾阳虚泻主要表现为久泻不止，大便清稀或有泡沫，完谷不化，形寒肢冷，面色苍白，神疲气怯哭声微弱，或呕吐清涎，舌苔薄白，舌质淡，脉沉细无力。

（五）沈氏小儿腹泻治疗体系

腹泻是小儿较为常见的消化内科疾病之一，对于该病的治疗西医往往采取收敛、止泻等对症处理措施，近期效果虽好，但远期效果欠佳且易复发。而祖国医学对该病早有记载且具有独特优势，尤其是中医推拿疗法更具安全、操作简便等特点。

1. 注重"脾常不足，健脾为先"

小儿脾常不足，是容易导致腹泻的主要原因。《幼幼集成·泄泻证治》说："夫泄泻之本，无不由于脾胃。盖胃为水谷之海，而脾主运化，使脾健胃和则水谷腐化而为气血以行营卫。若饮食失节，寒温不调，以致脾胃受伤，则水反为湿，谷反为滞，精华之气不能输化，乃致合污下降，而泄泻作矣。"小儿脏腑娇嫩，卫外薄弱，易为外邪所侵，且因脾常不足，脾胃薄弱，不耐受外邪，外感风、寒、暑、湿均可致病。所以，治疗小儿腹泻，健脾升清必不可少，时时以顾护脾胃为要。故沈老建议各类型腹泻均可施加一、二味健脾药，如白扁豆、白术、山药等。在手法操作上着重运用补脾经，按揉足三里等健脾要穴。

2. 主张"脾健不在补贵在运"

北宋医家钱乙《小儿药证直诀·脉证论治》论及五脏辨证时，提出了"脾主困"的重要学术思想，认为脾胃病的证候特点是脾气困遏、运化失职、升降失司。钱乙治疗脾胃病的主方为益黄散，方名益黄，却不取补脾益气之品，以陈皮、木香、青皮理气运脾为主，加炮诃子暖胃，甘草和中，广泛用于慢惊、吐泻、疳证、食不消等多种病证，其立方主旨在于舒展脾气、恢复脾运。清代陈复正将仲景枳术汤易为丸剂，并加藿香、砂仁，乃为"伤食运化之良方"。叶天士在论述小儿病症时经常强调脾升胃降、运化有常的重要性。前人所谓启脾、醒脾、快脾、运脾，其理为一，其法则同。近代江氏提出"脾健不在补贵在运"。所谓"运"，有行、转、旋、动之义，皆动而不息之意。运与化，是脾的功能。运者运其精微，化者化其水谷。故欲健脾者，旨在运脾；欲使脾健，则不在补而贵在运也。在运脾药中，首选苍术，其性味微苦，芳香悦胃，功能为醒脾助运、开郁宽中、疏化水湿，正合脾喜运恶滞、喜燥恶湿之习性；山楂消积开胃、六曲消运兼备，与苍术配伍，助运作用较强。以上三药可作为运脾法的基本选药。

沈老在前人理论基础上结合临床，将"健脾贵在于运"体现在治疗手法上，治疗各型小儿腹泻时，强调运内八卦、推板门、摩腹等手法以达到开郁宽中、运脾行气止泻之功效。

3. 手法治疗

各证型的手法治疗方案如下所述。

（1）伤食泻治疗。

治则：理气和胃，消积止泻。

处方：推板门300次，清大肠300次，清天河水100次，补脾经300次，清胃经 300 次，掐揉四缝穴 5 遍，揉足三里穴 50 次，顺时针摩腹 300 次，推下七节骨 100 次。

（2）湿热泻治疗。

治则：清解热邪，化湿止泻。

处方：清大肠 300 次，补脾经 300 次，推板门 100 次，运内八卦 100 次，推箕门 100 次，顺时针摩腹 300 次，推下七节骨 100 次，捏脊 3 遍。

（3）寒湿泻治疗。

治则：疏风散寒，化湿止泻。

处方：推上三关 300 次，揉一窝风 50 次，揉外劳宫穴 100 次，推板门 300 次，运内八卦 100 次，补大肠 300 次，逆时针摩腹 300 次，捏脊 3～5 遍。

（4）脾虚泻治疗。

治则：健脾益气，除湿止泻。

处方：推上三关 300 次，退六腑 100 次，补脾经 300 次，揉板门 200 次，运内八卦 100 次，揉足三里穴 50 次，顺逆时针摩腹各 300 次，捏脊 3～5 遍。

（5）脾肾阳虚泻治疗。

治则：温补脾肾，化湿止泻。

处方：该症是在脾虚泻手法基础上，加温阳补肾的穴位，揉外劳宫穴 100 次，补肾经 300 次，揉百会穴 50 次。

在以上症型中，沈老治疗湿热泻和脾虚泻相对较多，治疗湿热泻重用推箕门穴，该穴具有通利小便的作用，应用"利小便实大便"的原理，达到良好的止泻效果。在治疗脾虚泻时，由于腹泻日久，肠道黏膜受损，常出现即食即泻、肛门排气带出大便等气虚症状，故益气健脾起到关键作用，故重用补脾、肺经，推上三关，捏脊。

（六）沈老常用中药方剂

1. 保和丸加减（《丹溪心法》）

组成：神曲 10 克，山楂 10 克，茯苓 10 克，黄连 3 克，半夏 5 克，陈皮 3 克，连翘 3 克，莱菔子 10 克。

功效：消食导滞，和胃止泻。

临床应用：方中重用山楂，能消一切饮食积滞，尤善消肉食油腻之积，为君药。神曲消食健脾，善化酒食陈腐之积；莱菔子下气消食，长于消谷面之积，并为臣药。君臣相配，可消一切饮食积滞。因食阻气机，胃失和降，

故用半夏、陈皮行气化滞，和胃止呕；食积易于生湿化热，又以茯苓渗湿健脾、和中止泻；连翘清热而散结，黄连清热止泻共为佐药。诸药相合，共奏消食和胃、清热祛湿之功，使食积得消，胃气得和，热清湿去，诸症自愈。

2. 葛根芩连汤加减（《伤寒论》）

组成：葛根 15 克，黄芩 5 克，甘草 3 克，茯苓 10 克，泽泻 10 克，厚朴 5 克，车前草 10 克，黄连 3 克。

功效：清热止泻。

临床应用：方中葛根辛甘而凉，入脾胃经，既能解表退热，又能升脾胃清阳之气而治下利，故为君药。黄连、黄芩清热燥湿止泻，故为臣药；佐以茯苓、泽泻、车前草利水渗湿止泻，厚朴燥湿止泻，甘草甘缓和中，调和诸药，为佐使药。

3. 藿香正气散加减（《太平惠民和剂局方》）

组成：藿香 6 克，紫苏叶 5 克，半夏 5 克，茯苓 9 克，炒白术 9 克，陈皮 5 克，厚朴 5 克，大腹皮 6 克，泽泻 6 克，甘草 3 克。

功效：解表化湿，和中止泻。

临床应用：方中藿香芳香化湿、理气和中，为君药。紫苏叶解表散寒、和中去湿。炒白术、茯苓补脾益气、利湿和中，共为臣药。厚朴、大腹皮燥湿除满、行气宽中；陈皮、半夏理气和胃、燥湿止泻。泽泻利水渗湿，甘草健脾和中、调和药性，共为使药。诸药合用，共奏解表化湿、和中止泻之功。

4. 参苓白术散（《太平惠民和剂局方》）

组成：人参 10 克，茯苓 10 克，炒白术 10 克，山药 10 克，炒白扁豆 6 克，莲子 6 克，薏苡仁 10 克，砂仁 6 克，桔梗 6 克，炙甘草 6 克。

功效：健脾益气，渗湿止泻。

临床应用：方中人参、白术、茯苓益气健脾渗湿为君。脾虚肝火旺盛者，人参常用党参代替。配伍山药、莲子肉助君药以健脾益气，兼能止泻；并用炒白扁豆、薏苡仁助白术、茯苓以健脾渗湿，均为臣药。更用砂仁醒脾和胃、行气化滞，是为佐药。桔梗宣肺利气、通调水道，又能载药上行、培土生金，为佐药；炙甘草健脾和中、调和诸药，为使药。综观全方，补中气、渗湿浊、行气滞，使脾气健运，湿邪得去，则诸症自除。沈老治疗脾虚泻患儿时，由于该证时久不愈，故常结合该方加减一起服用，可缩短病程，增加疗效。

5. 四神丸加减（《内科摘要》）

组成：补骨脂 10 克，煨肉豆蔻 5 克，五味子 5 克，吴茱萸 5 克，生姜 3

片，大枣5枚。

功效：温肾散寒，涩肠止泻。

临床应用：方中重用辛苦性温之补骨脂为君，尤善补命门之火以温暖脾土，是壮火益土、治肾虚泄泻之要药。臣以辛温性涩之肉豆蔻温中行气、涩肠止泻，与补骨脂共奏温肾暖脾、涩肠止泻之功，相得益彰。佐以吴茱萸温脾肾散阴寒；五味子收敛固涩，助君、臣药涩肠止泻。生姜温胃散寒；大枣健脾益胃，两者配伍调脾胃，以助运化，而为佐使。沈老治疗脾虚泻患儿时，由于该证时久不愈，故常结合该方加减一起服用，可缩短病程，增加疗效。

（七）典型验案

验案1 患儿，男，2岁8个月，纳差伴腹泻2天。

家长代诉2天前摄入虾和鸡蛋后出现大便次数增多，日行3次，大便量多，味酸臭，伴不消化食物残渣和黏液，胃纳减少，口气酸臭，夜间哭闹不安。查体：神清，精神软，体温为37.4℃，腹膨隆，胀气明显。舌红苔白腻，指纹紫滞。

西医诊断：消化不良。

中医诊断：伤食泻。

沈氏治疗方案：

（1）推拿疗法：患儿取仰卧位，用滑石粉清板门200次，清大肠300次，清天河水100次，补脾经300次，清胃经300次，清心平肝100次，掐揉四缝穴5遍，揉双侧足三里穴50次，顺时针摩腹300次，推下七节骨100次。在脾俞穴和大肠俞穴闪罐各5次，治疗结束。

（2）中药内服：治以理气和胃，消积止泻。保和丸加减。

生山楂15克，茯苓5克，半夏3克，陈皮3克，连翘3克，莱菔子5克，枳壳3克，厚朴3克。3剂。

（3）疗效：每天推拿1次，每次20分钟，治疗1次后患儿精神明显好转，大便日解2次，黄色糊状，夜间睡眠好转，不再哭闹；治疗2次后，胃纳好转，舌苔由厚腻转薄腻，治疗3次后痊愈。

验案2 患儿，女，8个月，腹泻2个月。

家长代诉2个月前因饮食不当后出现反复大便次数增多，日行3～8次，大便时呈水样、蛋花样、糊状，臭味不甚，食后则泻，伴有奶瓣和黏液，曾服用希刻劳、十六角蒙脱石、益生菌等西药，腹泻反复，一直未愈，目前不敢添加辅食，以母乳和水解奶粉为主，奶量每日600～800ml，夜奶2次，

夜寐欠佳。查体：神清，神疲倦怠，面色偏黄，睡时露睛，体温正常，腹软，胀气不明显。舌红苔薄白，指纹淡紫。

西医诊断：消化不良。

中医诊断：脾虚泻。

沈氏治疗方案：

（1）推拿疗法：患儿取仰卧位，用滑石粉推上三关300次，退六腑100次，补脾经300次，揉板门200次，运内八卦100次，揉足三里穴50次，顺逆时针摩腹各300次，捏脊3～5遍。在双侧脾俞穴和大肠俞穴闪罐5次，治疗结束。嘱奶粉分4次摄入，每次150～180ml，每日4次；增加纯米糊、大米粥等淀粉类辅食，每日2次，每次小碗半碗。

（2）中药内服：治以健脾益气，渗湿止泻。参苓白术散加减。

党参3克，茯苓4克，炒白术3克，山药3克，炒白扁豆3克，莲子2克，薏苡仁5克，砂仁2克，炙甘草2克、枳壳3克。7剂。

（3）疗效：1周推拿3次，每次20分钟，治疗3次后患儿精神好转，面色转红润，食后即泻症状减少，大便日行2～3次，黄色糊状，夜间睡眠好转，不再哭闹；治疗7次后，大便日行1次，色黄成形，痊愈。

五、痛经

痛经（dysmenorrhea）是指在月经期或行经前后周期性出现下腹部疼痛和（或）腰骶部酸胀不适，时伴恶心呕吐、头晕乏力，甚则痛剧晕厥，亦称"经行腹痛"。临床上该病发病率较高，80%的女性都患有不同程度的痛经，尤以青少年、未婚未育女性居多，其病程长，病势急，病情反复，严重影响女性生活质量及心理健康状态。痛经分为原发性和继发性两类。中医推拿治疗痛经疗效明确，临床以原发性痛经治疗为主，且疗效优于继发性痛经。

（一）西医发病机制

（1）原发性痛经：发病机制复杂，病因不明确，目前有以下相关因素。

1）内分泌因素：内分泌因素如前列腺素、催产素、雌激素、孕激素、血管加压素等与痛经发生密切相关，其中现代医学公认子宫内膜前列腺素升高是引起子宫平滑肌收缩、痉挛主因，子宫缺血、缺氧是导致痛经的主因。

2）神经及神经递质因素：现代研究表明，痛经的发生可能与神经和神经递质有关。Chen 等通过腹腔镜切除骶前交感神经治疗原发性痛经取得良好疗效。Fujii M 采用切除宫骶韧带及相关子宫、宫颈敏感神经纤维针对药物治疗无效痛经也有较好效果。子宫肌肉中存在肾上腺素能神经和胆碱能神经。去甲肾上腺素可引起子宫平滑肌小血管持续性痉挛产生痛经；乙酰胆碱可激活疼痛神经元，痛经的产生可能与其有关。

3）其他因素：有研究报道原发性痛经还与遗传因素、心理因素、免疫因素、经济因素等有一定联系。

（2）继发性痛经：多发生于较明确的盆腔器质性疾病，如盆腔炎、子宫腺肌症、子宫内膜异位症、子宫肌瘤（特别是黏膜下子宫肌瘤）。

（二）中医病因病机

痛经属中医学疾病中的"经行腹痛"范畴，无论外感六淫、七情内伤、饮食劳逸、外伤、瘀血、痰饮等均可导致痛经的发生。祖国医学认为痛经病位在胞宫、冲任，变化在气血，主要病机为冲任二脉气血失司，气滞血瘀、寒凝血瘀、湿热蕴结等致胞宫气血运行不畅，"不通则痛"；或素体气血不足，肝肾亏虚，胞宫失于濡养，"不荣则痛"。《河间六书》云："妇人童幼天癸未行之间，皆属少阴；天癸即行，皆属厥阴论之；天癸即绝，乃属太阴经也。"肝藏血、主疏泄；脾统血，主运化；肾藏精，精生血。女子月事功能有赖于肝、脾、肾三脏，若肝、脾、肾功能调节异常，则胞宫、冲任气血运行失常而致痛经。

（三）诊断标准

经期或经行前后小腹疼痛，痛及腰骶，甚则昏厥。痛经呈周期性发作。其好发于青年未婚女子。辅助检查可排除盆腔器质性疾病所致腹痛。

（四）临床分型

（1）气血瘀滞：经前或经期小腹胀痛拒按，或伴乳胁胀痛。经行量少不畅，色紫黑有块，块下痛减。舌质紫暗或有瘀点，脉沉弦或涩。

（2）寒湿凝滞：经行小腹冷痛，得热则舒，经量少，色紫暗有块。伴形寒肢冷，小便清长。苔白，脉细或沉紧。

（3）肝郁湿热：经前或经期小腹疼痛，或痛及腰骶，或感腹内灼热。经行量多质稠，色鲜或紫，有小血块。时伴乳胁胀痛，大便干结，小便短赤，平素带下黄稠。舌质红，苔黄腻，脉弦数。

（4）气血亏虚：经期或经后小腹隐痛喜按，经行量少质稀。形寒肢疲，头晕眼花，心悸气短。舌质淡，苔薄，脉细弦。

（5）肝肾亏损：经期或经后小腹绵绵作痛，经行量少，色红无块。腰膝酸软，头晕耳鸣。舌淡红，苔薄，脉细弦。

（五）沈氏痛经治疗体系

1. 从瘀论治，调和气血

痛经最早见于《金匮要略·妇人杂病脉证并治》："带下，经水不利，少腹满痛，经一月再见者，土瓜根散主之。"言此病乃瘀血所致，治宜活血化瘀。《素问·举痛论》曰："血不得散，小络急引，故痛。按之则血气散，故按之痛止。"瘀血阻滞胞宫，经脉拘急而痛，推拿能够行气活血止痛，对于瘀血闭塞之证有良好功效。《医宗金鉴》云："凡经来腹痛，在经后痛则为气血虚弱，经前痛则为气血凝滞。"一般临床治病痛经表现为实证居多，尤其是经期前或经前期痛作者，或因气滞，或因寒滞，或因血滞，或因湿滞，胞宫气机不畅，气血运行失调，瘀阻冲任，不通而痛，临证以化瘀止痛、调和气血为原则。胞宫位于下焦，少腹深部，沈老取任脉为中轴，运掌于少腹，以气海、关元穴为核心，施按揉法和振法。气海穴为人体气机之枢纽，关元穴为人身元阴元阳交关之处，亦为先天之气海，气为血之帅，瘀滞得气机推动而消散，周于蕃曰："揉以和之……可以和气血、活筋络，开脏腑之闭塞"，《厘正按摩要术》云："按能通血脉"，掌面按揉气海、关元穴以酸胀温热为要，可疏利下焦气机、通调胞血，达气血调和之功。振法始见于《诸病源候论》："偃卧，合两膝，布两足，伸腰，口纳气，振腹自极七息，除壮热疼痛"，医者前臂和手掌做强烈的静止性收缩，产生高频而轻柔的震颤，通过掌心将震颤传递至患处，力达内脏，产生渗透性热感，瘀滞得温而散。现代研究表明高频的震颤可以扩张毛细血管，减低血流外周阻力，使得血流、循环加快，促进致痛因子代谢，减轻疼痛症状，同时还能减少毛细血管内血液表面黏度，起到活血化瘀的功效。

2. 从脊论治，阴阳同调

脊柱相关疾病是我们推拿临床的优势病种，沈老不仅专病深研，创新技术，更是把从脊论治的思维渗透到内外妇儿相关疾病的治疗当中。

脊柱位于人体后正中，督脉起于胞宫，延脊而行，与冲任"同出异行，一源三歧"，三者对女子胞的精血盛衰、功能强弱起到协调作用。任脉走行体前为阴，督脉贯于身后为阳，一阴一阳，互根互用。《诸病源候论·妇人杂病候门》言："夫人月水来腹痛，有劳伤血气，以致体虚，受风冷之气客于胞络，损冲任之脉。"经来腹痛，体虚受冷而作，督脉为"阳脉之海"，主一身正气，司生殖，其温煦功效，能暖宫祛瘀，平冲任之损。膀胱经在背部走行于脊两旁，阳气升发之所，又与肾经相表里，五脏六腑之精气在其背部第一侧线上输注和聚结。沈老在治疗痛经时，除上述少腹操作外，更注重少腹相对的腰骶部施治，除局部能产生温热刺激外，可热引少腹，疏通胞脉气血，阴阳同调。

脊柱的中正是人体阴阳平衡的根本，脊连脑通髓，脊神经从椎间孔发出布散全身各处，支配躯体、内脏运动和感觉。盆腔的内脏、血管和腺体依赖自主神经系统向中枢反馈，调节平滑肌运动、腺体分泌。盆腔及脏器受交感和副交感神经双重支配，交感神经来自胸部下段和腰神经交感节，其发出的神经纤维下行至盆腔分为卵巢神经丛和骶前神经。盆内脏神经属于副交感神经，由第2～4骶神经前支中的副交感神经节前纤维组成。骶前神经和盆内脏神经等在直肠子宫颈和阴道穹窿两侧，膀胱的后方组成盆丛，其纤维随髂内动脉的分支分别形成膀胱丛、子宫阴道丛和直肠丛等，随相应的血管进入脏器。现代推拿学认为脊柱稳态失衡，如腰骶小关节错位、脊柱侧凸、腰椎—骨盆承重力线改变等会引起附近肌肉软组织痉挛，产生无菌性炎症，压迫或刺激脊神经，导致神经兴奋传导异常，产生神经—内分泌反射，释放递质，引起子宫强烈痉挛、收缩，组织缺血产生疼痛感。对于痛经患者，沈老尤其重视脊柱查体，特别是腰骶段及骨盆的关节分布，对于错乱的关节，采用腰椎侧卧位斜板法纠正紊乱的节段，使脊柱恢复平衡，对于此类痛经案例，疗效甚好。

3. 重视脏腑，辨证论治

治疗内科疾病必然离不开脏腑理论的支持。五脏六腑皆可致病，痛经与肝脾肾三脏功能失常最为密切。"女子以肝为先天"，而又易因情志所伤，肝失调达，气机失利，郁而气滞，或因湿热之邪，困郁肝经，损伤冲任、胞宫出现痛经；脾胃为后天之本，脾胃功能失调，则气血生化乏源，胞宫缺少气血充盈，气血亏虚而作痛；肾主生殖，肾阳亏虚，胞宫失于温煦，易"体虚受风"，寒凝经脉，拘急而痛。从经脉循行来看，三经均从足发出，向上走行，协冲任入腹，经脉所过，主治所及。《针灸逢源》记载："经水正行，小腹痛，合谷、阴交。"三阴交为三条经脉气血交会之处，具有健脾利湿、

疏肝补肾、活血通经之功效，是临床治疗痛经的经验要穴，沈老善用一指禅推三阴交穴，能通利三经血脉，调整胞宫功能。沈老认为此类疾病宜攻补兼施，内外同调，辅以经方，气滞血瘀证采用膈下逐瘀汤、少腹逐瘀汤加减，以祛瘀生新、活血止痛；寒凝血瘀证服温经汤加减，以温经散寒活血；肝郁湿热证用清热调血汤和逍遥散加减；气血不足证常用圣愈汤、八珍汤加减，以补气养血，调经止痛；肝肾亏虚者予以调肝汤，以补益肝肾，养血止痛。

4. 手法治疗

（1）治则：调和气血，化瘀止痛。

（2）基本操作。

1）患者仰卧位，顺时针摩腹 5 分钟；掌面按揉气海、关元穴各 1 分钟；掌振少腹 5 分钟，以透热为度；一指禅推三阴交穴 1 分钟，以酸胀为度。

2）患者俯卧位，医者在腰部脊柱两侧及骶部施行㨰法，点擦命门、肾俞、气海俞、八髎穴各 2 分钟。

3）患者侧卧位，位于下面的腿伸直，位于上面的腿屈髋屈膝，医者一手按于患者肩前部，另一手肘抵住臀部，两手协调向相反方向用力，缓缓扭转腰椎，当达到旋转最大限度，施以快速有力的扳动，常可听到"咔嗒"声响，左右各一次。

（3）辨证加减。

1）气滞血瘀：按揉太冲、血海、地机穴各 1 分钟，擦胁肋 1 分钟，行气活血。

2）寒湿凝滞：按揉水道、归来、血海穴各 1 分钟，直擦督脉，以透热为度，温经散寒祛湿。

3）肝郁湿热：点按太冲、行间、三阴交穴，以酸胀为度，清利湿热。

4）气血亏虚：加揉中脘、足三里、血海、脾俞、胃俞穴各半分钟，以补益气血。

5）肝肾亏虚：按揉肝俞、肾俞、腰阳关穴，直擦涌泉穴，以透热为度，以补肾益精。

（六）沈老常用中药方剂

1. 膈下逐瘀汤（《医林改错》）

组方：当归 12 克，赤芍 12 克，桃仁 10 克，川芎 10 克，枳壳 10 克，红花 6 克，延胡索 10 克，五灵脂 10 克，丹皮 9 克，乌药 3 克，香附 6 克，甘草 6 克。

功效：活血化瘀，行气止痛。

临床应用：方中当归、川芎活血养血调经；赤芍、桃仁、红花、丹皮活血化瘀止痛；枳壳、香附、延胡索理气通经止痛；甘草调和诸药。沈老对于经前或经期腹痛拒按，血块较多，胸胁、乳房胀痛的痛经患者多以此方为底方，随症加减。

2. 黄芪建中汤（《金匮要略》）

组方：黄芪 15 克，党参 15 克，桂枝 9 克，白芍 9 克，生姜 6 克，大枣 3 枚，饴糖适量，当归 10 克，熟地 10 克，山药 15 克，炙甘草 6 克。

功效：益气养血，缓急止痛。

临床应用：方中黄芪、党参、桂枝补气生血，温阳通经；当归、熟地、白芍养血和血，缓急止痛；山药、生姜、大枣、饴糖、炙甘草补中益气，以气生血。沈老运用本方主治经期或后期腹痛隐隐，月经量少色淡，面白体乏，气血不足者。

（七）典型验案

患者，女，28 岁，老师，未婚未育。

主诉：行经期间腹痛 14 年余。

现病史：患者初潮后每于月经期出现小腹及腰骶部胀痛，疼痛拒按，严重时面白肢冷，恶心欲吐，经血量少，色紫暗，血块多，平素性急，经前期常伴乳房胀痛，胸胁烦躁，纳寐一般，二便调。初潮为 14 岁，（5～7）天/（25～30）天，妇科辅检、子宫 B 超未见明显异常。

查体：腰椎生理曲度存在，L_5 椎旁轻压痛，"4"字试验阴性，舌暗红，苔白，脉弦涩。

西医诊断：原发性痛经。

中医诊断：经行腹痛（气滞血瘀型）。

沈氏治疗方案：

（1）推拿疗法：患者先采取仰卧位，掌按气海、关元穴各 1 分钟，有酸胀得气感；以肚脐为中心，手掌顺时针摩腹 5 分钟；掌心轻置腹部，前臂和手伸直，做强烈的静止性收缩，通过掌心将高频而柔和的震颤传递至少腹，以患者小腹温热为度；拇指按揉三阴交、太冲、血海、地机穴，以局部酸胀为要；沿肋骨，立两掌成八字，用小鱼际分擦胁肋 1 分钟；再取俯卧位，于

浙江中医临床名家 · 沈景允

腰骶部膀胱经、督脉施行㨰法，放松局部肌肉，拇指点按命门、肾俞、气海俞、次髎穴，至酸胀得气，横擦八髎穴，使得深部透热；最后取侧卧位，行腰椎斜扳法，左右各 1 次，调整 L_5、S_1 关节位置关系。

（2）中药内服：治以活血化瘀，行气止痛。膈下逐瘀汤加减。

当归 12 克，赤芍 15 克，桃仁 10 克，川芎 10 克，枳壳 10 克，延胡索 10 克，五灵脂 10 克，红花 6 克，乌药 3 克，香附 6 克，郁金 6 克，桂枝 6 克，甘草 6 克。每于月经前 1 周开始服用，经至药停，随症加减。

疗效：每次治疗于月经前 1 周开始，每日 1 次，7 日为 1 个疗程，待下一次月经前 1 周，进入第 2 个疗程。3 个疗程后，症状基本痊愈，随访半年，未见复发。

第五章

学术成就

第一节 治病探源重辨证

治病探源必先求因，以明疾病症结之所在。这是历代医家一贯倡导的，其要旨必先运用中医理论辨证候之寒热、虚实、阴阳、气血，然后根据疾病所属脏腑、寒热、虚实状况，以及涉及的经络，总结病因、病机以明确诊断，为采取的治疗措施提供可靠的理论依据。因此，治病探源，在临床上包括探求疾病的起因、机体与病邪的正邪相争、脏腑的盛衰、阴阳失调的整体病理变化等，抓住病理变化的主要环节，着手治疗。因此，必须掌握疾病发生和演变的过程，才能正确地确立治疗原则。

祖国医学认为，自然界的各种事物，其发生、发展、变化皆由于事物内部存在着相互对立的阴阳两个方面，这两个方面的相互作用是事物运动变化和发展的内在动力。这就是阴阳学说对自然事物生化极变的观点。

五行学说认为宇宙的一切事物，都是由木、火、土、金、水五种基本物质经抽象化后形成的。《黄帝内经》运用阴阳五行学说阐明人体生理、病理、诊断和治疗的规律，由此产生"阴平阳秘，精神乃治"之说，而五行则对人体脏腑组织进行属性归类，运用五行的特性来阐明五脏的功能，又运用五行相生相克的理论来论证五脏之间功能上的联系规律，而有"亢则害，承乃制，制则生化，外列盛衰，害则败乱，生化大病"之说。《黄帝内经》中的藏象学说，则研究了人体各脏器组织及其水谷运化、水液代谢、精神情志活动方面生理和病理的变化规律，以及这些活动规律与外在环境之间的相互关系。

运用治病求本、辨证溯源的思路治疗疾病。治病求本，就是寻找疾病的根本原因，抓住疾病的本质进行治疗，这就是辨证论治的根本原则。在疾病发展变化的过程中，标和本是一个相对的概念，也就是疾病变化过程中阴阳、寒热、虚实、气血等的变化，是表象和实质的矛盾的主次关系的演变。如从正邪双方来说，正气为本，邪气为标；从病因与症状来说，病因为本，症状为标；从疾病的先后来说，旧病为本，新病为标，继发疾病为标。有些症状的出现往往只是疾病的表象，并不能反映疾病的真正实质。因此，只有在临证时充分了解疾病本质的前提下，通过认真细致地辨证分析，找出疾病发生与发展过程的原因与本质，才能做出正确的诊断。如腰腿痛，可有腰椎间盘突出症、腰肌劳损、腰椎小关节紊乱、腰椎管狭窄症、腰部肌筋膜炎、腰椎滑脱症、硬脊膜肿瘤等几十种疾病。在认真细致地检查、分析下，找出疾病发生的真正原因，然后根据不同的疾病采取不同的应对措施。而遇到同一种疾病，也要通过辨证分析确定证型。如同为肾虚型腰腿痛，常以阴阳盛衰的变化，综合舌苔脉象来辨证，有脾肾阳虚型腰腿痛、肾阴虚型腰腿痛等。如腰腿痛患者辨证时是属肝肾阴虚型腰腿痛，则在治疗时应肝肾同补。肝肾同源，滋水涵木。手法取穴，应为肝俞、肾俞、水冲、三阴交等穴。如一急性腰痛患者，沈老认为腰为肾之外府，肾与膀胱互为表里，因而取睛明穴以按之，常取得意想不到的效果。

1977 年 3 月～1979 年 3 月，沈老通过辨证研究，自行发明用 20% 中药枯矾（明矾）溶液配制成滴眼液，治 77 例急性腰扭伤在临床上获得满意的效果。

如一患者，男，45 岁，排球教练。因腰痛活动不利 4 天来医院推拿科门诊求诊，自述在训练时不慎扭伤腰部。曾在其他医院推拿治疗 4 次，症状未见好转，也不能起床活动。于 1978 年 12 月 30 日由担架送来浙江省中医院推拿科就诊。体征检查：L_4/L_5 椎间棘突压痛，腰椎生理曲度存在，两侧腰肌紧张且有压痛，腰部活动功能障碍，双下肢直腿抬高试验（-）。诊断：急性腰扭伤。沈老的治疗方法：用 20%A.K.S（明矾配制而成）滴眼剂滴双眼各 2 滴，用药后双目流泪，略有刺痛感，3 分钟后患者腰部疼痛明显减轻，能自行起床、步行活动。当时复查可见，L_4/L_5 轻度压痛，腰肌紧张缓解，腰部伸屈度接近正常，双下肢抬腿试验（-）。

从上述例子可以看出，人体对于经络学说而言，是和内在脏腑有着密不可分的联系的又一组织结构系统，它与脏腑器官共同构成人体生命活动的基础，是研究人体经络系统的组成内容、生理功能、病理变化及其与脏腑关系的学说。沈老在辨证时常运用经络学说阐明疾病的病因病机。如对某些腰椎间盘突出症患者的辨证分析，认为或瘀或虚致腰部枢机失利。而足太阳膀胱经为循腰背下肢，故可出现腰痛连及大腿疼痛、麻木之症等。

《黄帝内经》中的病因学说，是研究引起人体疾病发生的各种因素及其性质、致病特点和临床表现的一门学说，而病机学说是研究和探讨疾病发生、发展、变化的机制和规律的一门学说。沈老熟读中医经典，常告诫后辈，认为中医治病难在辨证的正确与否，如果辨证错误，那么等于疾病的源头搞错了，以后的治疗方案就会偏离正确的轨道。而辨证的重中之重是求因，寻找发病的起始原因，在搞清发病原因后，可以制定相应的治疗原则，采取具体的治疗措施，该用药就用药，该用针灸推拿就用针灸推拿，该正骨就正骨。

沈老在临证时常结合疾病的阴阳属性、寒热虚实等，对产生证候的原因和机制进行辨析。如一肩凝症患者，有肩痛、活动不利、面色少华的表现，有受凉史，舌淡、苔质白、脉沉细。沈老经仔细诊察后认为此乃年老体虚、气血不足、气机失调，并兼风寒湿邪外侵，因体虚不能抵御外邪，而成痹病。痹着关节，寒凝血脉，关节涩滞而失用。然后据此辨证，认为宜用轻手法，温阳散寒，逐步驱散外邪、疏通经络、分离粘连，并嘱保暖，加强功能锻炼以助恢复。

辨证治病，有异病同治和同病异治之分，然而其首要任务是对疾病有一个正确的认识，结合现代医学的检测手段，需要对疾病做出明确的判断，只有这样才能确保理法方药及治疗的正确。沈老对人体各部临床常见的伤科疾病都做出了明确的鉴别诊断。

一、头面部

颞颌关节紊乱症

颞颌关节紊乱症是指由外伤或受凉及其他原因引起的无菌性炎症导致出现颞下颌关节僵硬、疼痛、开口困难、咀嚼无力等症状。

1. 发病机理

（1）由于下颌关节的急慢性损伤，使得关节盘内压力增大，反复研磨导致关节盘损伤，发生下颌关节交锁。

（2）关节周围肌肉过度兴奋与抑制，使关节失去平衡状态。如翼外肌的

浙江中医临床名家·沈景允

过度兴奋造成关节半脱位，活动时会出现弹响声。

（3）上下牙的咬合关系紊乱引起颞颌关节周围肌群发生痉挛。

（4）颞颌关节的先天畸形，使得关节运动时不协调而出现症状。

2. 鉴别诊断

临床上的鉴别诊断，可与关节骨折、类风湿关节炎鉴别。

（1）骨折：有明显的外伤史，局部肿胀、疼痛明显，张口、闭口功能缺失，X线检查可发现骨折。

（2）类风湿关节炎：一般好发于中青年女性，具有全身其他兼症，如乏力倦怠、食欲不振、体重减轻、低热等，还有四肢关节疼痛、活动不利，以指间关节开始逐渐累及其他关节，往往呈对称性，关节出现强直、变形。实验室检查可以发现血沉加快，类风湿因子呈阳性，X线检查可以发现骨关节呈梭形性变。

二、颈项部

（一）神经根型颈椎病

神经根型颈椎病是指由于急慢性损伤、姿势不良、颈椎发育不全引起颈椎椎间盘变性、突出，以及颈椎骨质增生等引起压迫神经根产生颈部活动不利、颈肩臂疼痛、麻木、手持物无力等一系列症状。

鉴别诊断

本病应与风湿性关节炎、落枕、胸廓出口综合征进行鉴别。

（1）风湿性关节炎：具有颈肩臂以外的关节、肌肉疼痛史，无放射性疼痛，臂丛牵拉试验阴性，风湿性关节炎一般会出现肘关节、膝关节等大关节肿胀疼痛。麻木区不按脊神经反射节段分布，服用抗风湿药物症状缓解。

（2）落枕：起病较急，无肩部以下疼痛麻木，无脊神经根压迫症状。

（3）胸廓出口综合征：一般是单侧上肢疼痛、麻木，肢体发冷，感觉异常，患肢远端可出现发绀、肿胀等雷诺病、艾迪生病现象，挺胸试验及过度外展试验阳性。X线检查显示第7颈肋、横突过长。肌电图检查可以区别肌源性和神经源性受压的传导速度变化。

（二）脊髓型颈椎病

本病临床常表现为病变以下的肢体张力增高，肌力减弱，腱反射亢进，霍夫曼征阳性，有些患者可出现髌阵挛和踝阵挛。CT、MRI 显示脊髓受压，脑脊液检查可显示脊髓部分或完全梗阻。

鉴别诊断

本病可与颈脊髓肿瘤、脊髓粘连性蛛网膜炎、脊髓空洞症鉴别。

（1）颈脊髓肿瘤：表现为颈肩臂手麻木疼痛，同侧上肢为下运动神经元无损害，下肢为上运动神经元无损害。症状逐渐加重，发展到对侧下肢，最后到达对侧上肢。压迫节段平面以下感觉减退，运动障碍，最后脊髓呈横贯性损害。X 线检查显示椎间孔增大，椎体或者椎弓破坏，CT、MRI 可有阳性发现。

（2）脊髓粘连性蛛网膜炎：表现为脊神经根感觉根和运动根神经的症状，也可以有脊髓传导束症状，腰椎穿刺示脑脊液有不完全或完全梗阻现象。脊髓造影示造影剂通过蛛网膜下腔困难，并分散为点滴延续的条束状。

（3）脊髓空洞症：好发于年轻人，大多为20～30岁，痛觉与其他感觉分离，以温度感觉减退或者消失较为突出。

（三）椎动脉型颈椎病

本病表现为头部过伸或者转头运动时，出现位置性的眩晕、恶心、呕吐、耳鸣、耳聋等症状。

鉴别诊断

本病可与内耳动脉堵塞、梅尼埃病、直立性低血压鉴别。

（1）内耳动脉堵塞：突发的耳鸣、耳聋、眩晕，症状严重，持续不减。

（2）梅尼埃病：平时可以没有症状，当劳累、睡眠不足、情绪激动而发作。发作时出现眩晕、耳鸣耳聋、恶心呕吐、眼球震颤等症状。

（3）直立性低血压：患者会由于体位变动，如下蹲位置改为站立位，卧位改为站立位时，感到头晕，眼冒金星，站立久后就会缓解，颈部缓慢活动无影响。

（四）交感神经型颈椎病

本病表现为头痛或偏头痛，头重、头晕，后枕部疼痛，心跳加快或减慢，心前区感觉隐痛，肢体发冷，局部皮温下降，肢体遇冷有刺痒感，继而出现红肿，疼痛加重，指端出现发红、发热，痛觉敏感。

鉴别诊断

本病可与心绞痛、神经官能症及自主神经系统紊乱相鉴别。

（1）心绞痛：有冠心病病史。发作时，心前区剧烈疼痛，伴有胸闷气急，出冷汗，心电图检查示 T 波消失，ST 段压低等异常表现。服用速效救心丸、硝酸甘油片有缓解作用。

（2）神经官能症及自主神经系统紊乱：无颈椎病的 X 线、CT、MRI 阳性发现，应用药物治疗有效，需要长期观察来排除。

三、胸肋部

（一）肋骨软骨炎

肋骨软骨炎是指非化脓性的疼痛、肿胀，好发于第 2 ~ 7 胸肋软骨交接处，多见于青壮年。临床表现为胸前方闷胀，酸痛，喜欢深呼气，可在叹气、打呵欠后有所减轻，咳嗽时胸痛加重。胸骨一侧或两侧有突起。隆起处压痛明显皮温升高，关节错位者，两侧高低不平。X 线检查无骨质改变。

鉴别诊断

本病可与肋骨结核、肋骨软骨瘤相鉴别。

（1）肋骨结核：可分为转移性结核和侵蚀性结核两种。血源转移性者，症状轻，局部有自发性疼痛、肿胀，咳嗽时症状加重，触摸肿胀处，可发现肋骨粗大，轻度压痛，可有脓肿、窦道。X 线检查提示肋骨溶骨性膨胀性破坏，有新骨形成。侵蚀性者，症状常被原发病灶所掩盖，X 线检查显示边缘性或中心性腐蚀灶。

（2）肋骨软骨瘤：分为单发性软骨瘤、多发性软骨瘤等。

1）单发性内生软骨瘤：男性居多，好发于手指、足趾部位，受累骨头变粗，皮质变薄而有膨胀。X 线检查显示溶骨性破坏，无骨膜反应。

2）多发性内生软骨瘤：好发于掌骨、指骨，多节受累，X 线检查显示同单发性内生软骨瘤。

（二）胸椎小关节紊乱

胸椎小关节紊乱是指胸椎关节突关节、肋小头关节和肋横关节由于身躯扭转、呼吸不调、抬举重物导致关节错位，出现胸背部疼痛、酸胀，呼吸、咳嗽加重为特征的一种疾病。一般有牵拉等外伤史，疼痛可向胸前部放射。

鉴别诊断

本病可与肋间关节与胸肋关节半脱位、肋间神经痛相鉴别。

（1）肋间关节与胸肋关节半脱位：主要出现胸壁外的疼痛、肿胀，可沿着肋间神经放射痛。

（2）肋间神经痛：沿着肋间神经分布区出现针刺样的疼痛，或呈刀割样疼痛，时常发作。而原发性的肋间神经炎较为少见，一般为继发性的多见。

四、腰骶部

（一）腰椎后关节紊乱

腰椎后关节紊乱是由于腰部姿势不当，或扭转闪挫导致腰椎小关节半脱位，严重者出现滑膜嵌顿而出现腰部疼痛、屈伸受限、行走困难等症状。查体可发现腰椎棘突偏歪、脊柱侧凸。X 线检查无阳性发现。

鉴别诊断

本病可与腰椎滑移、腰脊柱峡部裂相鉴别。

（1）腰椎滑移：分为真性滑移和假性滑移。本病常由腰部扭伤所致，常因峡部裂后，由于慢性应力的作用，使上椎体滑移。其症状表现为腰痛，或向臀部及下肢放射，或有典型的坐骨神经痛的症状。腰椎正侧位及斜位 X 线检查可以有阳性发现。

（2）腰脊柱峡部裂：有先天或外伤致腰椎峡部裂，一般症状不明显，但有时因为腰部活动时组织牵拉可出现腰痛。腰椎斜位 X 线检查可有峡部不连发现。

（二）腰椎间盘突出症

腰椎间盘突出症是指由于腰椎间盘变性、破坏，髓核突出或膨出压迫，炎性物刺激腰椎管内的脊髓、马尾神经及神经根产生腰腿疼痛，呈放射性，可出现下肢麻木、行走不利，甚至大小便困难等一系列症状的一种常见病。查体可发现椎旁压痛、放射痛，直腿抬高试验阳性，膝腱跟腱反射减弱或者消失，皮神经感觉减弱，CT、MRI 检查可以发现腰椎间盘突出或膨出。

鉴别诊断

本病可与马尾神经肿瘤、腰椎结核、腰椎管狭窄症相鉴别。

（1）马尾神经肿瘤：腰痛，症状持续，随着时间推移逐渐加重，夜间痛，平卧痛，下肢感觉异常，严重者出现大小便失禁。椎管造影、CT、MRI 可有阳性发现。

（2）腰椎结核：有腰痛及坐骨神经痛症状，可有结核的全身症状，低热不退，血沉加快。X线检查可有椎间隙模糊、变窄，椎体破坏。

（3）腰椎管狭窄症：腰痛，一侧或两侧下肢牵涉痛，卧床休息可以缓解，行走呈间歇性跛行。椎管造影、CT、MRI可以明确诊断。

（三）骶髂关节致密性骨炎

本病是指髂骨耳状面关节部分骨质密度增高，出现下腰部持续性疼痛，偶尔出现臀部及大腿后侧放射性疼痛。查体：局限性压痛，骨盆挤压分离试验阴性，血沉正常。X线检查显示骶髂关节间隙整齐、清晰，无骨质破坏。骶髂关节靠近髂骨处皮质致密。

鉴别诊断

本病早期应与强直性脊柱炎、骶髂关节半脱位相鉴别。

（1）强直性脊柱炎：是一种慢性炎症性疾病，是一种免疫系统疾病，主要侵犯骶髂关节、脊柱关节，并影响附近软组织及四肢关节，多发于20～30岁年轻人，男性多于女性。关节疼痛在行走活动后减轻。本病可出现骶髂关节、脊柱关节、四肢关节疼痛，严重者可出现关节融合。理化检查发现：血沉增高，HLA-B27阳性。X线检查显示早期无表现，晚期会出现脊柱关节呈竹节样改变，MRI显示骶髂关节肿胀、炎症。

（2）骶髂关节半脱位：由于腰骶部扭挫或产后致骶髂关节错缝，闭合不全出现下腰部疼痛、骶髂关节压痛、两侧髂嵴高低不平，骨盆分离、挤压试验阳性，"4"字试验阳性。X线检查显示患侧骶髂关节间隙增宽，骨盆形态改变，有时发现耻骨联合上下错位。

第二节　手法施行明机制

一、推拿的作用机制

推拿是一种古老的治疗和健身方法，经现代医家的钻研和发展，至今已成为综合性的专业学科。一般来说，推拿是以现代医学神经、内分泌、消化、循环、运动等系统的解剖生理学为基础，借助祖国传统医学的经络穴位、营卫气血等理论指导进行独特的手法推拿，以达到治疗各种疾病的目的。

推拿给予机体的良性刺激作用于神经、穴位等，使机体发生由表及里、由此及彼的各种反射来调节机体的脏腑、气血、循环、代谢、运动等，使机体平衡，达到治疗目的。同时，针对病变部位的病理变化或外力作用下机体正常解剖结构发生的变化，通过相应的推拿手法，可使病变组织恢复正常位置、形态及功能作用，以协调神经反射，恢复患处内外平衡，缓解肌肉痉挛，促进血液、淋巴等体液循环，增强组织新陈代谢，促进损伤组织迅速恢复。

沈老运用祖国医学理论将手法的作用机制归纳如下。

1. 通经络，调气血

祖国医学认为经络是人体脏腑、肢节体表联系的一个组织结构系统，是生命活动的基础。

经络系统包括经脉、络脉、经别，以及经筋、皮部等部分。经络又是运行气血的通路，它沟通表里，贯通上下，联系脏腑、骨节。因此，经络不通，脏腑就会生病，气血阻滞、筋骨关节萎缩影响功能活动。通过各种推拿手法刺激，可使经络疏通、气血调和。例如，外感风寒、经络闭阻，则产生肌肉酸痛，则属"经络不通则痛"。通过推拿强刺激后，经络通畅，气血调和，腠理开，汗出则寒气散，此属"通则不痛"。椎动脉型颈椎病，症见头晕、视物模糊、乏力、面色无华、脉细、舌质淡苔薄白，属气血亏虚不能上带头面。通过推拿后，会使面色红润、神清气爽，说明推拿对人体气血有调和作用。

2. 调阴阳，理脏腑

人体在正常情况下，保持着阴阳相对平衡状态。由于人体阴阳失调则生病。如外邪侵袭、跌倒闪挫等原因，人体内阴阳平衡遭到破坏，则产生相应的临床症状。推拿治疗就是根据证候的属性来调节阴阳的偏盛偏衰，平衡脏腑，使其恢复正常功能状态，即所谓的"阴平阳秘"状态。

运用推拿手法刺激经络腧穴起作用，如刺激心俞穴可治心动过缓，用平和的揉法、按法推拿内关穴可治疗心动过速。如老年性便秘，阳气虚弱，可用较强刺激量的手法推擦八髎、关元俞、气海俞等穴以助阳通下。对阴虚体弱者，则用摩法、揉法等轻柔的手法，作用于任脉腧穴以补阴。推拿有明显的增进脏腑功能的作用，如胃下垂患者常按摩、揉、托中脘、气海、关元穴以调补中气，按足三里穴以调和脾胃。

3. 祛瘀血，正筋骨

由于人体跌倒闪挫，瘀血凝滞，经脉壅阻，筋骨损伤而出现肿胀、疼痛。"筋出槽，骨错缝。"推拿治疗可根据损伤的不同部位，选用相应的腧穴进行手法治疗。如急性腰扭伤，主要用揉法、搓法作用于损伤局部及周围，同时还

可用揉法、按法、拿法作用于委中、阳陵泉穴，以增强活血祛瘀功能。古曰："腰背委中求""筋会阳陵泉"。拇指在腰部肌肉处还可分筋理筋，如伴有腰椎小关节微错位则可用扳法纠正骨缝开错，促使筋顺骨正。

4. 消肿痛，解痉挛

人体由于跌倒闪挫及复感风寒之邪等均可致人体体表的肌肉痉挛、拘急，而出现活动不利、肿胀、疼痛，如外感风寒致项强、肌痉挛，颈部活动不利则用按法，拿法刺激风池、风府、风门等穴祛风散寒，拿法、揉法作用于痉挛处，使筋肉松解，按大椎穴助阳发汗。对于肝虚血亏患者，常按关元、脾俞穴（脾统血）和肝经腧穴（肝主血）以补益肝肾，缓解四肢挛急。推拿手法作用于肢体可以产生热量，疏通气血，故痉挛的肢体得以舒解。气血"得温则行"，运行通畅，水液不得积聚，故防止肢体肿胀、拘急。

5. 防疾病，得保健

推拿之防病保健，于扶正、祛邪。扶正，即扶助身体抗病能力；祛邪，就是去除致病因素，若正气足，正能胜邪，则邪退病愈；反之，正虚不能胜邪，则邪进而病情加重。现代医学证明，推拿手法可提高人体的免疫力，经常推拿有助于改善体质，从而增强抗病能力。祖国医学认为，通过推拿疏通经络，行气活血，散瘀消肿，调理阴阳，以达到五脏平和、筋节舒畅。

有人对推拿手法进行研究显示，经常接受推拿治疗或自我按摩的人，心肌功能增强，血液循环加快，代谢旺盛，从而促进血氧和营养物质的吸收，使脏腑得到充分供养，从而可以预防冠心病。推拿能调节神经功能。通过调节神经系统的兴奋，以致平衡，以防病健身。推拿能调节内分泌功能，降低高血糖值，防止肥胖和糖尿病。推拿手法有利于肠道蠕动，促使消化吸收，增加肺组织的弹性，提高肺活量，从而增强抗病能力，各部组织器官的功能不至于衰退。故而达到延缓衰老的目的。

推拿的活血化瘀作用体现在推拿后毛细血管舒张，促进血液循环，使代谢物消散或吸收。同时，推拿改善了人体内神经递质的传导，降低了大脑皮质对疼痛的感受，故有镇痛作用。此外，改善皮肤的血液循环，促进皮肤营养代谢，有利于皮脂分泌通畅、皮肤呼吸，故有美容作用。

二、推拿治疗伤筋的原理探析

推拿治疗伤筋的作用是公认的，也为临床实践所证实。沈老认为，凡是人体各个关节、筋络、肌肉等受外力撞击、强力扭转、牵拉压迫，或不慎跌倒闪挫，或体虚、劳累过度及持续活动、经久积劳等因素所引起的损伤，且无骨折、脱位或皮肉破损的，均是伤筋。而伤筋后，人体气血受损，血离经脉，瘀血凝滞，经脉闭阻，不通则痛。推拿治疗伤筋有独到之处，人们在临床上均能体会其功效。伤筋无论是急性还是慢性，疼痛、腹胀往往是主要症状。治疗的关键在于"通"，"通则不痛"。沈老对伤筋的治疗，不仅在于"通"，还在于"理"。所谓"理"，即用推拿手法理筋通络、理气导滞。

推拿手法是通过什么途径达到"通"，而使其不痛呢？其作用机制主要有以下几个方面。

（一）舒筋通络

人体损伤后，局部肌肉、筋膜、韧带、肌腱等受损害的软组织，可发出疼痛信号，通过神经的反射作用，使有关组织处于警觉状态，肌肉收缩紧张，直至痉挛，这便是警觉状态的反映。如腰椎间盘突出症患者由于椎间盘的突出，神经根为了避开椎间盘髓核的压迫，使脊柱两侧的肌肉产生一种代偿性的保护性收缩而使一侧肌肉痉挛收缩，出现脊柱侧凸，而此时神经根压迫一侧的下肢，下肢后侧肌群紧张收缩，使其不能抬高。其目的是减少肢体活动，避免对损伤部位的牵拉刺激，从而减轻疼痛。这是人体自然的保护性反应。此时，如不及时治疗或治疗不彻底，损伤组织就可形成不同程度的粘连纤维化或瘢痕化，以致不断地发出有害冲动，加重疼痛、压痛和肌肉收缩状态，继而在周围软组织引起继发性疼痛病灶，形成恶性疼痛循环。但无论是原发病灶还是继发病灶都可以刺激和压迫神经末梢及小的营养血管，造成新陈代谢障碍，进一步加重"不通则痛"的病理变化。从实践中得出，凡有疼痛，则肌肉必紧张；凡有肌肉紧张，则又势必疼痛，这是一个恶性循环。推拿治疗的目的就是要打破这一循环，用手法解除肌肉痉挛，疼痛就消除了；或者用手法先止痛，这样肌痉挛也可解除，功能障碍也就恢复正常了。

推拿手法直接放松肌肉的机制有三个方面：一是各种手法，促进局部血液循环带走炎性代谢物质如组胺等。也就是中医所说的"通经络，活气血"。二是通过手法多次作用，提高局部组织的痛阈。三是通过牵拉、拨伸手法缓解紧张痉挛的肌肉，拉长肌纤维。也就是中医所谓的"舒筋"。具体操作时，则可强迫伸展有关的关节、牵拉痉挛的肌肉来使之放松。例如，腰椎间盘突出症腰背肌群痉挛者，可大幅度旋转腰椎关节或行肌纤维垂直方向弹拨，也

可行腰椎牵引法，对于有些通过手法仍不能使之放松者，可先令其关节处于屈曲位，在肌肉放松的位置进行操作。上面两种方法，前者是直接牵拉肌肉，后者是先放松后牵拉，均可达到舒筋活络的目的。

推拿解除肌紧张的机制有三个方面：一是加强损伤组织的血液循环，促进损伤组织的修复。二是在直接加强血液循环的基础上，促进因损伤而引起的血肿、水肿的吸收。三是对软组织有粘连者，可帮助其松解粘连。

在治疗中抓住原发性痛点是关键。《灵枢·经筋》中就有"以痛为腧"的记载。一般损伤后的压痛部位可有肌纤维断裂、韧带剥离、软骨挫伤等病理变化，也可有因损伤而致的创伤性炎症所造成的软组织粘连、纤维化、瘢痕化等病理变化。通过推拿手法给予恰当的刺激治疗，这些病理变化大多能消除，大部分压痛点是损伤部位，也是治疗的关键部位。因此，沈老认为要仔细地寻找压痛点，力求定位准确，不要被大范围的扩散痛和传导痛所迷惑。一般来说，最敏感的压痛点往往在筋膜及肌肉的起止点，以及两肌相交或交接的部位。这是因为筋膜分布的神经末梢比较丰富，肌肉起止点和交界部位则因所受压力大，长期摩擦容易发生损伤，通过对压痛点的治疗，消除肌肉紧张的病理基础，为恢复肢体的正常功能创造良好的条件，舒筋通络可使紧张痉挛的肌肉放松，气血得以畅通，因此可以说是松则通，通则不痛。

（二）理筋整复

在软组织损伤部位，通过手指细心触摸（轻摸皮，重摸骨，不轻不重摸肌肉），了解其操作的性质。《医宗金鉴·正骨心法要旨》的手法要论中云："以手扪之，自悉其情。"

沈老根据前人积累的经验，在临床上注重体检的重要性。X线、CT等检查，虽可清楚地看到骨骼的形态，但对许多软组织仍难以观察，因此，触诊在临床上仍有重要的意义。对于触诊中发现的不同组织、不同形式的错位逆乱，如"筋出槽"要及时回纳纠正，使经筋顺接，气血才能流畅，通则不痛。肌肉、肌腱、韧带部分断裂者可使用适当的手法理筋。如距腓韧带撕裂伤引起踝关节疼痛，通过手法抚顺理直，然后用散瘀膏外敷加以固定，这样可使疼痛减轻，部分韧带撕裂、肌腱滑脱者，在疼痛部位能触摸到条索状隆起物，关节活动严重障碍，若治疗不当，可转化为肌腱炎，产生粘连。为此，需及时施行弹拨或推扳手法使其回纳。腰椎间盘突出者，见腰腿痛或麻木、腰脊侧凸、行走不便，经"大推拿"治疗后制动休息，可使突出物对神经根的压迫解除，粘连分离。椎间盘内突出的髓核发生位移，神经根水肿得以消除。骶髂关节向后半脱位者，因关节滑膜的嵌顿、挤压及局部软组织的牵拉而疼痛难忍，通过牵引法、脊柱旋转法和后伸压腰骶法，可以使错位部位得以纠正。

总之，对骨缝开错、韧带损伤等要采取措施，"拨乱反正"，各守其位，才能有利于肌肉痉挛的松解和关节功能的恢复。由此可见，理筋整复可使经络关节通顺，即顺则通。但必须清楚，盲目推拿可使经络关节受损，加重韧带的断裂，错位加重等病变。沈老认为，只有像《医宗金鉴·正骨心法要旨》所云："法之所施，使患者不知其苦，方称为手法也。"为使患者不受痛苦，手法施行必须正确无误。

（三）活血祛瘀

沈老认为，"动"是推拿治疗的特点，在治疗过程中，通过医生的"动"，把能量传输到治疗部位，达到治疗目的。对患者来说，"动"包括三个方面：一是促进肢体组织的活动；二是促进气血的活动；三是促进肢体关节的被动运动。

推拿手法对柔软组织及体腔内脏器有直接促进调整其功能活动的作用。例如，"大推拿"术后，有些患者出现腹胀、矢气不转等症状，此时通过推拿手法按天枢穴，用推摩法以顺时针方向按升结肠、横结肠、降结肠顺序来回进行，刺激合谷、上巨虚穴，使肠胃蠕动加快，腹胀减轻，矢气可出。

促进机体活动，对于加速恢复软组织损伤的影响，也可以在实践中得到印证，适当的手法可调节肌肉的收缩和舒张，使组织间压力得到调节，以促进损伤部位的血液循环，从而起到活血祛瘀的作用。不仅如此，适当的手法还可以使肌肉的力学平衡得以恢复。

近年来有人用补偿调节论来解释软组织损伤的机制，认为一旦肌肉痉挛，可引起对应肌肉的相应变化，称对应补偿调节。而腰背肌紧张患者，如左侧腰背肌痉挛，则引起相应右侧肌肉的对应补偿调节，对应调节和案例调节所引起的紧张、痉挛，同样可引起软组织的损伤反应。临床上不难见到一侧腰腿痛日久不愈而引起对侧腰痛的病例。推拿手法能使肌肉不协调的力学关系得到改善或恢复，从而使疼痛减轻或消失。

沈老认为，被动运动是推拿手法的一个重要组成部分。对关节粘连、僵硬者，适当的被动运动，有助于松解粘连、滑利关节。对局部软组织变性者，则可改善局部营养供应，促进新陈代谢，增加肌肉的伸展性，从而使变性组

织逐步得到改善或修复。正因为如此，"动"在推拿治疗中，体现了活血祛瘀的理论精髓。

综上所述，祖国医学"通则不痛"的理论在伤筋的推拿治疗中可具体衍化为"松则通""顺则通""动则通"三个方面，其治疗机制是相辅相成的，其共同目的是使气血流通、经脉顺畅、筋顺骨正，以达到治疗"筋出槽"和"骨错缝"的目的。

总之，沈老治疗伤科疾病，常依据"辨证为主旨，经络为纲要，定位为节点，手法为要点，脏腑为原点，气血为重点"。手法施术皆有先后缓急之分。倡导"先治阳经后治阴，先推背部后推腹，先松筋肉后正骨，滑利关节摇牵扳，病有轻重分主副，缓则治本急治标。"

三、推拿手法的要求

沈老认为，推拿治病，辨证求因固然重要，但最终离不开手法。推拿只有利用合理有效的手法，才能取得良好的疗效。因此，手法的技巧性就显得尤为关键。从手法的娴熟、流畅程度，能体现出手法的要领，这包括了医者平时的训练程度和技巧的掌握程度。从推拿这门学科诞生至今，各种推拿流派纷呈，至今大致可分为一指禅派、滚法派、岭南推拿派、小儿推拿、脏腑推拿、腹诊推拿等，但归根结底推拿手法的基本要求就是"持久，有力，柔和，均匀"这八字方针，最终达到"深透"的目的。也就是说，通过手法在人体体表的操作，最终必须要将能量传递到深层次的作用部位，而不是把能量积聚在体表，否则不仅达不到治疗效果，反而会因为能量积聚在体表而引起诸如表皮疼痛的不适反应，这就需要推拿医生将平时的练功和实践操作的规范化相结合，也显示了手法技巧在实践中的重要性。

推拿手法的要求如下所述。

1. 持久

手法操作过程中，在保持一定刺激量的前提下，根据手法的动作要领，在一定时间段内保持手法力量的连续性、动作的连贯性，在保证患者适应性的前提下，使手法刺激量不断积聚，能量透入达到治疗效果的最佳状态。

2. 有力

手法操作过程中，作用于患者体表的力量，必须具备一定的力度和功力，输出一定的能量，保持力量的均衡输出，使局部达到一定的刺激量。有力不包括用蛮力、暴力，是在保证一定的力量输出的同时达到治疗效果。

3. 柔和

手法操作过程中，稳健柔顺，轻而不浮，重而不滞，不僵硬，自然协调。本法具有"以柔克刚""刚柔并济"的理念，体现的是手法的艺术美感和理念。柔和与暴力、蛮力相反，也不是没有一定的刺激量，而是在手法用力相当的前提下，保证手法的舒适性及柔和度。

4. 均匀

手法操作过程中，在保证手法具有一定力度的前提下，对手法的动作力度、动作幅度、动作节奏要求保持相对的一致性、平稳性。手法操作不可力量时轻时重，幅度时大时小，节奏时快时慢，要自然地平稳过渡。

5. 深透

深透是手法施术过程中需要达到的最终目的。深透，顾名思义，是深层次的能量输入，就是手法力量需要透过体表达到深层次的机体组织，从而达到治病的目的，而深透是根据人体部位不同、病期不同决定的。从四肢及背部来讲，一般机体组织可以分为浅层的皮肤及皮下组织、中层的肌肉组织及深层的韧带肌腱骨骼。从腹部来讲，一般可以分为浅层的皮肤及皮下组织、中层的肌肉肌腱、深层的腹腔脏器。手法施术时，根据不同部位、不同病情的要求，做到深浅有序，合理把握施术部位的力度、幅度、节奏。

四、手法应用技巧之"六到"

沈老认为手法应用的过程，就像一个工艺师在制作一件精美的艺术作品，需要精益求精的思路和理念。需要医者身心合一，做到手法、步法、身法、心法协调一致，要求"神到，意到，手到，法到，功到，步到"。这里"到"的意思就是"到位"。"神到"，就是要求推拿医生在手法施术过程中，要聚精会神，感知手下的变化，体会患者在施术过程中的反应，观察患者的表情状态。"意到"，就是要求医生在手法施术过程中，运功意念集中在手部，集中意念，排除杂念，专心施术。"手到"，就是要求医生在手法施术过程中，施术部位要正确到位，循经取穴要正确。"法到"，就是要求医生在手法施术过程中，手法施行方法要准确，手法技术的应用要正确。"功到"，就是要求医生手法施术运功部位要正确到位，力量大小要掌握好。"步到"，就是要求医生在施术过程中，身体步法要调整到最佳位置，如"弓

浙江中医临床名家·沈景允

箭步""马步",以及跪姿、站姿、坐姿、蹲姿、俯身姿等,目的是为了便于手法的施展。

五、手法应用论技巧之舒适度

沈老认为,手法施术不能仅仅局限于手法施展的正确性,还要更多地考虑患者的感受,一贯强调手法的舒适度。舒适度不仅考验一个推拿医生对手法技术的纯熟度、合理性,还是对推拿效果最直接的影响。一个合格的推拿医生不仅拥有高超的手法技术,更要兼顾治疗效果和患者的感受。患者的感受一方面影响疗效,另一方面还与患者的依从性直接相关。如果一个患者在做了推拿以后,全身轻松,病痛解除或好转,那么他下次一定会继续找这个医生做治疗,如果做了推拿以后所出现的疼痛反应比较激烈,那么下次也许就不会再找这个医生治疗了。也就是说,手法的舒适度成为体现疗效和手法应用技术的一个衡量指标。

六、手法应用论技巧之作用力

手法施术在实际应用过程中不仅要考虑手法的各种技术,还要注意操作过程中手法用力的方向。我们知道,既然推拿需要手法操作,如何用力是其中不可或缺的关键。牛顿指出,任何"力"是由力的方向、大小、作用点三要素组成。力的三要素决定了"力"可以使物体发生形变或位移。那么,当推拿医生手法用"力"的时候,也应考虑推拿的施术部位、推拿用力的方向、推拿用力时刺激量的大小,这在实际临证时必须要注意,尤其是针对运用关节的整复类手法时,显得极其重要。如颈椎病的关节整复手法,有人针对颈椎脊柱旋转扳法做过研究,把旋转扳法分为低头位、中立位、仰头位,这是考虑到了由于颈椎生理曲度变化做出相应的着力点的变化,其中考虑了旋转扳法的作用点。

七、手法应用技巧之人体各部特殊手法

(一)腹部手法

1. 掌振法

掌振法是内科和妇科疾病常用的推拿手法。手法要领:在具体操作时,

医者用掌面按压于腹部体表或经络穴位上，运用前臂连同手掌肌肉强力快速的静止性用力，做连续快速的颤动，使手掌产生的震动波持续作用于腹部深层组织。沈老常运用手掌内八卦运功，沿顺时针方向震颤，患者会感到腹部有较强的震动感和温热感。腹部掌振法手法要求：医者要全身放松，双足分立与肩等宽，侧身对患者，掌按腹部，呼吸自然，手掌紧贴患者腹部皮肤，微微向下按，振动频率达到每分钟 200 次。

2. 掌揉法

掌揉法在腹部运用较多，特别是在脏腑推拿中。手法要领：掌揉法使用掌根部或全掌按压于腹部某个脏器上，以肘关节作为支点，腕部放松，运用腕关节连动前臂做小幅度的环状旋动，使产生的功力持续作用于治疗部位。手法特点：手掌压力均匀，掌部紧贴皮肤，揉动时带动皮肤及皮下组织，动作相对轻柔，使力量深透至腹部内脏部位。频率为每分钟 120 ～ 160 次。

（二）头面部手法

1. 鱼际揉法

鱼际揉法主要作用于头面部及四肢。手法要领：鱼际揉法是指用大鱼际或者小鱼际部位着力在治疗部位或经络穴位上，以肘关节为支点，腕部放松，运用关节向内或者向外摆动，鱼际部位带动皮下组织轻而缓和的旋转揉动，使产生的功力作用于治疗部位。沈老在遇到头痛、面瘫、面肌痉挛、鼻炎、眼睛疲劳、近视眼、老花眼、耳鸣等患者时，常使用头面部鱼际揉法。

2. 抹法

抹法主要作用于头面部。手法要领：以拇指螺纹面或桡侧紧贴治疗部位的皮肤，其余四指指尖助力固定于头部两侧，拇指做上下、左右或者弧形的往返抹动，动作轻快柔和，重而不滞，轻而不浮。本法具有提神醒脑、扩张血管的作用，沈老常用此法治疗头痛、眩晕、失眠、视物模糊、面肌痉挛等。

3. 扫散法

扫散法主要作用于前额及头两侧颞部。手法要领：用拇指按压在头额部或者颞部，其余四指固定于头枕部，两拇指在额部或者颞部做抹法往返运动。本法主要是针对头部少阳经循行路线的经穴，要求力度适中，有节奏感，轻重交替，频率为每分钟 200 次。本法具有安神镇静、提神醒脑的作用，常用于失眠、神经衰弱、眩晕、偏头痛等的治疗。

（三）颈肩部手法

1. 一指禅推法

一指禅推法在临床运用最多，可以运用于人体各处经穴，而在颈肩部推拿时，是运用最多的手法。手法要领：手握空拳，用拇指指端或螺纹面吸定、着力于治疗部位或经络穴位上，要求沉肩、垂肘、悬腕、指实，以肘关节为支点，前臂做主动摆动，带动腕关节做有节律的连续往返的内外摆动，使拇指掌指关节或者指间关节做屈伸运动，使产生的功力持续作用于治疗部位。本法要求蓄力于掌，发力于指，动作灵活，沉着有力，连绵不断，刚柔相济，频率为每分钟 120 ～ 160 次。沈老常用本法治疗头痛、腹痛、腰背及四肢肌肉韧带损伤等。

2. 拿法

拿法可以分为二指拿法、三指拿法、四指拿法和五指拿法。本法常运用于颈肩臂和腿部，用于头部督脉、膀胱经、胆经的五指拿法也称为五指抓法。手法要领：以五指抓法为例，拇指与其余四指相对捏住治疗部位或经穴，然后逐渐用力内收并向上提拿，边提拿边揉捏。本法常用于肌肉丰厚处，治疗肌肉韧带损伤，疏经通络。

（四）腰背臀部手法

1. 擦法

擦法是现在临床运用最广泛的手法之一。沈老的老师丁季峰教授创立的擦法是目前具有代表性的手法。擦法分为小鱼际擦法和掌指关节擦法。①小鱼际擦法手法要领：用小鱼际掌背侧至小指、无名指、中指的掌指关节部分附着于治疗部位，以肘关节为支点，运用腕关节的主动屈伸和内外旋转的连续往返运动，使产生的功力轻重交替、持续作用于体表的治疗部位。要求手背鱼际呈滚动状态，掌指关节紧贴治疗部位，动作协调连贯，有节奏感，频率为每分钟 120 ～ 160 次。②掌指关节擦法要领：用中指、无名指、小指的指间关节和手背部着力于治疗部位，以肘关节为支点，运用腕关节有节奏地来回摆动，使产生的功力持续作用于治疗部位，动作要求同小鱼际擦法，频率为每分钟 120 ～ 160 次。

2. 肘部点按法

点按法一般用于人体肌肉丰厚之处，是点法与按法的复合手法，临床常用肘部点按法较多，点法与按法的区别在于接触面积的大小，点法接触面积较小，按法接触面积较大。由于肘尖部点按力量较大，因此要避开骨骼关节，用在肌肉丰厚部位。手法要领：以肘关节尺骨鹰嘴突起部着力点按在治疗部位及经穴上，逐渐用力按压深透至一定深度，停留片刻后逐渐减小压力。要求垂直体表用力，用力由轻到重，持续稳健，避免暴力。

3. 弹拨法

弹拨法经常用于肌肉筋膜丰厚处及条索状结节处，因常用于肌筋膜痉挛处，行弹拨手法时宜边弹拨边按揉，以免损伤。手法要领：以拇指螺纹面垂直着力于治疗部位，深压后拇指做左右、上下往返拨揉弹筋，如果病处位置较深，力度恐不够时，可以用双手拇指叠压进行弹拨，一般有三指叠压、四指叠压和五指叠压法。操作时做垂直于肌纤维方向的弹拨后，顺肌纤维方向按揉。手法宜轻重得当，以患者肌肉不紧绷为前提，弹揉结合。

（五）胁肋背部手法

1. 擦法

擦法具有宽胸理气、温阳散寒、活血化瘀、健脾和胃的作用。本法适用于胁肋部、背部及皮下组织比较浅薄且面积较大的部位，分为全掌擦法、大鱼际擦法、小鱼际擦法。

（1）全掌擦法：术者用全掌及手指阴面紧贴患者皮肤，在施术部位用适当的力量下压手掌，以肩关节作为支点，使肘关节做快速屈伸运动，或上下运动，或前后左右往返摩擦，使手掌摩擦产生的热量通过患者皮肤深透至皮下组织。本法可以沿着肋骨的方向摩擦，也可以顺着肌肉纤维平行方向摩擦，频率为每分钟 120 次。此法由于接触面积较大，适用于胁肋部、背部、四肢等。

（2）大鱼际擦法：以大鱼际部位着力，紧贴于患者的治疗部位并下压手掌，利用肘关节的屈伸运动做直线往返摩擦运动，或上下或左右运动，根据具体部位而定。本法接触面积相对较小，所以产生的能量可以持续透入深层次的肌肉、肌腱、关节等部位，频率为每分钟 120 次。

（3）小鱼际擦法：以掌侧小鱼际部位紧贴患者皮肤，着力下压，以肩关节作为支点，屈伸肘关节做直线往返摩擦运动，其特点是由于接触面积较小，适合用于胁肋部、背部、关节周围等。本法要求速度加快，所产生的热量较大，可以直透深部组织及关节内部，其温阳散寒、活血消肿作用最强，频率为每分钟 140 次。

胁肋背部擦法常结合其他手法一起运用。

2. 背部掌根推法

医者用手掌根部压于患者背部，以肩关节为支点，沿着背部骶棘肌肌纤维方向做肘关节的前推单向运动。本法需要用力较大，力量深透至深部肌肉。由于部位较大，频率为每分钟60次。本法可以从骶部推至颈部。

3. 背部肘关节平推法

医者用肘关节尺骨鹰嘴前部压于背部肌肉丰厚的骶棘肌上，以肩关节作为支点，曲肘，沿着经络和肌纤维方向推动。由于此法作用力量巨大，可以直透肌肉筋膜深处，手法操作时不宜碰到患者骨骼。频率可以控制在每分钟60次。此法具有舒筋活血、祛风胜湿作用，可治疗腰背部肌筋膜劳损、风湿痹痛。

4. 背部掌压法

患者俯卧位，放松腰背部，医者立于患者身体一侧，双掌叠压置于腰背部棘突或者脊柱旁，因腰背部肌肉丰厚，遇到肌肉痉挛者，尽量伸直肘关节，一般用掌根压力较大，以肩关节作为支点和发力部位，垂直向下按压，为便于控制力量的大小，医者可以跷起脚跟然后快速放下脚跟，利用人体的重量向下压。这个手法有利于脊柱关节的整复，有时在按压脊柱旁小关节时，往往可以感觉到小关节的滑动感。本法可治疗腰背部肌筋膜损伤、风湿痹痛、小关节错位。

5. 背部肘压法

患者俯卧位，医者立于患者身侧，屈曲肘关节，用肘尖部着力于背部治疗部位，以肩关节作为支点，垂直用力下压。因此手法刺激感较强，而且易滑动，不易控制，按压时用力要缓和稳健，不可用暴发力，肘压时要以患者能够忍受为宜。一般适用于肌肉丰厚处，棘突旁肘压时，防止滑动损伤棘突及横突。此法用于治疗深部肌筋膜损伤、小关节错位、顽固性的腰腿痛。

（六）四肢关节手法

1. 摇肩法

摇肩法常应用于关节部位，摇肩法可以分为握腕摇肩法、握肘摇肩法、叠掌摇肩法。

（1）握腕摇肩法：患者坐位姿势，放松肩部，医者立于患肩身后侧方，一手握住患肢腕部，一手拿住患侧肩部，作为相对固定，医者握腕部之手分别以顺时针方向和逆时针方向摇动患肢各 10 次，摇动时可以由小至大逐渐加大摇动幅度。

（2）握肘摇肩法：与握手摇肩法大致相仿，稍有不同的是，医者握腕之手改为握患者肘关节，进行摇法动作。

（3）叠掌摇肩法：患者坐位，肩部放松，患肢自然下垂，医者立于患肢侧方，令患肢手掌面放于医者一掌之手背部，医者另一手掌面放于患者手掌上，三掌叠加轻轻相握后，轻拉患肢，医者两腿分开，呈"丁"字步，医者上置手掌与"丁"字步的前腿一致，开始沿着顺时针和逆时针方向，分别缓慢地摇动肩关节时，上置手掌开始缓慢地从手腕部向肩部推移理筋，摇至最高点（180°）时，上置手掌正好推移至肩部，然后向下摇动时，上置手掌同时缓慢地从肩部向手掌部推移理筋。顺时针方向和逆时针方向各摇 5 次，幅度由小逐渐增大。此法沈老常用于肩关节周围炎关节粘连和肩部伤筋的治疗。

2. 抖肩法

抖肩法作为松解肩关节的辅助手法，一般在做完肩部其他手法后，作为收功之用。操作时患者坐位，肩部放松，医者双手握住患者掌根部，抬高患肢呈 45°，医者在微微牵拉下，开始上下抖动双手，令震动波传导至患者肩关节，一般先静止性地用力抖动，然后振幅可以由小逐渐加大。抖动可以持续 3～5 分钟。

3. 摇髋法

患者仰卧位，医者立于患肢一侧，一手握住患者踝关节，一手扶住膝关节，使下肢呈屈曲状，两手协调用力使髋关节以最大幅度的顺时针或逆时针方向摇动髋关节 10 次。此法常用于髋关节炎症粘连及骶髂关节损伤。

4. 膝关节顶压拔伸法

患者仰卧位，屈曲患肢膝关节，医者一手前臂部伸进患者腘窝部，作为杠杆顶住患肢腘窝，另一手握住患肢的踝关节，缓慢地用力下压 5 次，然后双手握住患肢踝关节，令患者屈膝屈髋，医者用力向足跟方向牵拉拔伸 5 次。此法常用于膝关节炎、膝关节半月板损伤、膝关节韧带损伤等。

5. 摇踝法

患者仰卧位，下肢伸直放松，医者立于患肢足跟旁，一手托握患肢足跟部，另一手握住足背前部，沿顺时针方向和逆时针方向摇动踝关节各 10 次。此法用于踝关节的伤筋、肿胀、粘连、活动功能障碍等。

第三节　中西合参调气血

一、气血并重论筋骨

伤科疾患病因多由气血所致或气机不利成瘀血之证，或瘀血日久伤气成虚。《素问·调经论》云："气血不和，百病乃变化而生。"说明气血运行不畅可致病。气和血两者可相互影响，气行则血行，气为血帅，血行则气顺，血为气之府。而"瘀血"一名，在《黄帝内经》中早有提及，经历代医家长期的临床实践，强调气血郁滞可致病。

《丹溪心法·六郁》中说："一有怫郁，诸病生焉。"历代医家对瘀血理论及治疗原则进行了多学科的实验研究，积累了丰富的理论知识。因此，在治疗原则上除多种药物治疗外，还有许多方法治疗瘀血之证，如针灸、拔罐、针刀、理疗等。而推拿手法对治疗瘀血之证，在《黄帝内经·素问》中早有指出，即"按摩可使筋节舒畅，血脉流通；盖按其经络，则郁闭之气可通，摩其壅聚，则瘀结之肿可散也。"沈老在采用推拿手法治疗伤科疾病时，常采用以经络为纲，取穴定位，手法施术皆有先后缓急之分。在临证时，结合人体解剖结构，如骨骼、关节、软组织，结合 X 线检查、CT、MRI 等现代医学诊测设备进行诊治。手法采取局部施术和远道取穴相结合，主张对伤科疾病应以行气活血、正骨、理筋、疏通经络为要，以促进人体经脉内的气血流通，筋顺骨正，使溢于脉外之血尽早吸收、消散。施术时，常有"先治阳经后治阴，先推背来后推腹，先松筋肉后正骨，滑利关节摇牵板"的原则。对急性损伤者，以活血化瘀为主，手法宜轻柔，逐步渗透，促进瘀血消散；对慢性劳损者，以弹筋拨络为要，以重手法刺激达到分解组织粘连的目的。通过理筋手法纠正"筋出槽"，遇到关节疾病，每每以手法松解筋肉痉挛后，采用牵引、摇动、扳法等纠正关节"骨错缝"。

重视调理人体气血，不仅能达到治疗已病的目的，还能防病健身，而人体饮食起居，跌倒闪挫必然会影响人体的气血推动和阴阳盛衰。如明代王肯堂在《证治准绳·蓄血》中云："夫人饮食起居一失其宜，皆能使气血瘀滞不行。"也说明了气血循环与饮食起居的关系。因此，要达到治疗、健身的目的，需保持人体精力旺盛，气血调和，血脉通畅，则百病不生，所以强调人体必须进行适宜的锻炼。《景岳全书·胁痛》中说："凡人之气血犹源泉也，盛则流畅，少则壅滞，故气血不虚不滞，虚则无有不滞者。"说明了气血盛衰与瘀血的关系，因此调理人体阴阳和气血平衡是防病关键所在，行气理瘀也就显得自然且重要了。

对于伤科疾病的治疗要考虑各方因素的影响。临证时结合各种内外因素对疾病的影响，采取不同的治疗方法，根据时间、地点及治疗对象的不同灵活地采取不同的治疗方式。同病异治，异病同治。

（一）因人而异

推拿手法作用于人体的体表，疗效的好坏直接影响疾病的恢复。而手法施展过程中如果不考虑人体体质的强弱、年龄、生活习惯及职业特点等不同因素而采取相同的治疗方法，包括力量的强弱、深透的程度、部位的敏感性、手法的柔和度、连贯性及舒适度，往往起不到有效的作用，有时甚至出现较大的副作用。如遇到体质强、年轻的患者，在腰背部及四肢操作时，因为该部位肌肉较丰满、壮实，就需要加重手法刺激量。若遇到年迈体虚的患者，或者体质相对较弱的患者，或者在胸腹部肌肉相对薄弱的部位，就会选择刺激量较小且相对柔和的手法，特别是小儿推拿时，小儿皮肤娇嫩，更应该采用轻柔的手法。

（二）因时而异

手法操作还应该考虑时间、季节，以及人体气血流动的时间等问题。人的气血流动有其自身的规律，子午流注是祖国医学的一项重大发明，古人认为人的气血流动是与自然的时间变化有较大的关系。如在子时，气血流动在胆经中，依次为肝经、肺经、大肠经、胃经、脾经、心经、小肠经、膀胱经、肾经、心包经、三焦经。十二个时辰对应十二条经脉。每 2 个小时对应一条经脉。根据气血流动的时间在对应的经脉上治疗，往往会取得较好的疗效。而由于四季的变化，会对手法操作产生影响。如在夏季，应该考虑到患者皮肤出汗较多，皮肤湿润，一旦手法操作不慎，往往会造成患者皮肤破损。因此，在手法运用时，力度要相对轻柔，不适宜用摩擦类手法，或者涂抹些凡士林及其他介质进行治疗。

（三）因地而异

手法操作时还要考虑地理环境的影响，不同地域的人，体格不同，北方人强壮，地处寒冷之地，肌肤腠理紧密结实，手法的刺激量可以相对较大；

南方人大多瘦小，肌肤腠理相对疏松，手法操作时宜相对轻柔。还有寒热的不同，温度较低时为避免着凉，应注意保暖，避免过多地裸露身体。

（四）因病而异

疾病有虚实寒热、轻重缓急之分，需要区别对待。虚证手法以轻柔、缓和的手法为主，以补法为主，较重的手法容易损伤气血。实证手法的操作需要相对重的刺激、深层次透入的手法，用泻法为主。寒证则用透热手法为主，多用摩擦类手法。热证一般用扫散法，以疏散解热为主。轻缓之证，手法的刺激量相对要平和些，如肌肉丰厚处，一般可以用㨰法、揉法、按法、压法、叩法、弹拨法等。重急证，如昏仆晕厥之证，一般需要用较重刺激量的手法，如掐法、重拿法等。

二、调和气血重脏腑

中医认为气血是构成人体重要基本物质，是人体生命活动的基础。人体所有的内脏、组织器官、经络都有赖于气血的流动来维持其生理功能。而经络又是内通脏腑，外络肢节，具有行气血、营阴阳、濡筋骨、利关节的功能。五脏六腑则是化生气血，通调经络，主持人体生命活动的主要器官。如果由于各种致病因素的影响导致脏腑的生理功能遭受破坏，机体就会出现各种不适，反映到体表时，就会出现肿块、皮肤过敏、水肿，甚至会出现腹部及其他部位的压痛点和硬结物，也会在背俞穴出现压痛点。所以，人体由于脏腑功能的变化，常产生气血运行的紊乱，内脏有病时，经络不通，气血运行不畅，不通则痛，常常在人体的背俞穴上有压痛点，通过手法在体表相应的反应点上进行治疗，可以缓解疼痛。《灵枢·背腧》提到"则欲得而验之。按其处，应在中而痛解。"说的就是推拿手法在背俞穴反应点的治疗作用。

沈老认为手法调整脏腑的作用主要体现在以下几个方面。

1. 利用经穴的关系

通过对经络和穴位的手法刺激，可以调整脏腑的功能。如胆囊炎患者，沈老会在胆经的胆囊穴进行手法治疗，通过按揉、点拨手法缓解胆绞痛；肾虚腰痛者，按揉、弹拨涌泉穴，可缓解腰部酸痛。胃火旺的牙痛患者，往往掐合谷穴镇痛。经行腹痛患者，通过按压三阴交穴可缓解腹痛。胃脘痛患者，在胃脘部和足三里穴按揉治疗；便秘患者，可以按压八髎穴、擦八髎穴透热等，临证时均能取得显著的疗效。

2. 利用脏腑所在部位

遇到脏腑本身疾病，在脏腑所在部位的体表进行手法操作。沈老临证时经常遇到腰椎间盘突出症患者在手法整复术后卧床期间，由于麻醉药的作用，卧床久后会出现肠胀气的情况，沈老则在患者腹部用掌摩法按压天枢穴、内八卦，按顺时针方向施术，20 分钟后，就能缓解肠痉挛引起的腹部绞痛。遇到痛经患者，则在少腹部按揉、摩腹、擦八髎穴以缓解痛经症状。

3. 利用背俞穴特点

每一个脏腑在背部膀胱经上均有背俞穴。沈老据此在手法治疗时，都会采用背俞穴的功能特点进行操作，如遇到胃脘痛患者，则在相应的胃俞穴及脾俞穴点按治疗，能够缓解胃脘痛。如遇胁痛、脘腹胀满患者，则在肝俞穴按揉，促进气机的通达调畅，可以改善症状，是为肝主疏泄之故。如遇慢性泄泻患者，则在大肠俞、小肠俞、关元俞处按揉。

4. 利用特定经穴关系

现代临床研究表明，众多的特定穴位，对调节脏腑的功能具有作用。伤风感冒，可以按压风池穴。掐按合谷穴治胃疼、面瘫、痛经等，妇科疾病可以按揉三阴交穴。刺激内关穴，可以治疗心血管疾病。按揉桥弓穴可以降血压。按揉胆囊穴治胆囊炎胆结石引起的疼痛。按揉阑尾穴，可以缓解阑尾炎引起的腹痛。按揉安眠穴，可治失眠等。沈老在临证时都会充分利用这些特定穴位的特殊作用加以应用。

三、整脊理筋通经络

脊柱作为人体骨架结构的一个重要组成部分，起到承重的作用。脊柱是否健康平衡，不仅影响着人体运动功能，还影响着人体内脏结构及功能。组成脊柱的各个脊椎大部分是三叶状结构，也就是说，脊柱的承重和活动是由椎体及椎体后缘两侧的上下关节突与相邻的椎体与关节突组成的关节完成的。椎体之间的关节称为椎间关节，后缘的关节突组成的关节称为小关节或后关节。而附着在脊柱两侧的肌肉（筋）支撑维持脊柱的平衡和生理弧度。中医所谓的"筋"，包括现代医学的肌肉、韧带、神经、血管、淋巴及软组织。"筋"遍布人体各处，肝主筋，"筋"之为病，可由外感、内伤、跌仆、金石、虫兽所致。如当腰部脊柱受到外力损伤，如扭转力、剪切力或上下重力的损伤，

容易导致腰椎间盘的损伤，出现腰椎间盘突出，导致硬膜囊及侧后方的神经根受压、水肿，出现相应节段神经受伤的症状，如腰腿疼痛、下肢麻木、肌力减退、皮肤感觉障碍、神经反射迟钝等。而椎体后关节的损伤往往体现在关节滑膜的嵌顿、关节错位，导致相应部位出现水肿，炎性水肿的刺激引起局部疼痛、活动障碍、肌肉紧张。因此，一旦脊柱出现上述病理变化，脊柱的内外平衡将遭受破坏，从而表现出脊柱正常的生理曲度消失，甚至出现反弓状、侧弯。于是腰部之"筋"同时受到损伤。脊柱与周围肌肉韧带神经等软组织的关系是密不可分的，是相互影响的关系，也就是常说的"骨"与"筋"的关系。骨不正，则筋不顺，反之亦然。所以在治疗脊柱疾病的时候，重在理筋正骨。伤"筋"后的治疗在临床上也有外治、内治之分，而推拿正是外治法行之有效的一种方法。沈老在多年的临证实践中，针对人体各部的特征，总结出脊柱各段一系列特殊的正骨理筋手法。

脊柱关节分为颈椎关节、胸椎关节、腰椎关节、尾骶关节段及各段之间的关节。各个关节之间由于各种原因引起小关节及椎体关节的错缝、各段椎体关节的椎间盘突出等，需要用各种手法进行复位治疗。

（一）颈椎关节的整复手法

颈椎关节的整复手法大体分为颈椎拔伸法、旋转扳法、侧扳法，以及上述手法的复合应用。

1. 颈椎拔伸手法

颈椎拔伸手法分为坐位、仰卧位、俯卧位体位。

（1）坐位拔伸法：令患者坐于凳子上，医者立于患者背侧，一手托握住颈后枕部，另一手托握住下巴，用力向上牵引；或一手托握住颈后枕部，另一手环臂用肘部托住下巴，手掌扶住头部向上用力牵引。

（2）仰卧位拔伸法：令患者仰卧位，医者立于患者头顶部，一手托握住患者枕部，另一手握住下巴，用力向患者头顶方向拔伸牵拉。

（3）俯卧位拔伸法：令患者俯卧位，医者立于患者头顶部，一手托握住患者枕部，另一手托握住患者下巴，用力向患者头顶方向拔伸牵拉。

（4）旋转扳法：按体位分为坐位、仰卧位、俯卧位。按技巧分为定点旋转扳法、拔伸旋转扳法。

（5）坐位定点旋转扳法：令患者坐于凳子上，医者立于患者身后，医者一手握住下巴，或用肘部环臂托住下巴，手掌抱住头部，另一手握住项后部，用拇指定点压住偏歪的棘突旁或需要整复节段的棘突旁，然后托住下巴的手向棘突偏歪侧旋转颈部至最大幅度后，突然加力，同时压住棘突的拇指用力反向拨动棘突，此时可以听到关节弹响声。

（6）坐位拔伸扳法：在坐位拔伸法的基础上，令患者稍稍低头，两手做旋转动作，当颈部旋转最大角度时，医者两手做相反方向的快速顿挫扳法，此时往往可以听到"咔嗒"声，即小关节滑动的弹响声。

（7）仰卧位拔伸旋转扳法：在仰卧位拔伸法的基础上，令患者稍稍曲颈，当旋转颈部至最大幅度时，医者两手做相反方向的快速顿挫扳法，此时往往能够听到关节弹响声。

（8）俯卧位拔伸旋转扳法：在俯卧位拔伸法的基础上，令患者稍稍曲颈，当旋转颈部至最大幅度时，医者两手做相反方向的快速顿挫扳法，此时往往能够听到关节弹响声。

（9）拔伸旋转定点扳法：体位可以是坐位，也可以是仰卧位、俯卧位。手法操作时，都是在前述旋转扳法的基础上，医者用握住患者枕部的手掌拇指压住偏歪的颈椎棘突，在行拔伸旋转扳法时拨动压住棘突的拇指，帮助错位的颈椎节段定点复位。

（10）侧扳法：令患者坐位，颈部放松。医者立于患者后侧，一手压住患者肩部，一手扶住同侧头部侧面，令患者头部向另一侧侧曲至最大幅度，医者两手协作同时向反方向用力推压，此时往往可以听到关节弹响声。

（11）寰枢关节半脱位的整复扳法：体位可以是坐位，也可以是俯卧位。无论坐位和俯卧位旋转定点扳法，均应在上述旋转定点扳法的基础上操作。如医者一手握患者枕后部，用拇指按压偏歪的棘突，在另一手做拔伸旋转的同时做反向的用力按压。此时可以听到"咔嗒"声，表明复位成功。其中俯卧位定点旋转扳法手法安全性高，容易掌握分寸，手法操作简便。

2. 适应证

落枕，颈椎小关节紊乱，寰枢关节半脱位，以及各类颈椎病。

3. 禁忌证

颈椎骨折，颈椎椎体滑移，颈椎椎管腔内的肿瘤，颈椎椎体的结核，转移性恶性肿瘤。

（二）胸椎后关节紊乱的整复手法

胸椎后关节紊乱的整复体位分为俯卧位和坐位。

1. 俯卧位胸椎后关节紊乱整复手法

俯卧位胸椎后关节紊乱整复手法分为掌根压法，拇指压法。

（1）胸椎掌根压法：令患者俯卧位，放松身体，医者立于患者床侧，检查并寻找胸椎棘突压痛点，在确定整复位置后，双手掌根叠加压于压痛点处，伸直双臂，令患者做缓慢的深呼吸，在患者呼气末时，医者突然向下用力（注意力度适当），此时可以听到胸椎关节发出的弹响声，表明手法成功。此手法适用于身体比较强壮者。

（2）拇指压法：令患者俯卧位，放松身体，医者立于患者头顶部，找到压痛点，医者用两拇指分别压于痛处棘突两旁，贴紧压实患者皮肤，令患者做深呼吸，在患者呼气末时，医者两拇指用力下压，并且连续在附近几个棘突旁使用拇指压法，也可以做到胸椎后关节紊乱的整复。此手法比较适合女性和比较瘦弱的患者，不至于因为下压力量过大而导致胸闷不适。

2. 坐位胸椎后关节紊乱整复手法

坐位胸椎后关节紊乱整复手法分为顶膝后扳法和提肩扩胸法。

（1）顶膝后扳法：令患者坐位，双手十字相扣置于枕后部，微微低头；医者立于患者身后，双手分别穿过患者两侧胁下，并且分别握住同侧患者的手腕，两侧肘臂部夹住患者腋窝，然后医者膝关节前部顶住患者胸椎棘突压痛点，嘱咐患者放松身体，自然呼吸，此时医者双手用力向后上方扳提，当听到胸椎关节发出"咔嗒"声时，表明复位成功。

（2）提肩扩胸法：令患者坐位或站立，双臂交叉抱于胸前，医者立于患者身后，双手分别穿过患者两侧腋下，两手分别扳住患者两侧肩部，医者同时用胸部抵住患者后背部，两手同时向斜上方用力提扳肩部，令患者扩胸提肩，可以听到胸椎关节的弹响声，表明复位成功。此法一般用于体重较轻、韧带较松者。

3. 胸椎侧弯的矫正手法

胸椎侧弯的矫正手法包括扳肩推胸法和提腿压胸法。

（1）扳肩推胸法：令患者俯卧位，放松身体，医者立于患者胸椎侧凸侧，一手扳住对侧肩部，另一手掌根斜向对侧压住侧凸的胸椎，双手同时对向用力扳肩和推压胸椎，一般此法连续做3～5次，7～10次为1个疗程。

（2）提腿压胸法：令患者俯卧位，放松身体，医者立于患者胸椎侧凸侧，一手扳住对侧膝关节上方，另一手掌根压住侧凸的胸椎，双手同时对向用力扳腿和推压胸椎，一般此法连续做 3～5 次，7～10 次为 1 个疗程。

4. 适应证

胸椎小关节错位，呃逆，胃脘痛，胆囊炎胆石症，胁痛。

5. 禁忌证

胸椎骨结核，肿瘤，胸椎滑移等。

（三）腰椎关节的整复手法

腰椎关节的整复手法按照体位分为坐位、侧卧位及俯卧位。腰椎关节发病大多集中在腰椎后关节紊乱症和腰椎间盘症。

1. 腰椎后关节紊乱症的整复手法

腰椎后关节紊乱症的整复手法按照体位可以分为坐位、侧卧位、俯卧位。

（1）坐位腰椎后关节紊乱整复法：坐位旋转扳法。

令患者坐位，双手自然放于大腿上，助手固定患者双膝关节，医者分腿蹲立于患者身后，一手拇指压住偏歪之腰椎棘突一侧，另一手穿过患者腋窝，手掌扳住患者颈后部，向同侧方向转动患者身体上半身至极限点，与固定棘突的拇指反向加力旋转顿拉，当听到关节发出"咔嗒"声时，表明复位成功。

（2）侧卧位斜扳法：令患者健侧卧位，伸直健侧下肢，屈曲患侧下肢置于健侧下肢上，医者与患者面对面，弯腰一手肘关节压住患侧肩部手掌轻握患者上臂，另一手肘关节部压住患者臀部，然后压住患者肩部的肘推压方向向前，压住臀部的肘往医者身体方向用力扳动，两肘关节向相反方向同时发力，扭转患者的身体，当听到腰椎关节发出"咔嗒"声时，表明复位成功。一般来讲，在临床实际操作中，沈老认为同样的手法，让患者转过身体向另一侧方向再做一次斜扳法。这样会有利于其他节段的腰椎小关节因为代偿原因发生的紊乱得以纠正。

（3）卧位后伸扳法：令患者俯卧位，身体尽量放松。医者立于患者一侧，一手掌根压住患者腰椎病变处，另一手抱住患者的双腿膝关节，向上提拉患者双下肢的同时，按住腰部的手掌同时用力下压，一般可以重复 3～4 次，当听到"咔嗒"关节弹响声的时候，表明复位成功。

（4）俯卧位单腿提拉压腰法：令患者俯卧位，放松身体。医者用肘尖部压住患者痛侧腰椎旁，助手立于另一侧，双手握住患者痛侧下肢，医者喊口令"一、二、三"，当喊到"三"时，医者肘尖部用力下压，助手同时向上

浙江中医临床名家·沈景允

用力上提患侧下肢。当听到"咔嗒"声时，表明复位成功。

沈老在临床经多年的研究，结合以上这些手法，还专门自拟了一套"一牵二扳三顿腿"手法用于治疗腰椎后关节紊乱症，这是一套综合手法。"一牵"，即牵引，给腰椎后关节紊乱症的患者第一步实施牵引腰部之法；以松解腰部肌肉的紧张痉挛。"二扳"，即用斜扳法，或后伸扳法；"三顿腿"，即俯卧位单腿提拉压腰法的动作。此套动作相对以上整复手法来说，是一套完整的腰椎后关节紊乱症的整复手法，也是针对较为难治的腰椎后关节紊乱症患者所设计的。

2. 腰椎间盘突出症的整复手法

沈老经针对腰椎间盘突出症患者研究制定了一套名为"麻醉下腰椎间盘突出症大手法复位术"的治疗手法。沈老专门做了课题研究，通过术前与术后的对照研究验证此套手法带来的实际效果，到现在为止，浙江省省内多家医院都在使用此套手法治疗腰椎间盘突出症，而且疗效显著，同时此套手法也纳入了医保使用范围。

（1）仰卧位抬腿压腿法：令患者仰卧位，助手双手固定骨盆，术者一手握踝部，一手扶膝关节行直腿抬高至90°，再加足背屈30次，重复3次。此法作用是分离神经根突出腰椎间盘的粘连。

（2）仰卧位脊柱旋转法：令患者仰卧位，助手固定患者肩部，术者使患者屈膝屈髋，沿顺时针和逆时针方向各旋转腰部一次，再行脊柱旋转至健肢方向90°，然后术者一手压膝关节，另一手扳住健侧髂骨部同向用力旋转腰部1～2次。此法作用是纠正腰椎后关节紊乱，采用扭转剪力挤压腰椎间盘，促使其还纳。

（3）侧卧位斜扳法：令患者侧卧位，患侧在上，助手固定患者肩部，医者用一手肘部压住患侧臀部，另一手扳住健侧髂骨部，用力扭转腰部脊柱，助手与术者同时向反方向用力。此时可以听到腰部关节发出"咔嗒"声。此法作用同"仰卧位脊柱旋转法"，只是用在身体强壮，或腰部旋转时阻力较大者。

（4）俯卧位后伸腿压腰法：令患者俯卧位，医者一手撑床上，另一手肘部压患者腰部椎旁痛点，撑在床上的手臂用于固定，助手双手抱住患者双侧大腿，由术者喊口令"一、二、三"至"三"时，助手抱提患者双下肢向上用力，医者同时用压住腰部的肘尖部用力下压，动作必须协调一致，此时常会发出腰部关节的弹响声。此法作用为采用负压吸引突出的腰椎间盘，促使其还纳。

目前此套手法是在硬膜外麻醉下完成的，通过硬膜外麻醉有助于缓解患者腰部肌肉由于炎性物质的刺激及腰椎间盘突出压迫神经根所带来的腰肌紧张 。

适应证：腰椎间盘突出症，腰椎小关节紊乱症。

3. 骶髂关节半脱位的正骨手法

骶髂关节半脱位的正骨手法有单腿牵拉法，抬腿压腿法，压臀扳腿法，顿拉下肢法。

（1）单腿牵拉法：令患者仰卧位，助手固定患者上身，医者双手握住患者足踝部，与助手对向用力牵拉患侧下肢，作单腿牵引，时间持续 15 分钟或可听及"咔嗒"一声，同时有滑脱感,若检查证实已复位,可不必再用其他手法。此法需要牵拉的力量较大，肌肉强壮之人未必能够达到复位的效果。

（2）抬腿压腿法：令患者仰卧位，助手一手按压健肢膝部使其伸直固定，另一手按压患侧髂前固定骨盆，术者将患侧下肢直腿抬举到 90°，再用力压足背伸 10 次，然后稍屈膝屈髋活动一下，再重复上述手法 3 次。此法主治骶髂关节向前错位者。此法作用是通过牵拉臀部肌肉，促使骶髂关节向前半脱位的复位。

适应证：骶髂关节半脱位。

（3）压臀扳腿法：令患者俯卧位，骶骨后垫一棉垫，助手肘按压其上以固定骶骨，术者站于健侧向后沿骶髂关节耳状面 45°方向猛力扳举，可闻及"咔嗒"声。此法主治骶髂关节向后错位者。

（4）顿拉腿法：令患者仰卧位，助手一手按住健侧膝关节，另一手按住患侧髂骨前缘，医者双手握住患者踝关节，做屈膝屈髋动作数次后，将患肢斜向上 45°猛力牵拉 1 ～ 3 次。直至听到关节弹响声。此法主治骶髂关节向前半脱位者。

适应证：腰椎间盘突出症。

禁忌证：腰椎肿瘤，腰椎骨结核，腰椎椎体滑移，类风湿关节炎，强直性脊柱炎骨桥形成，马尾神经压迫症等。

4. 尾骶关节脱位的整复手法

尾骶关节脱位的整复手法为中指勾扳法。

尾骶关节脱位大多由外伤引起，有因跌倒时臀部着地伤及尾骶关节，导致尾骶关节脱位，也有骑车时颠簸导致尾骶受伤所致。

令患者屈膝屈髋成跪拜姿势，腰部尽量放低，医者带上医用手套，用液状石蜡涂于手套中指和患者肛门上，掌面向上，医者将中指缓慢地伸入患者肛门内，深入至患者尾骶关节处前侧，中指指端贴向尾骶关节用力上勾，此时医者往往会感觉到有尾骨的滑动感，即手法复位成功。

适应证：尾骶关节半脱位。

禁忌证：尾骶骨转移性肿瘤，尾骶部巨大血管瘤等。

（四）肩关节脱位的整复手法

1. 双人杠杆顶牵法

令患者坐位，助手双手握住患侧腕部，医者用碗口粗细的圆竹竿或圆木棍伸进患侧腋窝下，双手分握竹竿或者木棍两侧，在助手用力向下牵拉的同时，医者握竹竿或者木棍的双手同时用力向上方提拉，医者与助手反方向用力，此时往往可以听到"咔嗒"声，同时医者能够感觉到患者的肩关节有明显的滑动感，术毕检查可发现患者肩关节的"方肩"消失。

2. 单人牵臂足蹬法

令患者仰卧位，医者坐位，坐位略高于卧床，双手握住患者患侧腕关节，医者一侧足跟顶住患侧腋窝，此时医者双手用力牵拉患者腕关节的同时，顶住患肢腋窝的足跟蹬向腋窝，与牵拉之力呈反方向。此时往往能够听到"咔嗒"声，医者也能体会到足跟所蹬部的肩关节有滑动感，再检查肩关节有无"方肩"症状，如无，则表明肩关节脱位整复成功。

适应证：肩关节脱位。

禁忌证：肩关节脱位伴骨折。肩部转移性骨肿瘤，骨结核等。

（五）小儿桡骨小头半脱位的整复手法

牵臂压肘旋转法

令患儿坐位，由家长抱住患儿，助手双手固定住患儿肩臂部，医者一手拇指压住患儿桡骨小头，握住肘关节；另一手握住患儿腕部，向下做牵拉动作，再做患儿肘关节的旋后动作，同时屈曲肘关节，此时压住肘关节桡骨小头的拇指可以感到有关节的滑动感，表明复位成功。术后检查，可发现患儿患肘已经能够高举持物。

适应证：小儿桡骨小头半脱位。

禁忌证：肘关节骨折。

（六）膝关节炎及半月板损伤的整复手法

杠杆顶压拔伸法

患者仰卧位，医者屈曲患者膝关节，一手前臂伸进患者膝关节下方顶住膝关节腘窝，另一手握住患肢的踝关节下压 3 ～ 5 次，同时顶住腘窝的前臂用力上提，然后双手握住踝关节用适当的力量顿拉踝关节 3 ～ 5 次。此法意在松解膝关节的韧带，缓解膝关节的压力，增宽膝关节的间隙，解除半月板的交锁现象。

适应证：膝关节炎，膝关节半月板损伤。

禁忌证：膝关节骨折、肿瘤、风湿性关节炎，类风湿关节炎等。

（七）全身各部理筋手法

1. 颈项部常用理筋手法

颈项部常用的理筋手法有一指禅推法、滚法、拿法、按揉法、提拿法等。沈老在做颈椎扳法前，必定先用推拿手法放松颈项部肌肉，所用手法为用一指禅推法沿着颈部膀胱经、少阳经、督脉经操作 5 分钟，用滚法在颈夹肌上操作 5 分钟。提拿肩井和颈夹肌，按揉棘上韧带和痉挛的肌肉 5 分钟。使用复合手法依次松解紧张的"筋"，以疏通经络、调和气血。

2. 胸腰背部常用理筋手法

胸腰背部常用的理筋手法有滚法，拇指按法，掌根按法，掌推法，肘推法，拇指弹拨法，擦法，拍法。沈老在做背部理筋手法时，一般先在背部脊柱两侧的膀胱经上从尾骶部开始向上用掌推法或者肘推法推 5 次，然后施行滚法在背部肌肉上沿着经络逐个穴位来回治疗各 3 次，时间为 5 ～ 8 分钟，再用双手拇指螺纹面在脊柱两旁的华佗夹脊穴上逐个进行按压，来回 2 次，约 2 分钟，再用双手掌根叠压背部督脉经和两侧膀胱经各 1 次，约 2 分钟。遇到有骶棘肌紧张、痉挛的部位，用双手拇指行叠压弹拨法 2 分钟，然后在收功时，或用擦法，或用拍法。

3. 四肢常用理筋手法

四肢伤筋治疗时常用的手法为一指禅推法、滚法、拿捏法、按揉法、搓法、擦法、抖法等。由于四肢部位肌肉、肌腱、韧带、肌筋膜纵横交错，沈老在治疗伤筋过程时一般先采用在肌肉丰厚处行滚法治疗 5 分钟，在肌腱处用一指禅推法操作 3 分钟，双手拿捏、提拿四肢肌肉 1 分钟，搓动四肢肌肉 1 ～ 2

分钟，按揉肌腱韧带 2 分钟，用擦法在四肢肌肉、韧带部位治疗 2 分钟，最后收功时，用抖法抖动四肢 1 分钟。

四、通督整脊调脏腑

对于部分内科疾病的治疗，往往利用中西合参的思路，重视督脉在手法对内脏疾病治疗过程中的作用，通过通督整脊调整脏腑的一些疾病。督脉是脊柱旁交感神经节散布之处，是脊神经分出的通道，通过刺激交感神经节、松解组织的痉挛、消除炎性物的刺激等手段，利用交感神经与迷走神经这对自主神经的关系治疗内脏疾病。

（一）通督整脊治呃逆

呃逆在临床上颇为常见，其俗称"打嗝"，以气逆上冲、喉部呃声连连、声短而频、令人不能自主为主要表现。大部分轻微的患者，通过一定时间或喝点热水可以自行缓解。而有些患者呃逆时间较长，有长达 1 周者，甚至有长达 1 个月都不能解除的顽固性呃逆。从呃逆犯病的病因病机着手分析，是由支配膈肌的神经兴奋性增高所致。众所周知，膈肌是由第 6 ~ 12 对肋间神经和膈神经支配的，由于诸如胸椎小关节紊乱等因素，造成椎间孔变形、狭窄，加上周围软组织肿胀痉挛、炎症物质的刺激，导致脊神经、迷走神经、膈肌神经兴奋性增高，传入及传出神经通过反射将冲动传出，使膈肌痉挛。明白了发病的原因和机制，治疗就有了明确的思路。治疗对策就是通督整脊，理筋通络，行气活血。通过理筋手法消除肌肉的痉挛及炎性物质，通过整脊调整小关节的紊乱。笔者见证了一个 65 岁的男性患者，患呃逆已有 1 个月，呃声连连，日夜不断，难以入寐，胸闷气急，语声低而无力，痛苦不堪。检查：背部 T_7、T_8 棘突压痛，两侧骶棘肌紧张，呈条索状。沈老通过按揉法、点弹法、揉法解除背部肌肉痉挛，然后采用坐位顶膝后扳法顺 T_6 ~ T_{10} 棘突逐节整复，听到关节整复的弹响声后，用拍法收功。患者经过治疗后，呃逆立即停止，第 2 天患者前来致谢。

（二）通督整脊治胃痛

这里的胃痛是指非器质性病变引起的上腹部胀满、疼痛。一般是由胃部受凉，饮食生冷不洁净或难以消化的食物，或饮食过饱所引起的突发胃脘痛；

也可以由胸椎小关节紊乱引起的 $T_6 \sim T_{10}$ 脊神经紧张，兴奋性增高所致。沈老根据神经调节内脏的原理，针对此类患者，采用手法治疗外加胸椎关节整复技术，往往具有桴鼓之效。例如，一男性患者，38 岁，因胃脘痛 2 天前来就诊，自述 1 天前因朋友聚餐吃得过多，导致胃脘疼痛胀满，疼痛彻背，无腹泻，无胃炎、胃溃疡史；自行服用铝碳酸镁片及多酶片无效。专科检查：腹肌紧张拒按，背部 T_8、T_9 棘突压痛，触及棘上韧带剥离，骶棘肌紧张。诊断为胸椎后关节紊乱引起的胃脘痛。沈老先用腹部按揉法，内八卦运功按摩后，拨揉背部紧张的肌肉，然后行胸椎顶膝后扳法整脊，待胸椎后关节发出"咔嗒"声后以拍法收功。术毕，患者顿觉腹部温热，胃部胀满慢慢消失，疼痛明显减轻。

（三）通督整脊治心悸

心悸在临床上可以出现在众多疾病中，器质性疾病一般有冠心病、心肌炎等，也会出现在心脏功能性疾病中，这里要提到的是由颈椎疾病引起的心悸。曾经有一男性患者，38 岁，因为颈肩痛、手麻，伴有心悸、心慌、胸闷，反复发作 2 个月，前来就诊，自诉曾有颈椎病病史，经查体检查，颈椎生理弧度变直，C_5、C_6 椎旁压痛，C_6 椎体棘突偏歪，CT 检查发现 C_5/C_6 和 C_6/C_7 椎间盘突出。心电图检查结果：胸导联 ST 段压低。通过手法理筋，颈椎旋转定位扳法等治疗 3 次后，颈肩疼痛基本消失，胸闷心悸症状消失。心电图复查，示已经恢复正常。通过这个案例，沈老对其做出分析，认为患者的心悸胸闷症状是由颈椎疾病引起的。颈椎关节紊乱，以及炎性物质存在，刺激了脊柱两旁的交感神经节，交感神经兴奋导致假性心脏病的发生，这属于脊柱源性的心悸。

第四节　寓防于治兼标本

推拿既有治病作用，也有防病作用。沈老运用推拿防病作用这一原理，在临证时往往防治结合，寓防于治，标本结合。

一、提倡治未病的重要性

治未病作为《黄帝内经》中提及的"自古圣人不治已病治未病"的养

生保健思想，对后世医者提出了一个养生的理念。其主要观点包括"未病先防""既病防变"及"愈后防复"。中医养生总的来说不外乎从饮食起居、四季变化、经络关节、脏腑调养、体质辨识、运动舒筋、子午流注的气血养生、自我按摩等方面调适。而推拿作为治病的一种手段，还有养生保健的作用。所以沈老认为推拿医者不仅需要有扎实的推拿技术功底，还需要有中医所强调的整体观念，即治养结合的观念，寓防于治，医养结合，才能够在治疗疾病的同时树立后期调养身体的重要性思想。

例如，遇到腰椎间盘突出症引起神经根粘连的患者，在经历一系列的手法整复治疗的同时，常嘱咐患者加强自身的蹬腿踢腿功能锻炼，以防止神经根的再次粘连，同时也用手法帮助患者解除粘连，也常用中药辅助治疗以活血化瘀，消除神经根的水肿，以助恢复。

再如，肩周炎患者，在手法粘连松解术后的康复治疗及功能锻炼中，要使肩部软组织不再产生粘连，就需要嘱咐患者进行功能锻炼。让患者做肩部的上举、后伸、外展、内外旋转等功能锻炼，除此之外，还要配以后期的推拿理筋活血手法来舒筋通络，以防止再次粘连。

又如，睡眠障碍的患者，除了通过手法治疗，还要结合自身的按摩，如点按安眠穴，以及按摩手足掌心、内关穴、神阙穴等。

二、饮食调理的重要性

人的生命活动离不开从食物中吸取的营养物质，而食物作为维持人体生命活动所必需的基础物质，在生命代谢和人体健康中起到决定性的作用。鉴于此，饮食的合理摄取，决定了人体赖以生存的基础。营养的均衡有助于人体的健康。一个良好的饮食习惯，可以造就一个人健康的体魄，产生良好的心理状态，并且有助于患病后身体状态的恢复。从中医养生的角度出发，合理的饮食提供了机体所必需的能量，补充了人体的精气神，可以保障机体功能的协调平衡，从而达到养身健体、延年益寿的目的。然而，饮食的混乱、不均则会损伤脾胃功能，后天之本受损，就会导致机体功能紊乱，损耗人体正气，引发疾病。因此，饮食结构的合理搭配，五味调和，寒热适当，有助于人体的健康。《素问·六节藏象论》有云："天食人以五气，地食人以五味。"这告诉我们，人需要呼吸大自然的清气，摄取地上所产的五味饮食，就能维持人体的生命活动。而《黄帝内经》对人体应该摄取的饮食就有要求：

"五谷为养，五果为助，五畜为益，五菜为充"。即现代营养学所强调的淀粉、维生素、纤维素、蛋白质、氨基酸、脂肪、微量元素等物质一应俱全。这些物质的摄取，构成了人体健康所需要的物质基础。鉴于此，沈老在通过手法治病之余，往往对患者的饮食习惯有所了解，同时嘱咐患者在平时的饮食中需要注意一些对疾病有影响的食物。腰椎间盘突出症患者在病房行手法整复术后，需要在麻醉 4 小时后进食，且需卧床 1 周左右，由于卧床的缘故，患者的消化系统运动减慢，所以饮食调理也显得尤为重要。饮食往往以细软容易消化吸收的食物为主，不宜进食生冷及不易消化的食物，以免损伤胃气，不利于患者康复。每次查房时医生都应问及患者的饮食状况，以及查看舌苔、脉象。

三、中药调治的重要性

除了饮食调理，还需要中药调理，有助于人体功能的恢复。中药调理，标本兼治。在治疗疾病的过程中，手法固然是个重要的因素，然而人体功能的恢复是靠多方面手段达成的，有手法康复、饮食调理，还需要中药调理，才能做到全方位的治疗与预防。饮食、中药均有四气五味，食物与中药又有同源之说。所以，沈老在临证时往往会结合患者的辨证，如气滞血瘀者，辅以活血化瘀的方药调治，如桃红四物汤加减主之；气血亏虚者，八珍汤加减主之；寒凝血脉者，温经汤主之；肝胆湿热者，往往龙胆泻肝汤主之等。

四、情志调养的重要性

人由于外界因素、身体因素，会产生各种情绪的变化。人的情志包括七情五志。《素问·阴阳应象大论》曰："人有五脏化五气，以生喜怒思忧恐"，也就是说人的五脏，化生出五气，变成喜、怒、思、忧、恐五种情志，而情志的变化往往会对人体的生理健康状况有所影响。而《黄帝内经》中也强调了怒、喜、悲、思、惊这几种情志变化所产生的影响，情志过激，则产生不利于人体正常功能的状态，如怒伤肝、喜伤心、忧伤脾、恐伤肾、悲伤肺。在正常的生理状态下，"喜乐"是一种自然而积极的情志，可以使人心情愉悦，气机调和，缓解紧张情绪，有利于身体健康。但中医讲究中和，也就是说不

浙江中医临床名家·沈景允

可以太过，否则会出现"喜极而泣""欣喜若狂"等的状态，如历史上范进中举后得了癫狂症。因此，沈老自己在平时总是表现出面带微笑、慈祥喜乐的面容，无论是对待患者还是对待别人，特别是上了年纪以后很少见他发怒，厉声呵斥别人。这与他平时练功也有关系，养成和达到了《素问·上古天真论》中说的"恬淡虚无，真气从之，精神内守"的修养和精神境界。所以在临证时，遇到患者有不满情绪时，沈老总是耐心细致的做好患者的思想工作，缓解调适患者的不良情绪，细致讲解患者的病情及可能发生的一些情况，让患者尽可能了解疾病的发展过程及预后等，并且劝导患者不良的情绪不利于疾病的康复。

五、功能锻炼的重要性

沈老认为功能锻炼是患者康复过程中的重要环节。把握时机，掌握好功能锻炼的分寸是极为重要的。沈老常告诫我们，医生治病只是利用药物和手法对患者的机体进行了外在的干预，真正的康复需要患者自身的配合与自身修复机制的调动。患者良好的心态、战胜疾病的勇气、合理的膳食、正确的治疗方法再配以正确的功能锻炼方法，就能做到预防复发，是寓防于治理念的贯彻。正确的运动方式，能使人气血流畅、筋骨强健，增加患者的抗病能力和信念，适当的运动有益健康，过度的运动只会增加患者的负担，不利于疾病的康复。

临证时沈老往往结合患者个体情况，做出合理的功能锻炼方案。

如对腰椎间盘突出症神经根粘连的患者，在做好手法复位后的第 3 天起就需要患者进行功能锻炼，如蹬腿踢腿锻炼、腰部背伸锻炼。第 7 天起床后，不宜直接运动，这是因为患者久卧病床，有久卧伤气的情况，所以不宜直接行走，否则会晕倒，需要静坐一会，再慢慢开始行走训练，同时避免弯腰。几天后可以行走活动，恢复气血流动。其中对功能锻炼的次数和时机，可根据患者的具体情况制定运动锻炼计划。

如肩周炎患者在行麻醉下粘连分离术后的当天，在麻醉过后，就需要患者开始功能锻炼，这是因为在肩周炎粘连分离术后，患者肩关节周围会因为粘连的分离出现软组织出血，从而会出现再次粘连的情况，所以需要患者忍痛加强功能锻炼，以防止再次粘连。《吕氏春秋·尽数》曰："流水不腐，户枢不蠹，动也，形状气亦然"。《医说·真人养生铭》提到："人欲劳于形，百病不能成"。所以人体的锻炼是必不可少的。而有些年迈体虚的患者，应针对具体情况采取措施。如采用动静结合的方式，不宜剧烈活动，以静养为主。静养，并非不动，而是需要患者外静内动，强调内气和意念的活动，引导患者以意念驱使体内气血的流动。犹如《素问·上古天真论》所云："提挈天地，把握阴阳，呼吸精气，独立收神，肌肉若一，故能寿敝天地。"这正是沈老平时练功过程中把所积累的经验运用到患者的康复训练中的虚实和动静结合思想的集中体现，即"动以养形，静以养神"。正如周易所说："动静不失其时，其道光明"。

沈老根据人体各部的特点，编了几套功能锻炼操，进行有目的的功能恢复指导训练，以助疾病的康复。

1. 颈项部

准备姿势：两脚分立，与肩同宽，双手叉腰，拇指向后。

锻炼动作一：金狮摇头。

步骤：准备姿势，头部平视正前方，逐步转向左侧至最大幅度，再还原准备姿势，然后头颈转向右侧最大幅度，再还原准备姿势。此为1节，此动作做4节。

锻炼动作二：哪吒探海。

步骤：准备姿势，先低头后，头颈部向前上方伸出，慢慢抬头至最大幅度，下巴画出一个弧线，然后恢复原位。此为1节，此动作做4节。

锻炼动作三：犀牛望月。

步骤：准备姿势，头颈部向左后上方旋转至最大幅度，此时眼望向左后上方的天空至最大幅度处，下巴画出一个下弧线，然后恢复原位，再向右后上方旋转头颈部至最大幅度，眼望向右后上方的天空至最大幅度处，用下巴画出一个下弧线，然后恢复原位。此为1节，连续做4节。

要求：上身保持不动，呼吸自然，活动时尽量至最大幅度，促使颈部前后肌肉和韧带充分舒展。

作用：经过此套颈部锻炼操的活动，有助于增强肌肉和韧带的柔顺性，并且有助于颈部疾病的康复，如落枕、颈椎病等。

适应证：颈椎病，斜角肌综合征，颈肩综合征等。

2. 肩关节

准备姿势一：两脚分立在，与肩同宽，面墙而立，双目平视前方，双手自然下垂。

准备姿势二：双脚分立，呈丁字步，略宽于肩部，上身挺直，两肩臂自

然下垂，如锻炼左肩，则右脚在前；反之锻炼右肩，则左脚在前。

锻炼动作一：爬墙训练。

步骤：准备姿势一，缓慢举起患侧手掌，沿着墙面逐步往上爬升手掌，尽量往上举，至最高点后，身体微微前倾压肩部 4 次，然后慢慢放下手掌至原位。此步骤重复 4 次。

锻炼动作二：肩臂回环锻炼。

步骤：准备姿势二，放松肩部，然后做肩部带动手臂的回环旋转，向前旋转 8 次后，再反向向后旋转 8 次。此为 1 节，连续做 4 节。

锻炼动作三：擦背锻炼。

步骤：准备姿势一，放松肩部，健侧手臂上举向后弯曲，患侧手臂向下后伸弯曲，两手各持毛巾的两端，由健侧手臂向上拉，带动患侧手臂，作擦背动作 8 次。此为 1 节，连续做 4 节。

要求在做以上各个锻炼动作时，尽可能地放松肩部肌肉，尽可能的运用内劲，增大关节的活动度。

作用：通过锻炼，可以增加肩关节的活动度，也有辅助肩关节的粘连分离作用。

适应证：肩周炎，冈上肌肌腱炎，肩部软组织损伤等。

3. 腰部

准备姿势一：双脚分立，与肩等宽，双手叉腰，拇指向前。

准备姿势二：仰卧位，双脚自然分开，双手掌向下置于腰臀部两侧。

准备姿势三：俯卧位，双手心向上，叠掌相握放置腰部。

锻炼动作一：陀螺式。

步骤：准备姿势一，做顺时针方向环转腰部 8 次，再做逆时针方向环转 8 次。此为 1 节，连做 4 节。转动腰部时，双手用力推动腰部转动。

锻炼动作二：拱桥式。

步骤：准备姿势二，然后开始有节奏的做腹部向上挺起的动作，头部、手肘部、足跟部作为支点，挺腹至最高点停留 2 秒，再放下，如此重复 8 次为 1 节，连续做 4 节。

锻炼动作三：飞燕式。

步骤：准备姿势三，腰背部肌肉用力后伸，腹部作为支点，头部、腿部伸直向后飞起，状如燕子飞翔，至最高点停留 2 秒，如此重复 8 次为 1 节，重复 4 节。

要求：做所有腰部动作时，两腿要伸直，动作幅度尽量最大。

作用：通过这几套腰部动作的锻炼，可以加强腰背部肌肉的力量，增加腰部活动度。

适应证：腰肌劳损，腰椎间盘突出症，腰椎管狭窄症等。

4.膝关节

准备姿势一：仰卧位，自然平躺。双手自然垂放于身旁两侧。

准备姿势二：正坐位，两膝关节与脚并拢双手置于两膝关节两侧，握住膝关节。

准备姿势三：正坐位，两膝关节与脚自然平放，与肩等宽。双手放置于座位上，扶住坐位。

锻炼动作一：兔子蹬腿。

步骤：准备姿势一，一腿平放，一腿屈曲至膝关节贴近胸腹部，双手十指相扣抱住膝关节，使之尽量贴近腹部，足部背伸，令足跟向天空方向用力蹬出，同时双手突然放开，完成一次兔子蹬腿动作。如此重复8次为1节，重复做4节。

锻炼动作二：懒驴碾磨。

步骤：准备姿势二，开始用双手做膝关节的环状碾磨动作，沿顺时针方向转动8次，然后沿逆时针方向转动8次，如此为1节，重复做4节。

锻炼动作三：仙人擀面。

步骤：准备姿势三，在足底放置一根圆柱状的木棍或者竹竿，用足底部来回搓动木棍，形若擀面，来回搓动8次为1节，重复8节。

要求：身体放松，活动幅度可以逐渐加大，力量也可以慢慢增加，以膝关节能够承受的程度为限。

作用：通过对膝关节的功能锻炼，促进肌肉和韧带的柔韧性和强度，增强下肢肌肉的力量，加大膝关节的活动度，帮助膝关节的水肿吸收。

适应证：膝关节骨关节炎，半月板损伤，膝关节韧带损失等。

六、经穴调治的重要性

经穴是遍布人体各处的一个网络系统，是由点、线、面组成的一个有机的与自然不可分割的整体。经络遍布五脏六腑、四肢百骸、七窍皮肤，沟通人体表里、上下、内外。传统十四经上的穴位有361个，历代医家在实践中

不断发现的经外奇穴也有很多。从对疾病的防治方面来看，充分利用人体的经穴，有助于疾病的防与治。

经穴及养生常用基本手法有点压法、按揉法、指摩法、掌摩法、拿捏法、搓揉法、擦法、拍法、叩击法等。这些不同的手法在具体操作过程中要根据人体的部位和需要分别应用于体表的某些部位。通过各种手法的操作，达到防治疾病的作用。而人体的腧穴，有深浅部位、补泻之不同，功效也各不相同。沈老在临证时，常运用保健穴位治疗和预防各种疾病。

（1）肩井穴：乃胆经之地部水液流入之地，为血中气穴，采用提拿法，则能够提升阳气，气行则血行，通过推动经脉内气血的运行，促使经络通畅，达到活血通络、祛病延年的目的。操作时，可用三指或五指提拿法，也可以用拇指按揉至酸胀为宜，时间为10分钟。

（2）足三里穴：为足阳明胃经要穴，号称"长寿穴"，经常按揉足三里穴，有健脾和胃、扶正固源的作用，有增强后天之本的功能，可提高人体免疫力，延缓衰老。操作时，可用拇指或示指、中指叠压垂直按压，待有酸胀感时，辅以按揉该穴，持续半分钟再放松，如此反复操作10分钟即可。

（3）合谷穴：为手阳明大肠经的原穴，可以治疗许多痛症，如痛经、牙痛、胃疼、胆囊炎、胆结石、肾结石所致的绞痛等。操作时，可用拇指指峰掐按，辅以按揉法10分钟。

（4）三阴交：为三条阴经交汇之穴，可主治脾胃虚弱、肠鸣腹泻、月经不调、经行腹痛、带下崩漏、湿疹脚气、腰膝酸软、血虚眩晕等。操作时，可以用拇指或中指按揉该穴10分钟。

（5）涌泉穴：为肾经井穴，经常按摩涌泉穴，可使人精力旺盛，防治腰膝酸软、失眠多梦、头晕头痛、耳鸣耳聋、高血压病。操作时，可用示指指间关节顶压该穴，辅以拇指按揉、小鱼际擦法10分钟。

（6）气海穴：为任脉之穴，位于脐下1.5寸，可主治脘腹胀满、水肿臌胀、大便不通、泻痢癃闭、遗精阳痿、崩漏带下、痛经闭经、产后恶露、食欲不振、发育不良等。操作时，可以用掌摩法、拇指按揉法10分钟至腹部发热为止。

（7）肾俞：为膀胱经之穴，主治腰酸腰痛、遗精阳痿、月经不调、带下遗尿、耳聋、耳鸣等。操作时，可用掌根部位按揉、搓擦，拇指按揉10分钟。

（8）膻中穴：为任脉腧穴，主人体一身之气，可治疗胸闷胸痛、心悸心慌、呼吸困难、产后乳少、腹胀腹痛。操作时，用拇指按揉、小鱼际擦法透热，治疗10分钟。

沈老认为人体的养生保健穴位非常多，不仅仅局限于以上这些穴位，只是这些穴位容易定位，而且也便于自身的按摩治疗。

七、其他防治疾病的方法

除了上述治疗方法，还有中医常用的拔罐、刮痧、灸法、针刺、经络拍打法等。在临床几十年的应诊中，沈老为患者解除病痛，都会根据具体情况做出相应的措施，从不拘泥于一种方法。而拔罐在具体用于养生保健时，往往采用走罐法，在人体的背部膀胱经上用走罐法，往往能够疏通足太阳经的经气，振奋人体阳气。刮痧在民间更是应用普遍，不仅可以通经络，还可以清除体内湿气，舒筋解郁。灸法在临床应用更加广泛，其作用不仅可以助阳气、散瘀积、除湿气，还可以温经通络、活血化瘀、回阳救急，也有延年益寿之功。而经络拍打之法，主要用于气血瘀滞之人，通过拍打人体相应部位的经脉，可以舒筋通络、振奋阳气，使得气血运行通畅，达到祛病延年的目的。

第
六
章

桃李天下

第一节　学无止境立身教

从绍兴城的一个小童，成长为推拿界的泰斗，是沈老长达半个多世纪不懈坚持和努力的结果。成功自然有机缘巧合，但更多的是来自沈老的勤奋和信念。我国名老中医韦贵康曾说："理想与信心加上勤奋与机遇加上天赋与人和等于成功"。具体地说，就是要有坚定的远大理想、充满自信心和长期坚持不懈、刻苦钻研的勤奋求知精神，还要抓住机遇，迎接挑战与考验，加上个人天分，注重博采众长，才能取得成功，实现自己的理想和人生价值。

从参军入伍到夜校苦读，从上海进修到返杭建科，沈老始终信奉着一句话："医之为道，非精不能明其理，非博不能致其得。首先立身，再立医术。"

推拿是一门古老的学科，1000多年来，几经兴衰，终重新焕发出独特的生机与活力。推拿，不仅具有治疗疾病的作用，而且还有养生保健、治未病的作用。而作为从事这一行业的人员来讲，其自身职业素养的高低，也直接决定了患者医疗效果的优劣。要做一个好的推拿医生必须具备较高的个人素养。沈老认为，一个合格且受群众欢迎的推拿医生必须具备较高的专业技术素养、职业道德素养和个人修养三个方面要求。

一、专业技术素养要求

一名推拿医生必须具备专业知识和操作技能。推拿医生治病有其特殊性，除少数情况下借助一定的工具，大多数直接作用于患者体表部位，倘若没有良好的专业知识水平和操作技巧，不仅治不了病还会加深患者的痛苦。

1. 广度

推拿医生首先应有广阔的知识面。推拿所涉及的疾病较广，涵盖了内、外、妇、儿等多门临床学科，作为一名出色的推拿医生，必须掌握各科疾病的诊断和治疗方法，通晓疾病本身的生理病理变化，以及推拿的作用机制等，故而在现代针灸推拿学科教育中，中医的基础理论诊断方法、中药学，以及西医的解剖学、生理学、免疫学、病理学等基础学科的重要性都是旗鼓相当、不相上下的。所谓治病，诊断是前提，治疗是关键，推拿手法发展至今，分门别类，千变万化，各有长短，每一名受过正规高等教育的推拿医生都应熟练掌握，并合理运用，做到"心随手转，法从手出"。

2. 深度

深度指专业知识的深度。深入学习专业知识有助于提高疾病诊断的准确性，从而为合理准确地运用各种手法技巧提供理论依据。从专业理论来讲，充分掌握本科多种疾病的发病原因、机制及疾病的发展过程，通过四诊合参和现代诊疗技术制订相应的治疗原则、治法和实际的手法运用，了解疾病的转归。从专业技能来讲，手法讲究"功力"，要有层次和深度，在"持久、有力、柔和、均匀、深透"十字要诀中，前八个字联系紧密，是基础，待练习到一定层次，方可达到"深透"的境界，从而在治疗时达到得心应手、身心合一。手法专业技能的深度，其实也体现了一位推拿医生的身体素质、技术素质和心理素质。

3. 厚度

推拿专业素养的形成是一个积累的过程，抓重点，找难点，通过临床实践、学校交流等多种形式，把握推拿学科的发展脉络，探索新动向，掌握新趋势，认真总结，开拓创新，不断进取，不断丰富和完善自我。

二、职业道德素养要求

推拿医生的职业道德素养是指个人的道德修养和医务作风，即所谓的医德。"医者，仁术也"。医学与德，相辅相成。2000多年来，扁鹊、仓公、张仲景、朱丹溪、叶天士等凡成大家者，面对"有疾厄来求救者"，皆不问"贵贱贫富，长幼妍媸，怨亲善友，华夷愚智，普同一等"。沈老常勉励并教导学生们也要做一名有情怀的医生。他说，推拿是一门医术，也是一门指尖上的艺术，能用艺术的形式治疗疾病，那是一种独一无二的享受。

三、自身修养要求

深受绍兴传统人文思想影响的沈老常说"不为良相，则为良医。"古代的医生都非常受人尊敬，究其原因，不仅仅是因为精湛的医术，更与他们的个人修养、人格魅力密不可分。他们中有的淡泊名利，不阿谀奉承，视众生平等；有的乐善好施，散尽家财；有的跋山涉水，以身试药。沈老常感叹现在医学生只注重专业知识的学习，而忽略自身综合素质的培养和提高。殊不知，历代堪称"医家"者，琴棋书画、金石古玩等都颇有研究，医学虽是一项技术，但终究是与人打交道的、不断发展着的"活的技术"，要取得患者的信任，争取其配合，在提高业务水平之外，审美情趣、社交能力、人文素养等方面的学习和培养也是不可或缺的。美国学者调查表明，绝大多数人在工作中仅发挥 10% ～ 30% 的能力，如果通过充分的职业素养培训，就能发挥其能力的 50% ～ 80%，而作为医疗行业来说，医生素质的培养尤为重要。

综上所述，沈老认为要想成为一名合格的推拿医生，要想成为一名优秀的推拿人才，我们首先要对自己在这 3 个方面有所要求，才能不断地完善自己。他这样说的，也是一直这样要求自己的。

第二节　倾囊相授几十秋

推拿学科的发展，离不开人才的培养，正如其他中医学科一样，学术需要继承和发扬。这是沈老在学术思想方面的想法之一，也正因如此，在繁忙的临床工作之余，他一直承担着培养年轻一代推拿医生的教学任务，不仅带教医学院校的学生实习及进修生的教学，还要承担名中医师带徒的任务。

沈老认为，在教学、做学问方面，要认真扎实，有科学的态度和求实的精神。教书育人，首先得自己树立表率，严于律己。他上课从不迟到、不早退，课前必提早到教室等待学生。上课前，都会认真备课，写好教案，有纲有目，层次分明。他所教的每一门课程，许多重点内容、概念、定理、定义等，沈老都能背得八九不离十，加上事先精心备课，讲课时很少翻看课本和教案。在教学过程中，不断充实新的内容，将枯燥乏味的概念、定理、定义等，化为生动形象、寓意深刻的比喻，用风趣幽默的语言，向学生们传授，使大家兴趣盎然，又能回味无穷。临床教学时向学生提出问题，让学生当场回答，或是留出时间，让学生提问。各种方式的教学，其目的都是为给学生们留下深刻印象，增加学生们学习的兴趣，使学生们记得住、用得上。

他出诊的时候往往将实习生、进修生和徒弟们带在身边。自己先把脉、体检、问诊、查体，确认病症后，再向他们有针对性地讲解，然后让他们轮流为患者把脉、体检、问诊，体验诊断结果。一段时间后，就试着让学生们先给患者诊断，待他们经过把脉、体检、问诊、查体，拿出诊断意见后，再复诊以确定病情。如果发现他们诊断有误，就耐心地给他们讲解，指出偏差出在什么地方，并一一给他们纠正，直到他们弄清楚、弄明白为止，并亲自为学生示范，直到真正掌握。马峥嵘主任曾亲自体验过沈老的振法，时隔几十年，他回忆道："沈老师的振法与众不同，术者非常放松而非教科书上通过前臂和手部的肌肉强力地静止性用力，产生振颤动作，掌部在我腹部产生非常均匀的振动，随着手掌的旋转，震动力呈环状并直接渗透到腰骶，印象深刻，记忆犹新，那天的体验非常奇妙，难以言喻，没有深厚的功底，不可能做出这样均匀、深透、有力的振法"。

当年的进修生傅瑞阳现在已经是一方名医，他依旧记得在推拿科实习的岁月，他说："当时去进修时，无非觉得是跟着老师，耳提面命，却没想沈老特别喜欢向学生提问题，一边做一边问。所以，跟班之前，必得将医案烂熟于心。一段时间下来，就觉得自己进步飞快。"诊余，沈老喜欢给学生们讲解病情与推拿操作的技巧，针对进修医生操作未能成功的病例，他经常亲自演示，手把手地指导。

沈老大弟子吴华军也说起过跟师学习的印象。

一是沈老治病不拘一格，活学活用，这源于他自身深厚的中医经典理论功底。老师常教导要尊重经典、立足经典才能融会贯通、推陈出新。为了便于学生记忆，要求学生与他一起抄写中医经典，边抄边结合临床，遇到重要部分还会单独拎出来，反复分析，举一反三。

二是沈老常为推拿疾病谱的日渐萎缩而忧心。他认为推拿就像中医师的中药、外科医生的手术刀一样，都是治疗疾病的手段，它既可以治疗内科疾病，也可以治疗外科疾病。因此不能局限于颈腰腿痛等有限病种，这样就太可惜、太浪费了。在实际工作中，某些女性患者治腰痛病，却发现月经也跟着规律了，这是因为腰痛病和月经病在治疗手法和操作部位上有一定的重叠，但等到月经病患者需要治疗时，又会发现积累的经验还相当少。沈老总说流传了几千年的宝贝，绝不能在我们这代人手上流失，就算有再多的工作要做也要推广推拿。沈老是这么说的，也是这么做的。在他后来几十年的临床工作中，

他始终学习内、外、妇、儿等各种病症，并尽力用推拿的方式解决。

三是当时许多人认为推拿科只是一个难登大雅之堂的附属小科，推拿医师也不像现在这样被重视。沈老曾说："推拿医师首先是中医师，然后才是推拿医师。我们所从事的行业是建立在一整套中医理论体系上的，属于中医学的一部分，但我们又更具专业性，这是其他医师没有的。这是我们的绝技，也是我们的光荣。"推拿医师只做推拿还远远不够，应"科研、临床、教学"并重。在沈老的带领下，浙江省中医院（以下简称省中医院）推拿科的科研、教学工作都有了长足的进步。

自 1961 年他进入省中医院推拿科工作开始，一直到 70 多岁退休，他带了几十年的学生。当时他治疗腰椎间盘突出症，独创一次正骨推拿法；对腰椎小关节紊乱症，提出"一牵二扳三蹬腿法"治疗方法；对肩关节粘连，创立"二位分粘法"，在临床上运用，均获得良好效果。他抛开传统"门户之见"，将这些独到的治疗方法与经验毫无保留地教给学生。现任推拿科主任杜红根回想起工作之初跟随沈老的经历，依然记忆犹新。沈老为了让他更快地掌握核心技术，在操作一次正骨推拿治疗腰椎间盘突出症和冻结肩粘连分离技术时，沈老情愿做他的副手，总鼓励他"胆子大点，我在边上控制"。记得沈老第一次突然让他做大推拿操作时，他有些心慌手乱，不知所措。直到做完最后一个手法，他都不知道有没有成功。喜出望外的是，沈老说："嗯，做得很成功！"从此以后，他悬着的心逐渐平静下来，胆子也慢慢大了起来，开始静下心来细细体会沈老在操作每个手法时"度"的控制和对不同病患手法选择的规律，他的技术也得到了快速提升。

沈老在教学中一直强调中医与西医相结合、科研与临床相结合、继承与创新相结合，只有做到这三点，才能在深入理解中医理论的基础上，继承和发扬中医传统文化。他的这一观念，就是在近些年也是极具先进性的，也深深地影响了一代又一代的学生。

在沈老的学生中，许多都学而不厌，追求上进，勇于创新，在科技攻关中取得了不同程度的成果，有的科研项目被推广应用后，获得了良好的效果。看到他们取得各项科技成果，沈老就像自己取得成果一样，心里感到由衷的高兴和欣慰。有的学生赞誉沈老"是阶梯，让数个平庸跨过肩头成为辉煌；是熔炉，把无数个平凡塑成医疗界的栋梁。"沈老培养的学生已遍布浙江、上海在内的多个省市，可谓桃李满天下。

作为沈老亲传弟子的吴华军主任，不仅很好继承了"一次正骨推拿治疗

浙江中医临床名家·沈景允

192

腰椎间盘突出症""二位粘连分离术治疗冻结肩"等成熟技术,并广泛应用于临床实践,还不忘沈老"继承需与创新相结合"之教诲,对各类软组织损伤进行手法理筋治疗的同时,配以针灸、中药治疗,针、推、药结合,最大限度地发挥了中医治疗慢性疑难疾病的优势,疗效显著。

宋鸿权主任是跟师沈老较早的学生之一,学术成就上受沈老的影响较大。在逐渐领悟沈老的学术理论精义和经验技术的基础上,师友砥砺,教学相长,反复学习研究,将沈老"行气活血、正骨理筋、疏经通络"的伤科疾病治疗理论广泛应用于临床,对治疗颈椎病、腰椎间盘突出症、肩周炎等病取得了理想的效果,尤其是对一次正骨推拿治疗腰椎间盘突出症技术颇有心得,并在实践及科研中不断改良该技术并进行适当的技术推广,形成"推拿手法及治疗思路不求复杂烦琐,常以简便之法救治疑难沉疴"的风格。宋主任注重中医标准化及治未病的研究,主持并完成了"中医治未病技术操作规范·经络点穴推拿"项目、中医临床诊疗指南项目的制定。

省级名中医李正祥主任,早年跟师沈老学习推拿。不仅继承"大推拿"技术,还对脊源性疾病不断深入地进行研究,改良和优化正骨操作手法,提高疗效,提出要运用小角度、小幅度、小力度的"三小"力学调节而起到"复位"的治疗目的。通过多年的实践总结和理论完善,逐步形成自己的医疗特色,继承和发扬了沈氏推拿。

省级名中医傅瑞阳主任,跟随沈老学习后,启迪颇深。在学习和继承沈老"一次正骨推拿治疗腰椎间盘突出症"和"二位粘连分离术治疗冻结肩"经验的基础上,融入浙北伤科手法,在临床上开展了硬膜外麻醉下"二位八法"推拿治疗腰椎间盘突出症和臂丛麻醉下牵张手法治疗冻结肩两项技术,收效满意。并总结出浙北伤科手法"崇尚自然、阴阳互易、动静相间、刚柔共济、筋骨兼顾、练治皆备"的特色,对筋骨损伤类疾病提出了"整体辨证,筋骨并重,手法整复,相对固定,内外用药,按摩导引"的诊治理念,与沈氏推拿流派一脉相承。

省级名中医郎伯旭主任同样是沈老的学生,20世纪90年代师从沈老,在沈老的悉心带教下,很好地掌握了以沈老为主创立的一次正骨推拿治疗腰椎间盘突出症的疗法。进修结束后即开展了"大推拿"项目,取得了显著的社会效益与经济效益。其学术思想深受沈老影响,不断创新,先后创立了精准定位正骨系列手法,包括三维立体正骨法治疗寰枢关节错位、定点斜扳正骨法治疗腰椎多节段复合错位、牵抖挤压法治疗产妇耻骨联合分

离、屈髋屈膝抖腰法治疗腰椎滑膜嵌顿等。他提出"脑病从颈论治"的学术观点，长期致力于颈源性疾病的研究，对儿童抽动症、多动症、寰枢关节半脱位及眩晕症、脑震荡后遗症等有独特的诊断与治疗手法，对沈老的技术进行了发挥。

省中医院推拿科新掌门杜红根主任，从学生时代就开始跟诊沈老，20余年来，潜心研究沈老的学术特色和技术特长，对一次正骨推拿治疗腰椎间盘突出症技术进行了系统研究，对适应证、疗效及安全性有深刻认识，并积累了丰富经验。他不仅继承了沈老的学术精华，广泛应用于临床实践，还将传统中医骨伤理论与针刀医学、康复医学等相结合，引领沈氏推拿创新性发展。在沈老"筋骨失衡"理论指导下，确立"筋骨并治，动静结合"的治疗理念，在省内率先开展以中医脊柱平衡法治疗青少年特发性脊柱侧凸，避免青少年患者佩戴支具或进行手术，取得了良好效果。此外，积极跨学科、跨专业合作，从生物力学、中枢神经系统（CNS）运动等不同角度，阐述沈氏推拿流派治疗腰椎间盘突出症现代医学机制，继承和创新推拿疗法。

沈老教过的专科生、本科生，很多已成为国内外医疗、教学和科研领域的业务骨干、专家、教授，或成为学术学科带头人，主持或参与国家级、省级、部级的科研攻关课题项目，并取得了突出成果。他带领出来的新一代专业学术团队骨干们，充满生机活力。年轻的一代在手法治疗与现代科学技术相结合的临证及研究中，不断创新，让这门古老的医术不断绽放出新的光辉，推动推拿学科整体医疗水平的提升和发展。

第三节　潜沉悬壶传大爱

1962年沈老担任浙江省中医院推拿科负责人，推拿科逐渐形成了独具特色和优势的"沈氏推拿流派"，对浙江推拿学科的发展产生了深远的影响。沈氏推拿流派是省中医院十大流派之一，并且培养了一大批省内推拿骨干人才。中华人民共和国成立后，沈老同陈省三副教授共同开创了浙江省推拿学科的新篇章。

沈老技术水平之高，前文已述。沈老医德之高，又可从患者处得知。有患者在网上留言："1988年4月我带我老婆从江西萍乡去浙江省中医院看病，是朋友介绍的，说推拿科沈景允医师的技术很高明，于是我们就找到了沈医师，在以后治疗的日子里沈医师像对待亲人一样，无微不至地关心和照顾我老婆，我老婆的病完全治好了。如今已有 26 年，从来没有复发过。当我们要回江西时，沈医师还托人帮我们买卧铺票。"网络记录时间为 2013 年 7 月 21 日，距治疗已隔 20 余年。

省中医院推拿科在不断发展的基础上，夯实学科基础，优化和规范实践技术，对"一次正骨推拿治疗腰椎间盘突出症""二位粘连分离术治疗冻结肩""点穴推拿治疗慢性疲劳综合征"等成熟技术进行优化，形成诊疗方案，其中，"一次正骨推拿治疗腰椎间盘突出症"已列入全国适宜技术推广目录，项痹已完成临床路径制定。"中医综合疗法治疗青少年特发性脊柱侧凸"技术也正在制定规范，以便适于推广。沈老的学术经验、临床技术，也逐渐向全国传播，更随着"援非""一带一路"等的开展，逐渐走向世界。

一、沉潜基层利百姓

1. 对口支援

有许多患者饱受病痛困扰，或因交通不便，或因信息闭塞，无缘接受沈老治疗。推拿医生，同一时间段只能治疗一人。因此，对口支援成为最有效的能够帮助和救治患者的方式。

省中医院推拿科以派遣专科高年资医生入驻、定期开展专题学术讲座、进行疑难病例讨论、会诊、开展继续教育学习班等形式进行学术及专项技术输出和交流，开展本专科特色和优势技术，提升专科区域辐射能力，推动推拿科优势病种诊疗方案及临床路径的推广和应用。重点对口支援医疗单位为安吉县中医院、松阳县人民医院、松阳县中医院、浙江省中医院浦江分院和萧山区河庄街道卫生服务中心。

目前，对口支援医疗单位能较好传承"沈氏推拿流派"的核心学术思想，开展临床常见病、多发病，服务能力有较明显提升，尤其在腰椎间盘突出症、颈椎病、腰痛、骨关节炎等慢性筋骨病诊疗方面已成为当地学科优势病种，在专科指导下逐步能开展"一次正骨推拿治疗腰椎间盘突出症""二位粘连分离术治疗冻结肩"等难度较高的技术，受到当地群众的欢迎。

2. 技术推广

近 30 年来，省中医院推拿科坚持精英化路线，坚持做到"培训一个，学会一个"。招收全国各地进修生超过 100 人次，主要是省内各级中医医院推拿科医生。通过在省中医院半年至一年的系统学习和培训，大部分进修生

能初步掌握理论、技术，回到当地医院后，在专科带头人和骨干的指导下，开展特色技术，大大提高了当地推拿治疗的疗效，使腰椎间盘突出症、颈椎病等多发病的推拿率显著提高，其中开展较好的医院包括慈溪市中医院、常山县中医院、淳安县中医院、温岭市中医院、丽水市中医院、台州市立医院。其中，沈老的"一次正骨推拿治疗腰椎间盘突出症"技术在各地累计开展超过了 5000 例，取得了良好的社会效益。

此外，通过浙江省中医药学会推拿分会、整脊分会、中国民族医药学会疼痛分会、中国中西医结合学会年会及继教班平台，由沈老嫡传弟子开展学术讲座，重点宣传"沈氏推拿流派"核心学术思想、核心技术、疑难病例诊疗分享，讲好"省中推拿故事"，进一步扩大了沈氏推拿在省内甚至国内的影响力和辐射力。

二、国际交流促合作

1. 赴日讲学

早在 1989 年，沈老就应邀去日本讲学交流，向日方学者介绍推拿治疗脊柱疾病原理及治疗方法，并于 1994 年在《中国中西医结合杂志》（日文版）发表题为"CT 扫描观察推拿治疗腰椎间盘突出症"一文，扩大了推拿科的国际影响力。

后李杭主任积极探索国内外合作，目前浙江省中医院推拿科是国际推拿医疗和学术交流培训基地。已培养来自世界多个国家和地区的千余人次的研究生、留学生，并成功接待了来自美国、加拿大、挪威、日本、马来西亚等10 余个国家以及省内外的参观访问团体，有力地促进了推拿学科的国际学术交流，在国内外享有较高的知名度。同时浙江省中医院推拿科和以色列、英国推拿教育培训机构建立长期合作和交流机制，目前有一项国际合作项目在研。

2. 援非工作

沈老弟子蒋忠副主任医师，参与中国援助纳米比亚医疗队，并任第九批医疗队队长，自 2012 年 6 月开始在纳米比亚卡图图拉医院工作。

卡图图拉医院是纳米比亚首都温得和克一家规模较大的公立医院。从1996 年开始，浙江省卫生厅对口向纳米比亚提供医疗援助，每一批次为 2 年。2012 年开始，由蒋忠副主任带领的援助医疗队一直以传统中医针灸和推拿为特色，免费为当地人诊治疑难病症。

　　当地缺医少药，医疗队的工作环境简陋，只有几间简易的诊疗室和一个小药房。由于年久失修，诊室的房顶裂开了缝，甚至有时会散发出一些异味。没有手术台，没有整洁的病房，更没有高档的医疗仪器。当地有大量患有各种疼痛性病症的患者，在援非医生到来之前，除了简单的止痛药，当地医生没有更好的方法为他们缓解疼痛，改善生活质量。虽然有前人做了很多工作，当地民众对中医推拿有了一定的了解，但由于当地发展落后，信息闭塞，还是有很多人对这种来自东方的医学充满了好奇与疑惑，但是专家带来的技术很快打消了他们的疑惑。慕名赶来的患者起初怎么都不相信，仅凭几支细针和艾条，就能缓解他们的病痛。一位患者说："我的腿走路有困难，可在手臂上扎针后，便能走路了，真是难以置信，很神奇！"许多患者一开始会比较紧张，针在消毒还没有扎进去的时候，他们全身都会抖。在第一针扎进去后，感觉很好，也不痛，就会慢慢放松下来。经过第一次治疗后，患者往往都很乐于接受针灸治疗。

　　精湛的医术是最好的名片。口口相传后，前来看病的人不断增加。医疗队每年的门诊量在 8000 ～ 10000 人次。有人专程从 1000 公里外驱车赶来，只为每月定期接受治疗；有人将体验中医疗法的经历写成文章，发表在当地的报刊上；有人盼望他们到纳米比亚的边远地区建立诊所；当地华人遇到突发情况深夜登门时，医疗队也是有求必应。蒋忠副主任介绍，除了为当地老百姓看病，医疗队还负责为纳米比亚的政要提供健康保健服务。

　　卡图图拉医院的主管马拉卡娜同中国医疗队共事了 5 年，她十分钦佩中国同行们的表现。"中国的医生很棒，传统的中医疗法也与众不同。我鼓励我们的医护人员与他们一起工作，学着掌握这样的医疗方法。"

　　蒋忠副主任说，尽管当时远离故土，条件艰苦，但看到当地患者满意的微笑，他的心中便收获了满足。"在异国他乡，离家非常的远，有时候的确比较单调。但每次看到本地患者很痛苦地来，很开心地回去的时候，我们心里得到很大的安慰，觉得在这里工作是非常值得的。"

　　郁继伟副主任医师参加了浙江省第十批援纳米比亚医疗队，并作为医疗队队长，与当地医务人员密切合作，共同开展医疗工作，交流医疗实践经验，为受援国的老百姓提供医疗服务，同时兼顾为驻外使馆、中资机构工作人员和华人、华侨提供医疗保健服务，积极配合中国驻纳米比亚大使馆工作，组织巡回义诊。

　　援非的 2 年，作为医疗队队长的郁继伟医生，带领医疗队积极开展中医

推拿、针灸诊治等特色医疗项目，充分体现了援非医生的高素质、好技术，得到了当地政府、同行及老百姓的高度评价，受到了中国驻纳米比亚大使馆的充分肯定，医疗队被授予"中纳友谊特别贡献奖"。

援非期间，医疗队只有区区4个人，每月诊治患者却达到600余例次。一位中风偏瘫4年多的壮年男子在家人的陪同下来到门诊，之前做过很多康复，但肢体活动和语言功能依旧受到很大影响，回归社会无望。在郁继伟医生和其他队员短短1周的治疗下，患者的语言功能开始恢复，肢体活动亦开始好转。又如一位被产后腰痛折磨了3年多的年轻妇女，通过针灸、拔罐、推拿等综合疗法，有效地解除了她困扰已久的病痛。还有一位老太太，因外伤后骨折伴伤口感染，术后下肢依旧疼痛难忍，在精心的推拿治疗后，不久就痊愈了。

同样的故事有很多，这些患者都非沈老亲自治疗，而治疗思路却源于沈老。小爱者，爱所爱之人。大爱者，宽广博大之爱，利万物而不争。沈老不计回报，不辞辛苦，完善并推广沈氏推拿技术，传播医学技术，何尝不是"传大爱"。

第四节　递薪传火一脉承

1961年，沈老结束了上海中医学院附属推拿学校的学习生涯，扎根省中医院推拿科，充分发挥中医传统优势，引进现代推拿新技术，在治疗脊柱疾病方面取得了显著成效，形成了独具特色、技术精湛的沈氏推拿流派。

省中医院推拿科成立之初，可谓"一穷二白"，只有门诊，而无病房。门诊只有颈肩腰腿痛患者。推拿科初创后，沈老不断扩大推拿治疗病种，将内科胃下垂、胃痛、妇科痛经、小儿麻痹、小儿腹泻等病症均列入治疗范围。此外在院领导的关怀下，从中医病房抽出4张床位给推拿科。

随着病种的增加、床位的增多，推拿科有了初步发展，"沈氏推拿"逐渐开始萌芽。随着推拿治疗水平的提高，患者也慢慢增多，沈老也有机会观察和研究病种，并将腰椎间盘突出症列为重点，通过不断学习，逐渐对腰椎间盘突出症有了更深的理解。推拿科也在沈老的带领下逐渐发展。

省中医院推拿科成立至今已57年余，经历沈景允、李杭、宋鸿权、叶树良、杜红根5任主任。半个世纪后，作为沈氏推拿流派的主要平台，省中医院推拿科已今非昔比，已成为拥有医护人员30人，其中硕士生导师2名、硕士以上学历21名的专业团队。专科发展以腰椎间盘突出症、颈椎疾病、青少年特发性脊柱侧凸、慢性疲劳综合征为重点研究病种，制定了临床切实可行的中医诊疗方案和临床路径，明确和提高了临床疗效。探索基于临床实践的中医临床研究方法，建立中医药防治疗效评价体系。建立推拿科文献库，筛选和优化中医药特色疗法，进行规范化临床验证，形成诊疗方案以供推广使用。

大力培养后备专科带头人和专业学术骨干，实现了专科的可持续发展。现已制定优势病种诊疗方案3个（腰椎间盘突出症、项痹和青少年特发性脊柱侧凸），团体标准1个（亚健康），单病种诊疗方案2个（骶髂关节损伤、项痹）。专科区域影响力和辐射力不断提升，技术推广医院和社区服务中心达12家，目前拥有病床30张，年就诊超过6万人次、国际交流和培训150人次。围绕重点病种，获国家自然科学基金面上项目资助1项，省部级项目3项，厅局级项目2项，沈景允名老中医传承工作室获浙江省中医药管理局批准建设，总资助资金131万元。国内外发表高质量论文50余篇（SCI收录2篇）。获浙江省科技进步奖三等奖、浙江省中医药科学技术奖二等奖各1项。

沈老在省中医院推拿科工作期间，通过对腰椎间盘突出症的手法研究，创立一次正骨推拿手法；对腰椎小关节紊乱症，提出一牵二扳三蹬腿法；对肩关节粘连，创立二位分粘法。这三大特色疗法，是沈氏推拿流派的基础之一，随着科室的发展，沈氏推拿特色疗法也在不断完善和丰富，以下是具有代表性的疗法。

（一）沈氏推拿代表性疗法

1. 一次正骨推拿治疗腰椎间盘突出症技术

（1）适应证：①符合腰椎间盘突出症诊断标准；②年龄在18～55岁；③排除操作禁忌证。

（2）疗效：腰椎间盘突出症的患病率占总人口的8%～18%，有90%的腰椎间盘突出症患者可以通过非手术疗法得到治愈或缓解。推拿疗法是非手术疗法中最为重要、最为常用的方法之一，临床应用相当广泛，疗效独特。一次正骨推拿治疗腰椎间盘突出症技术为省中医院推拿科首创，是在硬膜外麻醉下，通过骨盆牵引、手法正骨，解除或位移突出物对神经根的压迫，达到缓解、消除症状的一种治疗方法。该技术历经50余年，积累了丰富的临床经验，共惠及3万例腰椎间盘突出症患者，通过大样本临床观察，近期有效率为92.5%，远期有效率为96.6%。该技术获浙江省卫生厅科技成果奖一等奖，为国家中医药管理局第五批适宜技术推广项目之一，体现了中医"简、便、易、廉"的技术特点。50余年的临床应用及推广，无一例患者出现严重的血管、

神经损伤等并发症。

2. 中医综合疗法治疗青少年特发性脊柱侧凸（AIS）技术

（1）适应证：①符合 AIS 的诊断标准；② Risser ≤ 3；③年龄 ≤ 16 岁；④监护人签订知情同意书；⑤排除操作禁忌证。

（2）疗效。AIS 是导致青少年身体畸形、心肺功能下降甚至致残的常见骨骼疾病。早发现、早治疗是阻止 AIS 患者脊柱发展成严重侧凸、降低致残率和避免手术的关键。传统的支具疗法存在着疗效不确定、副作用明显、依从性差的问题，治疗难度较大。省中医院推拿科充分挖掘中医特色，运用中医"筋骨并治、动静结合"的诊治思维，采用导引、推拿正骨、针刀疗法综合治疗 AIS，缓解或解除侧凸引起的"弓弦效应"，明显改善身体畸形，减少侧凸，阻止侧凸进展。临床证实，本法能显著纠正侧凸程度，改善肺功能，更能从肌电图上表现为侧凸两侧的不平衡趋于平衡，从根本上防止了侧凸的加重，避免佩戴支具，降低或避免了手术。与支具疗法的对照研究表明，侧凸矫正率从传统的 28.7% 提高到 62.7%，患者依从性从 65.6% 上升到 96.5%，肺功能 VC、FEV_1/FVC、MVV 指标明显改善。该技术获 2015 年浙江省科技进步奖三等奖、浙江省中医药科学技术奖二等奖。

3. 二位分粘法治疗冻结肩技术

（1）适应证：①肩关节周围炎亚急性期、冻结期；②排除骨质疏松、骨病；③排除操作禁忌证。

（2）疗效：冻结肩又名"五十肩""肩关节周围炎"，主要表现为疼痛和功能障碍，自然恢复期较长，一般为 6 个月至 1 年，甚至更长，日久肌肉萎缩不用，严重影响工作生活。临床分为寒痹型和湿痹型。沈老总结多年临床经验，创立此法。在臂丛神经麻醉下，采用仰卧、健侧卧两种体位，分别采用上举、外展、内收、后伸、旋转手法使肩关节囊和周围肌肉充分松解粘连，一次成功，恢复正常功能活动，并且全程无痛苦。已治疗患者超过 2000 例，总有效率为 96.4%，3 ～ 6 个月的随访无 1 例复发，无 1 例出现严重并发症。

4. 经络点穴推拿治疗慢性疲劳综合征（CFS）技术

（1）适应证：①符合 CFS 诊断标准；②排除操作禁忌证。

（2）疗效：1988 年慢性疲劳综合征被美国疾病控制与预防中心正式命名，一直受到世界各国的广泛关注。本病表现为以疲劳为主要特征的症候群，持续或反复发作，可伴有低热、头痛、睡眠紊乱及抑郁、健忘等多种躯体、精神与神经症状。西医缺乏治疗本病的有效药物。中医学将其归属"虚劳""百合病"范畴，与肝脾肾关系密切。经络点穴推拿手法针对不同患者、部位进行不同的手法刺激，以行气活血、疏通经络，提高动脉血流速度，改善微循环，促进代谢产物的清除，有利于肌纤维再生和肌力恢复，并可进一步改善肌肉组织的力学性能，从而缓解疲劳。通过对 100 例 CFS 患者的临床对照观察，有效率为 100%，比中药、针灸等其他中医方法有更好的依从性。

5. 膝关节炎推拿治疗技术

（1）适应证：膝关节骨性关节炎、膝侧副韧带损伤、膝关节创伤性滑膜炎、膝关节轻度半月板损伤等。

（2）疗效：推拿作为传统医学治疗膝关节炎的有效治疗方法之一，一直在临床上广为运用。它运用手法点按膝关节周围穴位，松解局部肌肉和韧带，通过刺激穴位和调节肌肉、韧带的肌力、肌张力，使膝关节的应力重新达到一个新的平衡状态。推拿手法治疗也可抑制滑膜炎性改变，减少滑膜炎性物质从滑膜释放入滑液，从而阻断炎性滑液对软骨和滑膜的侵害，滑利关节。推拿手法也可与现代康复医学相结合，采取刺激膝关节局部穴位和康复训练同步进行，达到强健局部肌肉和韧带，从而增加膝关节的稳定性。省中医院推拿科已开展推拿治疗膝关节炎 400 余例，具有较高的安全性，总有效率为 89%。

省中医院推拿科作为沈氏推拿的载体，目前已有 3 个明确的研究方向，分别为"调衡"理论在腰椎间盘突出症推拿治疗中的脊柱稳态机制研究、"筋骨并治"理论指导下的中医药综合疗法对脊柱侧凸防治模式研究，以及膝骨关节炎中医药分级、分期辨证优化方案研究。

（二）科室研究方向

1. "调衡"理论在腰椎间盘突出症（LDH）推拿治疗中的脊柱稳态机制研究

基于沈老治疗 LDH 的核心理念，以"调衡"理论作为理论基础与临床研究的切入点，建立推拿治疗 LDH 疗效、力学效应平台；观察推拿对急、慢性 LDH 患者腰椎稳定肌及其中枢神经（CNS）运动控制作用特点；研究急、慢性 LDH 患者运动相关脑区对推拿力学效应的响应模式规律；为推拿治疗 LDH 的脊柱稳态效应，阐明"调衡"理论提供科学依据，突出中医疗效优势，推动推拿学科的深入发展。

2. "筋骨并治"理论指导下的中医药综合疗法对脊柱侧凸防治模式研究

本学科前期采用中医综合疗法治疗青少年特发性脊柱侧凸，取得满意疗

效，矫正率达 62.5%。临床表明其安全、有效，为轻、中度 AIS 患者提供了新的治疗选择，疗效优于传统的支具疗法，且依从性高，副作用极小，有很好的应用前景。下一步拟在"筋骨并治"理论指导下，建立可行性强、更有效的、适合不同年龄的脊柱侧凸治疗管理新模式，成为中医药优势治疗技术；并制定不同年龄、不同侧凸类型脊柱侧凸患者评估、治疗、康复的完整体系，构建中医药防治脊柱侧凸规范，适合推广应用。

3. 膝骨关节炎中医药分级、分期辨证优化方案研究

"沈氏推拿流派"在临证膝骨关节炎整体辨证中强调肝肾亏虚、气虚夹瘀。本专科围绕着"肝肾不足，筋骨失衡"这一核心理念，通过制定沈氏推拿流派膝骨关节炎分级、分期辨证诊疗优化方案，建立三级防治体系，明确中医药防治膝骨关节炎规律及机制，为优化治疗方案、提升中医药治疗水平提供循证依据。①采用同一基线患者的队列研究，观察评价"沈氏推拿流派"分级、分期辨证诊疗方案疗效及优势；②研究膝骨关节炎医护一体、医患合作的中医药防治体系，突显中医药在防治膝骨关节炎中的独特优势，形成预防—治疗—康复的三级管理体系；③运用超声、MRI、步态分析系统等现代技术，研究中医药治疗膝骨关节炎在纠正下肢力学平衡、改善肌肉骨骼形态结构中的力学机制。

从 1961 年至今，沈氏推拿流派不断发展，沈氏推拿流派传承的关键和生命力在于年轻人。沈老一向重视青年医生的培养。2017 年成立了沈景允名老中医工作室，以此为契机，充分发挥高级职称医师的传帮带作用。

沈老曾言："传承与创新密不可分"。"问渠哪得清如许，为有源头活水来"。沈氏推拿流派的发展，一定需要借鉴不同学科的前沿知识，年轻人要有计划地参加国内、国际学术会议。专科带头人、后备专科带头人每年至少参加 1 次国际性学术交流。其他专科成员每年参加 1 次以上全国性学术交流。每年科室成员参加各项国内外学术会议后，以专题讲座的形式传达专科新进展。只有不断吸取新知识，沈氏推拿流派才能不断发展。

五十八载薪火传承，半个世纪硕果飘香。忆往昔，峥嵘岁月，展未来，励精图治。《中医药发展战略规划纲要（2016-2030 年）》明确提出，到 2020 年，实现人人基本享有中医药服务；完善覆盖城乡的中医医疗服务网络，全面建成以中医类医院为主体、综合医院等其他类别医院中医药科室为骨干、基层医疗卫生机构为基础、中医门诊部和诊所为补充、覆盖城乡的中医医疗服务网络。沈氏推拿流派，也要以此为契机，不断完善自身，以此迈向更高的台阶。

学术传承脉络

沈景允授业恩师

丁季峰（1914～1998），江苏扬州人，全国名中医，丁氏滚法创始人，1958～1960年受聘于上海中医学院附属推拿学院，并教授沈景允推拿学。

朱春霆（1906～1990），江苏嘉定人，全国名中医，1958年受聘为上海中医学院附属推拿学院校长兼推拿门诊部主任，教授沈景允推拿学。

沈氏推拿流派

沈景允，浙江绍兴人，沈氏推拿流派创始人。

沈景允有李杭、吴华军、宋鸿权、杜红根、郁继伟、傅瑞阳、李正祥、周东辉、郎伯旭、马峥嵘等多位弟子。

一、沈氏推拿流派一代弟子

1. 李　杭　主治医师，原浙江省中医院推拿科主任
2. 陈伟仁　主任医师，浙江省中医院推拿科医师
3. 黄梅珍　主治医师，浙江省中医院推拿科医师
4. 吴华军　副主任医师，现新华医院推拿科主任
5. 宋鸿权　主任医师，研究生导师、浙江省中医院外三支部书记
6. 杜红根　主任医师，研究生导师。浙江省中医院推拿科主任
7. 郁继伟　副主任医师，浙江省中医院推拿科副主任

8. 蒋　忠　副主任医师，浙江省中医院"对外合作办"主任，党政办副主任

9. 傅瑞阳　主任医师，研究生导师，现湖州市中医院康复科主任

10. 郎伯旭　主任医师，现台州市立医院针推康复科主任

11. 周东辉　主任医师，萧山区中医院推拿科主任

12. 马峥嵘　主任医师，马峥嵘脊柱伤病工作室主任

13. 李正祥　主任医师，研究生导师，现温岭市中医院党总支书记

14. 魏　晖　主治医师，浙江省中医院科研部副部长

二、沈氏推拿流派二代弟子（按姓氏笔画排序）

王焕明、宁喜涛、朱博文、乔祖康、江能义、陈韶、陈薇、金昕、钮铭、姜震、姚俊丞、黄钦、曹颖、温存、谢云兴、裴建卫、熊俊龙

三、沈氏推拿流派三代弟子

（一）吴华军支系

1. 叶林栋　吴华军大弟子

2. 刘　军　吴华军二弟子

3. 王艺豪　吴华军三弟子

（二）宋鸿权支系

1. 童　翔　宋鸿权大弟子

2. 吴明峰　宋鸿权二弟子

3. 王　亮　宋鸿权三弟子

4. 吴　靖　宋鸿权四弟子

（三）杜红根支系

1. 孙　辉　杜红根大弟子

2. 陈晓琴　杜红根二弟子

3. 李羽佳　杜红根三弟子

4. 俞莎莎　杜红根四弟子

5. 廖云福　杜红根五弟子

沈景允名老中医

沈景允于日本交流访学

浙江省推拿界国家级、省级名中医合影

2000年浙江省中医药学会推拿分会会员大会

浙江省中医院沈景允名老中医传承工作室成员合影

第一排左起分别为：护士长吴亚平，叶树良（第四任推拿科主任），朱鸿权（第三任推拿科主任），沈景允名老中医（第一任推拿科主任），第五任（现任）推拿科主任杜红根，蒋忠副主任医师，郁继伟科副主任；第二排左起分别为：曹颖，温存，钮铭，谢云兴，黄钦，姚俊函，姜震，宁喜涛，乔祖康，魏晖，江能义，熊俊龙，陈韶，陈薇